JN060879

恐怖からの解放者イエス

ヘブル人への手紙、私訳と解説

高橋秀典［著］

いのちのことば社

はじめに

二〇二〇年春、全世界が新型コロナウイルスの蔓延で恐怖に陥れられました。特に米国では感染による死者数が初期の三か月間で十万人を超える勢いとなりました。医療体制が追い付かず、ニューヨークの病院では、看護師が回復の見込みのない重症患者の人工呼吸器を取り外して、新しい患者のために使わざるを得ないほどになりました。未知の病のために、症状の推移の見通しが立てられず、突然、重症化し、対処方法もなく死を見守るしかない、または死を見守ることもできない状況に陥れられました。そして、これからこの感染は開発途上国に米国を上回る悲劇をもたらす可能性があります。

つい最近まで、人類は世界的な感染爆発を抑える知恵を得られたという見方もありましたが、そうではないことが実証されました。多くの人々が予測のつかない「死の恐怖」に怯えています。そして、「人命はお金よりも大切」ということで、日常の経済活動を全面的に止めるというロックダウンに至る国々も多く見られました。

ただ、その結果大量の失業者が生まれ、米国の四月の失業者数は一四・七%を記録しました。私は十年間、證券会社に勤めていたこともあり、今後の経済が大変気になります。「お金よりは人命」という単純化は避けるべきです。長期的には、この経済危機のほうが人命を奪う可能性がはるかに高いからです。どちらにしても目の前の「死の恐怖」が経済活動を止め、短期間に失業者を急増させ、政府の財政赤字を急拡大させ、今後の経済政策に暗い影を落とすという前代未聞の事態が生じています。米国のような先進国でこのような事態になっているのですから、世界中に圧倒的に多い開発途上国ではどのようなことが起きるか、予断を許しません。

なお日本での死者数は世界標準では驚くほど少ないですが、感染者がいない地域では、だれが第一番目の感染者になるかと、戦々恐々となっていると聞きます。また、ある地域では、最初の感染者が出たとき、その人の職業や家族構成まで話題にされて、ネットの世界で集中攻撃を受け、転居せざるを得なくなったという話も聞きます。

日本では、この「死の恐怖」が社会的な死の恐怖である「見捨てられ不安」として多くの人の心を恐怖に陥れています。私の場合は小学校低学年のときは運動能力が同学年の中で極度に劣っていたため、ソフトボールの仲間に入れてもらうこともできませんでした。その悲しみは今も完全に消えてはいません。小学校高学年からすべてにおいて、「追いつき追い越せ」というモードになりましたが、心の内側では落ちこぼれになることを恐れていました。私は自分をエリートと思ったことはありませんが、いわゆる社会的なエリートと見られる人々の内に住む、社会的な死の宣告を受けることへの恐怖感を身近に聞いてきました。肉体的な死も、社会的な死も、実は驚くほどの共通点があります。「死人に口なし」と言われるように、周りの人々からどれほど不当なことを言われても弁明することができません。しかし、人は自分の名誉を守るためであったら死をも厭わないというほどに、この名誉とか誇りは人間の存在価値を表す鍵の概念です。

ですから、日本では特に、それぞれの所属社会で自分の立場を守るために命がけで戦うということもあります。その背後にあるのは社会的な死を恐れる心です。そしてこれらすべての恐れに囚われた生き方を、「恐怖の奴隷状態」と呼ぶことができましょう。私自身が他の人の評価を恐れ、他の人に合わせて生きる恐怖の奴隷状態でした。最初、聖書の話を聞いて魅力を感じても、村社会から外れるのを恐れて信仰の決心ができませんでしたが、米国留学中にイエスを主と告白することにある心の自由を体験し、決心がつきました。

古来、多くのそのような肉体的な死、社会的な死の恐怖からの解放を生み出してきたのがヘブル人への手紙（以下「ヘブル書」と呼ぶ）2章14、15節で、以下に二つの訳を記します。「そういうわけで、子たちがみな血と肉を持っているので、イエスもまた同じように、それらのものをお持ちになりました。それは、死の力を持つ者、すなわち悪魔をご自分の死によって滅ぼし、死の恐怖によって一生涯奴隷としてつながれていた人々を解放するためでした」（新改訳二〇一七〔新日本聖書刊行会〕、以後「新改訳」と表示）

「そこで、子たちは皆、血と肉を持っているので、イエスもまた同じようにこれらのものをお持ちになりました。それはご自分の死によって、死の力を持つ者、つまり悪魔を無力にし、死の恐怖のために一生涯奴隷となっていた人々を解放するためでした」（日本聖書協会共同訳〔日本聖書協会、二〇一八年〕、以後「共同訳」と表示）

そして今も、驚くべき多くの信仰者が「死の恐怖の奴隷状態」から解放された結果、イエスによって遣わされたボランティアとして、ニューヨークやロンドンのような大都市、また貧しい国々の病院において、感染リスクを引き受けるようにして、最前線で生かされています。

この前提には、十字架にかけられたイエスが死の中から復活したという歴史的な事実があります。しばしば、キリストの復活が、十字架による罪の贖いを証明するものという程度に説明されることがありますが、キリストの復活によって世界は根本から新しくされました。そして、このヘブル書には当時のユダヤ人クリスチャンが、その復活信仰をもとに、どのようにユダヤ人の村社会から抜け出る勇気を与えられたかが明らかにされます。ところが残念ながらその部分を強調するヘブル書の日本語の解説書がほとんどないということに気づかされました。

今まで、いのちのことば社さんを通して旧約聖書の解説書を七冊出版させていただきましたが、その旧約解説の延長上に、この書は存在します。新しい聖書翻訳はそれぞれ、ほんとうにすばらしい日本語として翻訳されておりますが、日本語としての自然さを求めれば求めるほど、残念ながら原文のリズムや強調点が隠れてしまいます。本書では、その点を補うことを目標としており、決して新たな翻訳を提示しようとするわけではありません。

現在のキリスト教信仰は、ユダヤ人の信仰から生まれ出たものです。しばしば、キリスト教はユダヤ人の信仰を否定するものと見られますが、正確には、彼らが望んでいたことを成就したのがイエス・キリストであると理解すべきです。事実イエスは、「わたしが来たのは律法や預言者を廃棄するためだと思っては（みなしては）なりません。廃棄するために来たのではなく、成就するためなのです」と言われました（マタイ5・17、私訳）。「律法や預言者」とは旧約聖書全体を指しますが、それはイエスご自身が親しんだ聖書そのものです。確かに旧約には神殿礼拝に関わる様々な儀式や食物規定が記されますが、それをそのまま適用しなくなったのは、イエスが神殿を完成したからです。神殿は神が民の真中に住まわれるための施設でしたが、イエスにおいて、神ご自身が人となり、民の真中に住んでくださいました。また、神殿は、いけにえを献げて罪の赦しを受けるためにありましたが、イエスの贖いのみわざは、「雄やぎと子牛の血によってではなく、ご自分の血によって、ただ一度だけ聖所に入られたのです。それは、永遠の贖いを成し遂げるためです」（ヘブル9・12）と描かれています。

しかも、目に見える神殿は「本物の模型」（同9・24）に過ぎないと記されています。そして、イエスご自身、「この神殿を壊してみなさい。わたしは、三日でそれをよみがえらせる」（ヨハネ2・19）という途方もないことを言われました。これは、神殿冒瀆罪として、イエスの裁判の際に、違ったことばで引用されましたが、実は、復活によって成就しているのです。そして黙示録21章では「新しい天と新しい地」の実現が、「聖なる都、新しいエルサレムが……天から降って来る」こととして描かれます。それは天と地が一つになり、この世界すべてが真の神殿となって完成する状態です。それは「狼と子羊はともに草をはみ、獅子は牛のように藁を食べ」るという平和（シャローム）の完成の状態です（イザヤ65・25）。

イエスの時代の人々は、神の栄光の現れという神殿の完成と、この地に神の支配が全うされるというシャロームの実現を待ち望んでいましたが、イエスはご自身の十字架と復活でそれらの預言の成就を確かなものにしてくださったのです。

しかもイエスは、「まことに、あなたがたに言います。天と地が過ぎ去るまで、律法の一点一画でも決して過ぎ去ることはありません、全部が実現するまでは」（5・18、私訳）と強調されました。この目に見える「天と地」は過ぎ去り、「新しい天と新しい地」が実現します。それは聖書の預言がすべて成就するときです。そのときまで、旧約聖書にある最も小さな文字も無駄にならず、小さな読み替えも必要はありません。みことばが役割を終えるのは、全部が成就したときになってのことです。歴史とは、神のみことばがひとつひとつ実現していくプロセスです。

そして、このヘブル書こそ、神殿礼拝に親しんでいたユダヤ人の視点から福音を語ったもので、これによって旧約と新約が一つの連続した福音として理解されるようになります。ただ、それがために旧約の知識が乏しい多くの日本人にとっては縁遠い書とも考えられる場合があるかもしれません。しかし、これほどにキリストの神としての栄光と同時に、人間としての弱さの両面を語り、私たちの大祭司として、迷い悩む者の信仰を導いてくださるという実践的な教えはありません。ローマ人への手紙は、キリストにある神の救いのご計画の全体像を語り、私たちに与えられた救いがどれほどすばらしいものであるかを語っています。

しかし、ヘブル書は、私たちがこの地で、神の救いが見えなくなり、信仰を失う誘惑にさらされるという、その葛藤に満ちた現実の信仰生活に語りかけるものです。多くの日本人の心が福音に閉ざされがちで、せっかく救いに導かれたと思っても、教会の交わりから簡単に離れてしまうという現実を前に、私たちは日本人の心のかたくなさを嘆きます。しかし、それはヘブル書の著者が直面していた当時のユダヤ人クリスチャンの現実でもありました。ユダヤ人も日本人も、自分が所属する村社会の交わりを大切にするという点ではきわめて似ています。ですから、この書は日本人にこそ、理解しやすい書かもしれません。

私はヘブル書を最初に読んだとき、「私たち信仰者の希望は天国にある。だから、天国の祝福を身近に感じられるようになることこそ、信仰成長の鍵だ」と思いました。しかし、神学校時代に、古代教会の正統信仰のチャンピオンとも言えるアタナシウスの『ことば（ロゴス）の受肉』を読んで、それまで聞いてきた福音と違った切り口で語られていることに深い感動を覚えました、その中心テキストこそ、先に紹介したヘブル人への手紙2章14、15節です。そこでは私たちを「死の恐怖」の「奴隷」状態から解放するために、キリストがご自身の十字架と復活で、悪魔という「死の力を持つ者を無力化した」と記されています。

多くの日本人は罪の自覚という点で、聖書の福音が理解しにくいと言われます。しかし、多くの日本人が持っている「見捨てられ不安」を「死の恐怖」の観点から理解すると、ヘブル書を中心テキストとするアタナシウスの解説はとても身近に感じられます。

また、多くの聖書学者が、ヘブル書にはキリストの十字架の贖いは記されていても、キリストの復活のことは記されていないと主張しがちだと言われます。確かに表面的に文字を追っていくと、この書では旧約のいけにえとキリストの贖罪が対照的に記されているようにしか見えません。しかし、私はN・T・ライトの聖書解釈に傾倒する中で、彼の協力者であるデイビッド・モフィット博士と知り合うことができ、彼の著書『*Atonement and the Logic of Resurrection in the Epistle to the Hebrew*（ヘブル人への手紙における贖罪と復活の論理）』[1]を読んで、レビ記からヘブル書の読み方が大きく変わりました。それは、人間イエスが復活を経なければ大祭司になり得なかったということと、復活のイエスが今、神の右の座で大祭司としての働きをしておられるということです。[2]

それと同時に、ライトとモフィットのもとで博士論文を記した山口希生氏から多くのことを学ぶことができました。[3]それによって私は、レビ記のいけにえ規定に、動物の身代わりの犠牲以前に、「いのちを、いのちによって贖う」という中心思想を読み直すことができました。[4]そして、さらにキリストの十字架に、神の御子のいのちの勝利を見出し、キリストのいのちが私たちの「いのち」となって、この荒野の人生を導くというストーリーを見ることができました。

実は、ヘブル書の中心テーマに、キリストの復活と昇天、天の御座でのとりなしがあるのです。しかも、そこで約束されている救いとは、天国でたましいが安息を得るということよりも、新しいエルサレムでの礼拝の完成と私たちの身体が復活して、そこで永遠に喜ぶこととして描かれています。

ヘブル書は、キリストの復活が読者にとって当然のこととして理解されているという前提で記されていると認識することは、この書の読み方を決定的に変えるものです。この解説を通して、そのことを読者の方々にお分かちできれば幸いに思います。

なお、本書は聖書の解説として記されております。僭越ながら、聖書を開くことなく本書をお読みいただくと、「なんでこのようなまわりくどい説明が必要なのか……」と思われ、読む気がしなくなってしまうかもしれません。身近に聖書がなくても、インターネットで「聖書ヘブル人への手紙」と入れて検索していただくと、いくつかの翻訳がすぐ見られます。恐縮ながら、まずそれで全体の流れをご覧いただき、また各セクションごとで事前に当該箇所をお読みいただければ幸いです。

私たちは二千年前の古典文書に向き合っています。そう簡単に理解できなくて当然です。しかし、本解説を通して当時の問題意識や言葉遣いの特徴などをご理解いただけるなら、難解な聖書のことばが、私たちにいのちを生み出す神のみことばとして迫ってくるかもしれません。しかも、私たちはこれを霊感された神のことばとして受け止めており、恐れの心をもって、原文のギリシャ語やその背後のヘブル語聖書の一文字一文字に丁寧に向き合う必要があると感じております。個人的な解釈と原文のニュアンスを区別しながら記しておりますので、分かりにくい表現があることはご理解いただければ幸いです。

目次

装丁　長尾　優

1　王なる支配者としての御子（1章1―14節）

あなたは、イエスの十字架をどのように描くでしょう。普通に考えるなら、イエスほど哀れな犠牲者はいません。何の罪も犯さなかった愛に満ちた人が、無実の罪で、当時もっとも忌まわしい十字架刑に処せられたというのですから……イエスはまさに悲劇の主人公です。クリスチャンは確かに、イエスは私たちの罪を負って十字架にかかられたと告白しますが、それでも、イエスを人間の罪の犠牲者として見るということでは同じかもしれません。イエスを悲劇の主人公かのように描くことは聖書的なことなのでしょうか。

不思議にもこの1章では、イエスは栄光に満ちた王であるばかりか、神と等しい方として描かれているのです。そして、ご自身のいのちをかけて愛してくださったイエスが、全世界を支配する「栄光の王」であるという告白は、様々な試練の中にある人々にとって、最大の慰めであるとともに生きる力となります。

ヘブル人への手紙は紀元七〇年のエルサレム神殿の崩壊の前に、離散し迫害されているユダヤ人クリスチャンに向けて記されたと思われます。それは13章3、23、24節から推測されます。ただ、著者がだれであるかは、永遠の謎であると言われています。この手紙を通して、イエスの十字架の意味が旧約の様々なささげ物の血の犠牲との対比で描かれています。ユダヤ人たちにとって、神殿において動物を犠牲のいけにえとすることによって、神との生きた交わりを回復するということはきわめて大切なことだったからです。

1　御子は神の栄光の輝き、また神の本質の完全な現れ

この書では最初に、神の啓示に関して「多くの部分に分け、多くの方法で、昔、神は、先祖たちに、預言者たちを通して語られましたが、この終わりの時には、御子にあって私たちに語られました」と記されます（1・1、2）。ここで「神は……語られました（言われた）」と記されますが、「神は」という主語は、原文の1章では、なんとここにしか記されません。

聖書の最初はモーセによって記され、トーラー（「律法」というより「教え」）、と呼ばれ、すべての土台となります。その後、神はダビデの詩篇を通して、またその後、多くの預言者たちによってイスラエルの民に語られました。しかし「この終わりの時」と呼ばれる現在は、神はご自身の御子であるキリストを通して私たちに語ってくださっているというのです。御子は、「多くの部分に分け、多くの方法で語られた」旧約のすべての記述と矛盾することなく、すべ

ての預言を成就する方として現れたということを私たちは忘れてはなりません。

この「御子」という方に関して続けて、「彼（神）は彼（御子）を万物の相続者と定め、また彼（御子）によって世界を造られたのです。彼は神の栄光の輝き、また神の本質の完全な現れであり、彼の力のみことばによって万物を保っておられます」と描かれます（1・2、3）。ここで「御子が万物の相続者」であるとは、キリストは全世界の支配者であるという意味です。そしてその最後に改めて、「御子が……万物を保っておられます」と述べられます。

しかも、この世界のすべてのものは、神が「御子によって（通して）」創造されたと、御子を御父との協同の創造主として紹介されます。これは当時のユダヤ人にとって奇想天外なことに聞こえたことでしょう。それで改めて、御子は「神の栄光の輝き」として同じ栄光を共有し、「神の本質（ヒュポスタシス）の完全な現れ」であると描かれます。

ここに後の三位一体論の核心が描かれているとも言えましょう。四世紀の終わりに正統信仰の基準としてまとめられたニケア・コンスタンチノープル信条においては、次のように告白されています（以下私訳）。[5]

「私たちは、唯一の主、神のひとり子、イエス・キリストを信じます。
主は、世々に先立って父より生まれた方、光よりの光、まことの神よりのまことの神、造られずして生まれ、父と本質（ウーシア）において同じです。
すべてのものは、この方によって造られました」

ヘブル書では本質ということばはヒュポスタシスというギリシャ語が用いられますが、信条での「本質において同じ」は、ホモウーシオスというギリシャ語を用いています。ホモウーシオスという聖書にないことばで神学議論がなされたと批判されることがありますが、これらは同義語で、文脈からの意味は明確です。

さらに3、4節では続けて、御子のみわざが、「この方は、罪のきよめを成し遂げられ、大いなる方の右の座に着座されました、いと高き所に。この方は、御使いよりもさらに優れた方となられ、さらにすばらしい名を受け継がれたのです」と描かれています。

ここには「罪のきよめ」というみわざと、神の「右の座（総理大臣の座）に着座」され、この世界の支配者となっておられることが描かれます。ただ同時に、御子がそれによって、「御使いよりも」さらに「すぐれた方」としての「さらにすばらしい名を受け継がれた」ということも強調されます。そのように記されたのは、旧約預言には、「救い主（メシア）」が現れたとき、「救い」と同時に「神の敵」に対する「さばき」が同時に実現すると描かれているにもかかわらず、御使いをも抑えるイエスのさばきが見られなかったからです。それで、先の信条では、「救い主」の到来が二回に分けられて告白されています。

「主は、私たち人間のため、私たちの救いのために、天から下り、聖霊と処女マリアによって肉体を受けて、人となられました。

そして主は、私たちのためにポンティオ・ピラトのもとで十字架につけられ、苦しみを受け、葬られ、三日目に、聖書に従って　よみがえり、天にのぼり、父の右に座り、生きている者と死んでいる者とをさばくために、栄光をもって再び来られます。

主の御国は終わることがありません」

当時のユダヤ人たちにとって、救い主が来られるとき、「神の国」が完成するということは理解できましたが、その方が二回に分けて来られるということは理解しがたいことだったと思われます。イエスが処女マリアを通して人となられたのは「罪のきよめ」のためでありますが、それはキリストの「初臨（クリスマス）」と呼ばれ、「再臨」とは区別されます。

再臨とは、主が三日目に復活し、天に昇り、再び来られて、神に敵対する勢力を完全に従えるという時です。旧約聖書では、初臨と再臨がまとめて預言されていました。多くの人々は、罪の赦しのための十字架を知っていても、キリストがすでに「神の右の座に着座され」、この世界を治め始めておられ、そのご支配は再臨によって完成されるという意味を、十分には理解していないのかもしれません。

2 神のすべての御使いよ、彼にひれ伏せ

そのキリストの支配のすばらしさが、「なぜなら、彼（神）は、御使いたちのだれに向かって言われたでしょうか」（1・5）という表現から始まり、「御使い」との比較が描かれます。それは、ダニエル書10章などでは、大天使ミカエルが「ペルシアの君」や「ギリシアの君」と戦い（20節）、終わりの日の救いに関しては、「その時、あなたの国の人々を守る大いなる君ミカエルが立ち上がる」（12・1）と記されているからです。ダニエル書に親しんでいたユダヤ人にとって、ミカエルこそが救い主のように思えたことでしょう。その誤解を正すため、ヘブル書の著者はいくつかの旧約聖書の箇所から「救い主」について記されている部分を引用しながら、御子であるキリストと御使いの偉大さは全く異なるということを示しました。

その第一は、御子に向かって「あなたはわたしの子、わたしが今日、あなたを生んだ」と言われたと（1・5）、詩篇2篇7節がそのまま引用されていることです。詩篇2篇の文脈では、この世の支配者たちが結束して主（ヤハウェ）と油注がれた者（メシア）に逆らっていると描

かれながら、そこで主ご自身が、「わたしは　わたしの王を聖なる山シオンに立てた」という布告を述べるという中で、このことばが記されます。そこではさらに主はメシアに「国々をあなたに受け継がせ　地の果てまで　あなたのものとする　あなたは鉄の杖で彼らを打ち　焼き物のように粉々にする　それゆえ今　王たちよ　悟れ……御子に口づけせよ　怒りを招き　その道で　滅びないために」と続きます。[6] つまり、引用されたみことばは、キリストの王としての即位を意味することばなのです。そして使徒の働き13章33節では、「神はイエスをよみがえらせ……約束を成就してくださいました。詩篇の第二篇に、『あなたはわたしの子。わたしが今日、あなたを生んだ』と書かれているとおりです」と記されています。そこでは、「わたしが……あなたを生んだ」とは、神がイエスを復活させ、王とされたことを意味しました。

またさらに、「わたしは彼の父となり、彼はわたしの子となる」（１・５、傍点筆者）とは、サムエル記第二7章14節からの引用です。それは、ダビデに「あなたの王座はとこしえまでも堅く立つ」（同7・16）と約束されたことが、ダビデの子ソロモンによってではなく、ダビデ王家から生まれたキリストによって成就されるという文脈で引用されたことばです。イエスがヨルダン川でバプテスマを受けたとき、天から「あなたはわたしの愛する子、わたしはあなたを喜ぶ」という声がしましたが（ルカ3・22）、それがこの預言の成就のしるしでした。

続いて、「そのうえ、この長子をこの世界に送られた際、彼（神）はこう言われました。『神のすべての御使いたちに、彼を礼拝させよ』」（1・6）と記されます。

ここでの引用は、詩篇97篇7節のギリシャ語七十人訳で「彼のすべての御使いたちよ。あなたがたは彼にひれ伏せ」と記されているのとほぼ同じです。そのヘブル語は「すべての神々（エロヒーム）よ　主にひれ伏せ」と記されています（新改訳、括弧内筆者）。そこでは「主（ヤハウェ）は王である。……諸国の民はその栄光を見る」という文脈の中でそのように記されているので、「キリストこそが主（ヤハウェ）であり、王である」という宣言になります。

またはこの箇所は申命記32章43節のギリシャ語七十人訳からの引用であるとも考えられ、そこでは、神によるイスラエルの最終的な救いが、「天よ。彼とともに喜び歌え。すべての神の子たちは彼にひれ伏せ。異邦人たちよ、彼の民とともに喜び歌え。すべての神の御使いたちは彼を力づけよ。彼がご自分の子たちの血に報復し、その敵に復讐を遂げ、ご自分を憎む者たちに報いを与え、主はご自分の民の地をきよめるのだから」と記されています。[7]

どちらにしてもその中心的な思想は、イスラエルの民が自業自得で、神のさばきを受け、他国の攻撃を受けて国を失った後に、今度は主ご自身が民の「血に報復し」、イスラエルを滅ぼした国に「復讐を遂げ」ることによって「地をきよめ」るということです。それは「彼」と呼ばれる方が、神の「長子」としての「御子」であられ、その方が自滅したイスラエルを再創造するということです。「御使い」が神の「長子」の前に「ひれ伏す」ことになる理由は、父なる神に帰せられるべき再創造の働きを「主」である「御子」が実行するからなのです。

なお「また、御使いたちに関しては、『神は御使いたちを風とし、仕える者たちを燃える炎とされる』と言われた」(1・7)という表現ですが、これは詩篇104篇4節からの引用で、そのヘブル語は「ご自分の使いを風とし　ご自分の召使いを燃える火とされる」と訳すこともできます。先の6節での引用は、主が御使いに呼びかけていることとして解釈できますが、この箇所は、御使いを「風」や「燃える炎」と同じ被造物のレベルに扱ったものです。これはその同じ詩篇で「あなたは光を衣のようにまとい　天を幕のように張られます」(104・2)と記されている流れでのことです。つまり、御使いは「光」や「天」と同じように、創造主にとっての対話の相手というより、神にとっての最高の被造物ではあっても、神の命令をただ忠実に執行する神の代理機関のようなもので、「御子」と同じレベルで語ることはできないのです。

1章8節の始まりは、「御子に対しては、こう言われました」と訳すことができ、その流れの中で、御父は御子を「神よ」と呼びかけながら、「あなたの王座は世々限りなく、あなたの王国の杖は公正の杖。あなたは義を愛し　悪を憎む。それゆえ　神よ　あなたの神は　喜びの油を　あなたに注がれた。あなたに並ぶだれにもまして」と語りかけています(8、9節)。このみことばは詩篇45篇6、7節からのそのままの引用です。

もともと詩篇45篇は、「王妃はあなたの右に立つ」(45・9)との記述から、「王の結婚式の歌」とも呼ばれ、その6節の「神よ」という呼びかけは「王」に向けてのものと解釈できます。なぜなら、7節では、「神よ、あなたの神は喜びの油を……あなたに注がれた」と、王が「神」と呼ばれ、父なる神が、王に油を注いだと記されているからです。イエスご自身も、聖書が「神のことばを受けた人々を神々と呼んだ」と言っておられます（ヨハネ10・35）。なお「神」も「神々」もヘブル語にするとエロヒームという全く同じ単語になります。

ここでの「あなたの王座は世々限りなく」と歌われるのは、先のサムエル記にあったように、ダビデ王家が永遠に続くことを語ったものです。また、ダビデの王座の支配が「公平の杖」と呼ばれるのも、先に引用された詩篇2篇9節で、「あなたは鉄の杖で彼らを打ち砕き」とあるように王の力ある支配を意味します。そのことがさらに詩篇45篇7節では、「あなたは義を愛し、悪を憎む」と記されます。そして「救い主」はこのような理想的な王として登場されました。つまり、御子は「ダビデの子」として、「神」と呼ばれながら、父なる神との対話の中で、神のご支配をこの地に実現する「王たちの王」として描かれているのです。

3　あなたははじめに、主よ、地の基を据えられました

1章10節は原文の語順で、「そして、あなたははじめに、主よ」と記され、「神は言われた」という連続の中で、御子を「あなた」と呼び、その方を詩篇102篇の主語である「主（ヤハウ

エ）」の名で呼んでいます。その上でその25－27節を引用します。当時のユダヤ人にとって、ヤハウェである父が、御子をヤハウェと呼ぶというのは奇想天外なことです。
　そして続けて、「（あなたは）地の基を据えられました。天も、あなたの御手のわざです。これらのものは滅びます。しかし、あなたはいつまでもとどまっておられます。すべてのものは、衣のようにすり切れます。あなたがそれらを外套のように巻き上げると、それらは衣のように取り替えられます。しかし、あなたは同じであり続け、あなたの年は尽きることがありません」と記されます（１・10－12）。このヘブル書の引用はもともとの詩篇から若干の違いがありますが、意味は基本的に何も変わりません。何よりの不思議は、父なる神が、御子を「主」と呼び、御子が天地万物の創造主であり、御子の思いのままに世界を変えることができる一方で、御子は永遠に変わることがないと言われていることです。

　なお詩篇102篇の標題には「苦しむ者の祈り。彼が気落ちして、自分の嘆きを主（ヤハウェ）の前に注ぎ出したときのもの」と記されています。この詩篇の引用を見たヘブル書の読者もそれが分かったことでしょう。そしてその2節の原文は、「御顔を隠さないでください」から始まり、「すぐに私に答えてください」で終わります。これはイエスが十字架で詩篇22篇のことばを用いて、「わが神、わが神、どうしてわたしをお見捨てになったのですか」（マタイ27・46）と祈られたことに通じます。つまり、この詩篇の文脈では、御子はこの詩篇作者と同じ絶望感を味わってくださった方なのです。102篇3―7節は次のように訳すこともできます。

「私の日々は煙のように失せ、骨々は炉のように熱い
心は青菜のように打たれてしおれ、パンを食べることさえ忘れるほど
嘆きの声のため、私の骨々は皮にくっついてしまった
まさに荒野のみみずくにも似て、廃墟のふくろうのようになっている
私は眠ることもできず、屋根の上のはぐれ鳥のようになった」

ところが、102篇の12節からはすべてが逆転される希望が歌われます。そこではまず、「しかし、あなたは主（ヤハウェ）よ」ということばから始まり、主の永遠のご支配が賛美されます。そして13節も「あなたは」という呼びかけから始まり、「あなたは立ち上がり　シオンをあわれんでくださいます」と、主がご自身の行動を変えてくださったかのように歌われます。しかもその理由が、「今やいつくしみの時です。定めの時が来ました」と、著者自身に、神のみこころの変化の時が知らされたかのように歌われます。

そして続く14―22節の全体を通して、旧約の預言書で繰り返されるイスラエルの回復の希望が描かれます。著者は自分の個人的な苦難とイスラエルの苦難を重ね合わせ、同時に、そこに

神にある希望を見ています。そのような文脈で、25－27節の主のご支配の永遠性が語られ、それが御子の永遠のご支配に結びつけられているのです。

ヘブル書ではこの後、大祭司としてのイエスの姿が、私たちの弱さに同情される方、私たちと同じ試みに会われた方、苦難を通して従順を学ばれた方として描かれます（４・15、５・７－９）。そして、この最初に引用された詩篇102篇こそ、キリストが味わってくださった苦難を預言しているものであり、同時に、キリストが神の御子として永遠の創造主、この世界の永遠の支配者であることの両方が記されているものと言えましょう。

さらに1章13、14節では引き続き、「彼（神）は、かつてどの御使いに向かって、こう言われたでしょう」と記されながら、詩篇110篇1節が、「あなたは、わたしの右の座に着いていなさい。わたしがあなたの敵をあなたの足台とするまでは」と引用され、「御使いはみな、奉仕する霊であって、救いを受け継ぐことになる人々に仕えるため遣わされているのではありませんか」と記されています。これは、「御子」が神の右の座に着いておられる支配者、私たちにとっての「主」である一方で、御使いは私たち「救いを受け継ぐ」者たちに「仕えるために」神から「遣わされている」「奉仕する霊」に過ぎないと言っていることを示します。

なお、主イエスはご自身を敵視していたパリサイ人たちに向かって、キリストがダビデの子と呼ばれるなら、「どうしてダビデは御霊によってキリストを主と呼び、『主は、私の主に言われた。……』と言っているのですか。ダビデがキリストを主と呼んでいるなら、どうしてキリストがダビデの子なのでしょう」と問いかけました（マタイ22・41―45）。この質問には当時、だれも答えられませんでした。それは、キリストが「ダビデの子」としての人間であるとともに、キリストが神の御子として「ダビデの主」でもあられるという不思議を表します。

そしてここには、御子が神の右の座についてこの世界を治めるのは、父なる神がすべての御子の敵を、御子の「足台とするまで」（1・13）という不思議な表現になっています。このことに関して、パウロは「すべての敵をその足の下に置くまで、キリストは王として治める」と記しています（Iコリント15・25）。つまり、御子が王として支配することの背後に、父なる神が御子のすべての敵を御子の支配に服させるという働きがあるのです。ここに、御父の支配と御子の支配が同時並行して進んでいる様子が描かれています。[8]

時に、神の御子キリストが、父なる神と同じ本質を持つ「神」であり「ヤハウェ」であるという三位一体論は四世紀のキリスト教会で定められた教理であるなどと解説されますが、ヘブル書では、詩篇などの引用を通して当時のユダヤ人たちに解き明かしたことの中にその基本が明らかにされています。

私たちの罪を担うために人となられたイエスは、御父と同じ創造主であり、永遠に変わることのない全世界の王、真の支配者であられます。私たちのすべての痛みや悩みに徹底的に寄り添ってくださる方が、同時にこの世の不条理を正してくださる「王の王」であられます。

2　こんなにすばらしい救い――Amazing Grace（2章1―9節）

「奴隷商人から神の僕に」という物語が、いのちのことば社発行の月刊誌「百万人の福音」に連載され、当時九十一歳の母がそれを楽しみに読んでいました。「母が読んでいるのに、僕が読んでいないのでは……」と、途中から遡って読み出しました。このように私たちが「何を読むか」、「何に対して心を集中させるか」ということにも、自分が進んで選び取ったというよりも、他の人の影響があり、そこに目に見えない神の導きがあります。すべてが恵みなのです。「こんなにすばらしい救い――Amazing Grace」こそが、私たちの人生のすべての源です。それを「ないがしろにする」ことこそが滅びを招きますが、そんなサタンの奴隷状態にある人をも、神は見出し、私たちを新たな奴隷解放の働きへと時間をかけて導いてくださいます。

1　こんなに素晴らしい救いをないがしろにした場合

2章1節は、まず、「こういうわけで、ますますしっかりと心に留める必要があります、私たちが聞いたことを」と記されます。それは、1章に記されていた内容を指します。そうしないと「押し流されてしまう」ことになるからです。そこでは、神の「御子」がこの世界の真の王として、世界を完成に導くと記されていました。

世界で最も愛されている讃美歌「Amazing Grace」の作者ジョン・ニュートンは、一七二五年に英国のロンドンで生まれました。彼の母は敬虔な信仰者で、六歳になるまでにあらゆる聖書の話を読み聞かせ、様々な聖句を暗唱させました。彼は三歳で読み書きを覚え、四歳で英語の本を普通に読み、六歳でラテン語の基礎を習得しました。しかし、彼が七歳を迎える直前に母は病のために死んでしまいます。[9] 父親は船乗りで家にいないことがほとんどだったため、病弱な母が自分の命の短さを悟って、必死にジョンに聖書教育を施したのでしょう。

ただ、父親が翌年に再婚すると、ジョンは父を忌み嫌うようになり、性格もどんどん歪んでいきました。彼にとっての信仰は、地獄のさばきを回避するための手段に過ぎなくなります。そのうち彼は自分が学んできた聖書知識を用いて、神を冒瀆するようになるまで堕落します。[10] 父親の庇護のもとに船乗りになりますが、父親を嫌っていたため、自暴自棄な行動で身を落とし、アフリカ人をアメリカに奴隷として売ることで生計を立てるようになりました。

彼にとっての神は、「人間をきまぐれに苦しめたり、迷わせたりしたあげくに地獄に投げ込んで面白がるペテン師」のような存在でした。[11] ジョンは、十字架で死んだキリストが復活し、

「王の王、主の主」として、今も生きて働いておられることが見えないために、刹那的な快楽に「押し流されて」しまい、「信仰の破船」（Ｉテモテ１・19）に会ってしまったのです。

しかし、彼が二十三歳のとき、彼の乗っていた船が激しい嵐の中で難破しそうになります。その絶望の中で、ふと、昔、母から教わった、「主よ、私たちをあわれんでください」という祈りが口から出てきました。それは自分でも驚くほどでした。そのとき、不思議な主の臨在を感じ、主ご自身が自分に、「恐れることはない。わたしの手は、すべての災いの中からあなたを助け出し、昼も夜もこれを守るだろう」と、力強く、優しく語りかけてくださっている声が、心の底に響いてきました。[12] それと同時に、波に「押し流されないように」と自分の身体を排水ポンプに縛り付けながら、必死に水を汲み出し続けました。

そのとき以前教わった「一度真理を知った後に、真理に背いてしまった者は、処罰を逃れることができない」というこのヘブル書で繰り返されている教えが心に浮かび、恐怖に満たされます。[13] それと同じことがここで、「もし、御使いたちを通して語られたことばが確かなもので、すべての違反と不従順が当然の報いを受けたのであれば、私たちはどうして逃れることができるでしょう、こんなにすばらしい救いをないがしろにした場合に」と記されます（２・２、３）。

申命記33章１―４節では、主が御使いたちを伴って、モーセを通して語った様子が描かれています。また使徒の働き７章53節では、ステパノがユダヤ人たちに向かって、「あなたがたは御使いたちを通して律法を受けたのに、それを守らなかったのです」と語り、彼らを責めています。ですからこの箇所は、イスラエルの民がモーセの律法を守らなかったために、国も神殿も失い、バビロン帝国の捕囚とされてしまったという悲劇を、戒めとさせるための勧めだと考えるべきでしょう。ここでは、モーセ律法自体が神の救いのみわざであったことを前提に、それよりも「さらにすばらしい救いを無視する」（別訳）ことの恐ろしさが警告されているのです。それを「無視する者」には永遠の「滅び」が待っていると警告されています。

　ジョンはこの警告を思い出したとき、まるで「わたりガラスが泣くように」祈ったと記しています。それは神への信頼の告白などではありませんでしたが、神がそれを聞いてくださっているように感じました。彼はそれまで自分が嘲っていたイエスの生涯を思い起こしました。イエスは必死にすがりつく者を決して退けはしませんでした。そこで彼は、「天の父はご自分に求める者たちに聖霊を与えてくださいます」（ルカ11・13）というみことばを思い起こしました。[14]それは、自分の意思と無関係に、主の助けを呼び求める祈りが自分の口から出て以来、何か不思議な変化が心の内側に生まれていたからです。彼はまだ、聖書の啓示が真実かどうかは分かりませんでしたが、同時に、「神のみこころを行おう」とする意思のない者にそれは分からないというみことば（ヨハネ7・17）が示され、聖書を学んでみようと思わされました。

　この回心の出来事はまさに、「これは、初めに主によって語られて受けられ、それを聞いた人たちが確かなものとして私たちに示したものです。そのうえ神も救いを証ししてくださいました。それは、しるしと不思議と様々な力あるわざにより、また、みこころにしたがって聖霊が分け与えてくださる賜物によってでした」（2・3、4）と記されているとおりのことでした。

ジョンは、イエスの生涯と十字架の苦難をまったく違う角度から見るようになりました。また、自分を心から愛してくれた母がそれをどれだけ「確かなもの」として示してくれたかが思い起こされ、今、不思議な聖霊のみわざをとおして「救い」が証しされていました。彼は父親を憎んでいたため、父が彼のためにしてくれた様々な配慮に感謝できませんでした。しかし、この後、父が自分のことをどれだけ心配していたかということが見えてきました。不思議に、肉の父の愛を知ることと、天の父なる神の愛を知ることが重なって進んで行きました。

彼はこの苦難から救われた後、不思議に、一艘の船を任される船長に抜擢され、また十七歳のときからずっと恋焦がれていたメアリーとの結婚が許されました。ただ、彼が任された働きは、それまでと同じ奴隷売買の仕事でした。彼は奴隷船の船長として、その後六年間も働きます。妻のメアリーは、ジョンがその仕事から離れることを望みつつ、ただ、航海の間、聖書だけは読み続けるようにと約束させます。そのようなことを経たあるとき、航海から帰って愛する妻とお茶を飲んでいると、突然、意識が消えて倒れます。彼はそれまで奴隷売買を単なるビジネスとしてとらえ、不法を行っていると感じたことはほとんどなかったとさえ記しています。

しかし、この発作を機に、船乗りの仕事を辞め、税関職員の働きに就きます。そしてその後、ヘブル語やギリシャ語の学びを自分でしながら一七五八年、つまり回心から十年後の年に英国国教会の司祭に志願し、六年たってようやく受け入れられます。認定に時間がかかったのは、彼が正規の教育をそれまでほとんど受けてこなかったからです。

2　人とは何なのでしょう

2章5節と8節bには対比が見られます。まず、「神は……来たるべき世を、御使いたちに従わせたのではない」と記され、詩篇8篇から、人間に対する神のご計画を語った後、「神は万物を人の下に置かれた。……それなのに、今なお私たちは、すべてのものが人の下に置かれているのを見てはいません」と記されます。つまり、この世界のすべての「万物」は、本来、人に従うように、「人の下」に置かれていたはずであったのに、今はそれが実現してはいないという現実があることを前提に、それは「来たるべき世」で実現すると言われているのです。

創世記1章26節では、人が「神のかたち」また「神の似姿」に創造されたのは、人が「地のすべてのものを支配する」ことができるためでした。それは、「すべての生き物」を人間の奴隷のように従わせることではなく、それぞれが平和のうちに生きることができるように、守り育むことでした。それは一人ひとりの人間に、この地上での使命を思い起こさせるみことばですが、この2章5節では、この世界を最終的に平和のうちに治めさせる使命は、御使いではなく、人間に与えられていると言われます。私たちが救いに召されたとは、その使命を今この時から意識して、この地で「神のかたち」として生き始めることを意味します。

ジョンは、神の驚くべき恵み（Amazing grace）を語る牧師として有名になっていきますが、奴隷貿易廃止法案の成立のための運動に加わるのは、回心から三十八年後、また牧師の任職を受けて二十二年もが経過した一七八六年のことでした。彼のことを心から尊敬していた若い国会議員のウィリアム・ウィルバーフォースは、ジョンが奴隷貿易に関わっていたことを知って、協力を求めてきました。ジョンはそのとき、自分の忌まわしい過去の所業を明るみにさらけ出すことへの恐れを感じました。しかしすぐに、「神は、奴隷貿易の廃止という使命に参与させるために、私を今まで多くの危険から守り導いてくださった」と示されます。妻のメアリーも、牧師を首になってもいいから、この運動に加わるようにと励ましました。[15] この法案が英国議会で可決されるのは二十年後の一八〇七年ですが、ジョンは法案可決の九か月後に天の神のもとに召されて行きます。そこに神の驚くべき摂理を見ることができるように思えます。

2章6、7節で詩篇8篇が引用されます。これはダビデがイスラエルの王とされ、王家が永遠に続くと約束されたとき、「神、主（ヤハウェ）よ、私は何者でしょうか。私の家はいったい何なのでしょうか。あなたが私をここまで導いてくださったとは。神よ。このことがあなたの御目には小さなことでしたのに……あなたは私をすぐれた者として見てくださいます」（I歴代17・16、17）と感謝した祈りから生まれています。要するに、ここでの「人とは何なのでしょう、あなたがこれを心に留められるとは。また人の子とは何なのでしょう、あなたがこれを顧みてくださるとは」との問いかけは、神が自分にしかできない固有の使命を与えていることとセットなのです。

ただし、「あなたは、人（彼）を御使いよりもわずかの間低い者とし」との箇所は、ヘブル語原文では、「あなたは彼を、神（原文はエロヒーム、「神々」とも訳せることば）よりわずかに低いものとされて」と記されます。ヘブル語の詩篇8篇では、人が「神のかたち」に創造されたということを意識させるように描かれる一方で、ギリシャ語七十人訳では御使いとの比較が強調され、また「彼」にキリストを読み取ることができるように記されています。

そしてこの書では、現在の世界が「御使いの下に置かれ」ている一方で、「来たるべき世界が……人の下に置かれる」という文脈の中で、このように記されたと解釈することができます。もちろん、私たちはこの箇所をキリスト預言として読むことができますが、それ以前に、詩篇8篇がダビデによって記された原点の人間の「尊さ」と「使命」の観点から読むことができます。そこには、現在の人間の姿があまりにも非力で愚かに見えるにもかかわらず、本来の神のご計画では「救いを受け継ぐ人々」（1・14）に、すでに「栄光と誉れの冠を」約束されたと記されているのです。私たちはこの詩篇によって、その神の熱い思いを見ることができます。ジョンは、自分の回心とパウロの回心とを重ねて証しします。[16] パウロはクリスチャンを迫害するためにダマスコに向かう途上で神に捕らえられました。別にそれまで真剣にイエスのことを求めようとしたわけではありません。同じようにジョンも、自分の意思でイエスを求めていたわけではありませんでした。信仰はすべて、自分の求道の思い以前に、神の目に留められることから始まるのです。そのことをジョンは、一七七九年の名作 Amazing Grace の歌で「見出された恵み」として次のように描いています。

「驚くべき恵み　この響きはなんと甘いことだろう。
こんな、ならず者を救ってくださったとは。
私はかつて失われていた。しかし、今は見出された。
私は盲目であったが、今は見える」

私たちは自分で神を見出したのではなく、神に見出されて見えるようにされたのです。しかも、私がいかに神に逆らった「ならず者」であるかを意識することは、圧倒的な恵みを理解する契機なのです。しかも、私の命が守られてきたことが、神の一方的な恵みであることを、三番で次のように歌います。

「なんと多くの危険と苦難と罠の中を
私はすでに潜り抜けてきたことか。
この恵みこそが私をここまで安全に導いてくれた。
恵みが私を永遠の家へと導いてくれる」

ジョンは自分が何度もの生命の危険から守られたことを、圧倒的な神の恵みであると深く自覚していました。実は、奴隷貿易の仕事自体が、恐ろしい危険と隣合わせでした。しかも、この働きに関わること自体が、人間性を徹底的に堕落させていました。ジョンは、自分が「死」と永遠の「のろい」の罠から救い出されたのは、神の圧倒的な恵みにほかならないと深く自覚していました。しかし、自分が奴隷貿易の「のろい」から救い出された理由が、奴隷を解放する働きに就くためであったことを自覚するのは六十歳を越えてからのことでした。しかし、それは英国での世論の転換点でもあり、神の時でもありました。

3　神の恵みによって、すべての人のために死を味わうため

ヘブル書の著者は、この詩篇8篇をキリスト預言としても引用しています。そして2章7、8節で「人」と訳されることばは、原文では「彼」という代名詞で記されています（新改訳）（共同訳は「彼」）。今回の「新改訳二〇一七」で、この箇所の「彼」の代わりに「人」と訳したのは、詩篇8篇をキリスト預言と解釈する前に、すべての人間に当てはめて、人間には、御使いにまさる「使命」が与えられていることを自覚できるようにするためだったと思われます。

どちらにしても、ここでの「彼」という代名詞は、6節の「人」または「人の子」を指すことばで、そこに大きな意味が込められています。ギリシャ語の「人の子」ということばは、しばしば、イエスを示唆しています。当時の信者たちは、イエスご自身が、「人の子は多くの苦しみを受け、長老たち、祭司長たち、律法学者たちに捨てられ、殺され、三日目によみがえらなければならない」（マルコ8・31）と言われたことを思い起こしたことでしょう。また、イエスが最高議会で裁判を受けたとき、「あなたがたは、人の子が力ある方の右の座に着き、そして天の雲とともに来るのを見ることになります」（同14・62）と言われたことばを思い起こしたことでしょう。それは、「人の子」の苦難と栄光との、両方を示唆することばです。

それをもとに2章8、9節は、「それなのに、今なお私たちは、すべてのものが『人の子』

の下に置かれているのを観察できてはいません。ただ、御使いよりもわずかの間、低くされた方のことは確かに見ています。すなわちイエスのことです。その方は死の苦しみを通して、栄光と誉れの冠を受けられました。それは、神の恵みによってすべての人のために死を味わうためでした」と訳すことができます。イエスがすべての人のために「死を味わう」のは、すべてのものをご自身の支配の下に置くという目的のためでした。不思議にも、それによって万物に対するイエスのご支配がすべての人に明らかにされるというのです。それは、私たちの肉の目には、イエスの支配がまだ確定しているようには見えなくとも、すでにイエスの復活によって明らかにされたと言えるからです。イエスの十字架によって、「来たるべき世」は、すでに私たちのもとに引き寄せられました。私たちは「来たるべき世のいのち」を、今から味わうことができています。主は私たちの代表の真の人として、私たちの前を歩んでくださいました。

詩篇8篇は私たちの一人ひとりが神の目に高価で尊い存在であり、一人ひとりに「この地を治める」という固有の使命が与えられていることを明らかにする歌です。それにもかかわらず、私たちはアダムの子孫として、それをなかなか自覚できない現実があります。しかし、イエスを見るときに、私たちはどのように生きるべきかが示されます。私たちはみな、神の不思議なご計画の中で生かされ、使命が与えられています。

なお、ヘブル書の著者は、イエスの死の目的を、人を「死の恐怖の奴隷状態から解放するため」と描きます（2・14、15）。つまり、イエスの十字架は奴隷解放のためでもあったのです。ところがジョンは皮肉にも、神の救いにあずかったあとも奴隷売買によって生計を立てていました。それは逆説的ではありますが、彼がAmazing Graceを作詞する三年前に記された米国の独立宣言で明らかになっていることです。

そこで、「すべての人間は生まれながらにして平等であり、その創造主によって、生命、自由、および幸福の追求を含む不可侵の権利を与えられている」と宣言されましたが、残念ながらそのときの「すべての人間」の中には、黒人奴隷は含まれてはいませんでした。ジョンの良心が麻痺していたという以前に、当時の多数のクリスチャンの聖書の読み方が、かなり偏っていたのです。彼らは、奴隷を人間として認めていたとしても、「放っておいたら地獄に落ちるしかなかった哀れな黒人に福音を伝え、天国の保証を与えてあげるという恵みを施してあげた……」かのように考えていました。

幸いにもジョンは晩年に奴隷売買禁止運動に加わることができましたが、それは彼を尊敬するウィルバーフォースという若い国会議員に誘われたからに過ぎません。ジョンは奴隷売買に携わったことを深く後悔してはいましたが、それを禁止する法律を作ろうなどとは思いもよりませんでした。しかも、彼がそれから足を洗うことができたのは、神が彼を、妻とのお茶の時間に失神させたからです。彼が神に救いを求めたのは、乗った船が沈みそうになったからです。それればかりか、そのとき神に祈ったのは、六歳まで熱い聖書教育を施した母のおかげです。ジョンが何度も道を外しながら船長にまでなったのは、評判の良かった父親が自分の様々な友人に便宜を図るように願っていた結果に過ぎません。また彼は自分が牧師を目指すようになったのは、亡き母の遺志であったからとさえ記しています。そのように見てくると、彼の人生の歩みはすべて、神の圧倒的な恵みAmazing Graceに包まれていたと言えましょう。

しかし、私たちの人生も同じではないでしょうか。確かに様々な困難がありますが、それでも生かされてきました。それはその試練を通して、あなた固有の使命に気づかせるためではないでしょうか。私たちの「救い」は、神があなたをご自身の働きのために「召し出された」結果です。それはこの地を治めるすべての働きに適用できます。それは見過ごしてしまうような小さな働きから始まるかもしれません。あなたが使命を探すのではなく、使命があなたを探しています。大切なのはそれに心を開くことです。

3　死の力を滅ぼした方に従う幸い（2章5―18節）

『「死」とは何か』という三百八十ページを超える本がベストセラーになりました。それも原書を半分近くに縮刷したもので、その前半では「魂」の存在が形而上学的に否定されているようです。[17] しかし聖書は、「魂が肉体の束縛から解放されて天国で憩う……」との希望を語っているのでしょうか。それどころかヘブル書では、肉体を持つ人間が、霊的な存在である御使いたちに優っている面があるということが強調されます。

激しい悩みを抱いている人は、自分の意識を無くするために、死ぬことを自分から願ったりさえします。しかし、「死」は、すべてを失うことのシンボルです。私たちは死において、家族や友人と引き離され、それまで築いたもののすべてを失います。実は、不安に駆りたてられている人は、心の底で「死」を恐れているとも言えるのではないでしょうか。聖書では、死は「最後の敵」（Ⅰコリント15・26）と呼ばれますが、キリストの十字架とは、何よりも「死」に対する勝利でした。しかも、肉体の死に恐怖を感じない人でも、「死を腐敗のプロセス」と見ると嫌悪と恐れを抱きます。「腐っていく」というのは何とも嫌なことです。

肉体の腐敗や衰えを防ごうとスポーツクラブに通う人が増えていますが、私たちは「心が腐敗してしまう……」ことにも注意を向けなければなりません。それに対して、キリストのうちにある人生は希望に満ちています。私たちの「内なる人は日々新たにされ」、「栄光から栄光へと、主と同じかたちに姿を変えられて行く」と約束されているからです（Ⅱコリント４・16、３・18）。神は、私たちを、腐敗ではなく、栄光へと導いてくださいます。

1　神が多くの子たちを栄光に導くために

「神は、私たちが語っている来たるべき世を、御使いたちに従わせたのではない」（２・５）とは驚くべき表現です。「来たるべき世」とは、「新しい天と新しい地」（イザヤ65・17、Ⅱペテロ３・13、黙示21・１等）のことです。これは俗に言われる「天国」とは違います。天国は今すでに存在している領域で、そこでは「御使いたち」が神に完全に従っています。

主の祈りでは、「天におけるように地の上でも、御名が聖とされ、ご支配が現され、みこころが行われるように」（私訳）と祈られています。それは、この地に天の平和（シャローム）が実現するようにという願いでもあります。

実は、今の「世」は、その御使いたちに従わせられているのです。[18] それに対し「新しい天と新しい地」は、この肉体が朽ちた後、キリストの再臨とともに朽ちない身体で復活し、キリストとともに王となって治める世界です。そこでは、最初の人間がエデンの園を治めていたと同じように、私たちが創造的に世界を治めます。そこには働く喜びや創造的な芸術の喜びがあります。私たちは「御使いをもさばくべき者」（Iコリント6・3）とあるように、御使いの上にまで引き上げられるのです。[19]そしてヘブル書の著者は詩篇8篇を引用しつつ、人間がこの世界を治める崇高な存在として創造されていることを思い起こさせます。

その最初で、「人とは何なのでしょう」という問いかけがあります（2・6）。人はすべての生き物の中で、最もひ弱なものかもしれません。しかし、全宇宙の創造主である神は一人ひとりを「心に留められ」、「これを顧みて」おられ、すべての人に「栄光と誉れの冠」を授けたいと願って創造してくださったのです（2・7）。

それは、私たちは一人ひとりが、「神のかたち image of God」に創造されているという意味でもあります。それは目に見えない神の、目に見える代理としてこの世界を治めるという責任が任されたという意味です。すべての人はその責任を果たしているかどうかが神から問われています。しかしアダム以来のすべての人間は、サタンの誘惑に屈して、自分を神の競争者としてしまい、神が創造された世界を混乱に陥れました。

それでイエスは、「万物の相続者」「世界を造られ」「神の栄光の輝き、また神の本質の完全な現れ」であられ、「万物を保っておられる」方でありながら（1・2、3）、この世界を救うために、今の世では「御使いよりも……低いもの」とさせられ（2・7）、私たちとまったく同じひ弱な人間の姿となられたのです。そればかりか、イエスは「蔑まれ、人々からのけ者にされ」（イザヤ53・3）ながら十字架で死なれ、罪人の代表者となって、「わが神、わが神、どうしてわたしをお見捨てになったのですか」（マタイ27・46）と叫ばれました。

しかし神は、「死の苦しみ」を受けられたイエスを三日目に死人の中からよみがえらせ、彼に「栄光と誉れの冠」（2・9）を与えてくださいました。しかも、「その死は、神の恵みによって、すべての人のために味わわれたものです」と、主の死の意味がそこで同時に描かれています。しかも、そのことが後に、「ご自分の血によって、ただ一度だけ聖所に入られたのです。それは、永遠の贖いを成し遂げるためです」と説明されています（9・12）。

なお2章10節では、続けて神が、「万物の存在の目的であり、また原因でもある方」として描かれます。それは世界がどなたから生まれ、どなたに向かっているかを示すことであり、私たちが神に向けて創造されていることを明らかにする真理です。その文脈の中で、「この方にとってふさわしいことであった」と宣言されながら、神は「多くの子たちを栄光に導くために、彼らの救いの創始者を多くの苦しみを通して完全な者とされたことは」と記されます。「子たち」とは原文では、「息子たち」と記されています。これは、神が私たちを、ご自身のひとり息子であるイエスと同じように見ておられることを意味します。しかも、神の救いには、「多くの子たちを栄光に導く」という目的があり、そのために、「救いの創始者」であるイエスを、私たちの罪の贖いの代価として苦しむ者とされたという不思議なことが記されています。

三世紀から四世紀にかけ、キリストが神であることを否定する誤った教えが広がりました。それに対して、正統的な信仰を守るために戦ったのがアタナシウスです。彼の名は、高校の教科書にも出てくるほどです。彼は、『ことばの受肉』という日本語訳で八十ページぐらいの文書を記しています。その中で彼は、「ことばが人となられたのは、われわれを神とするためである」という有名な命題を記します。[20] それは聖書が、私たちに与えられた救いを、「欲望がもたらすこの世の腐敗を免れ、神のご性質にあずかる者となる」（Ⅱペテロ1・4）と描いていることを基にしています。これは、私たちに与えられた約束です。「ことば」と呼ばれるキリストが人となり、十字架にかかってくださったのは、この私たちがイエスと同じような神のご性質を持つ者に変えられるためだというのです。ここに真実の「救い」の意味があります。[21]

それに続いて2章11節では、「聖とする方」（イエス）も、「聖とされる者たち」（私たち）も、「すべて一人（ヘノス）から出ています」（アダムまたは御父に由来する）と、不思議な表現が記されています。[22] これは、私たちが、このままでイエスの妹、弟とされているという神秘を表すためのものです。事実、イエスは、私たち一人ひとりをご自分の「兄弟と呼ぶことを恥とせずに」、「わたしは、あなたの御名を兄弟たちに語り告げる」（２・12）と言われると記されています。

これは詩篇22篇22節の引用ですが、その冒頭のことばこそ、イエスが十字架で叫ばれた「わが神、わが神……」です。私たちも同じような絶望感を味わうことがあるかもしれませんが、イエスご自身が「兄」としてこの気持ちを先立って味わい、死んでよみがえり、ご自身を死の中から救い出してくださった父なる神の御名を「兄弟たちに語り告げる」というのです。

そしてイエスは、ご自身の妹や弟である私たちのワーシップリーダーとして、「会衆の中であなたを賛美しよう」（２・12）と言っておられます。私たちの礼拝とは、このイエスを死者の中からよみがえらせてくださった神が、私たちをも同じように苦しみの中から救い出し、「栄光に導いて」くださることを覚える機会です。イエスが復活し栄光に入れられた御跡に、私たちは弟、妹として従っているのです。ヘブル書は詩篇22篇後半から勝利の歌を奏でます。

2　私たちと同じ「血と肉」を持つ身体となり、死の力を滅ぼしてくださった方

「わたしはこの方に信頼を置く」（２・13）とはイザヤ８章17節からの引用で、それは、「私は主（ヤハウェ）を待ち望む。ヤコブの家から御顔を隠しておられる方を……」に続くことばです。つまり、周りが暗闇に見え、神の御顔が隠されているように思える中で、なお、神に信頼

し、望みをかけるという意味です。これは、イエスが十字架の苦しみのただ中でこのみことばを告白しておられたことを示唆しています。

そして続く、「見よ。わたしと、神がわたしにくださった子たちは」の「子」とは、原文では「幼子」で、イエスが私たちをご自身が世話すべき無力な妹、弟と見ておられるという意味です。これは、先に続くイザヤ8章18節からの引用で、「イエスご自身と、イエスの幼子」たちは、「シオンの山に住む万軍の主（ヤハウェ）からのイスラエルでのしるしとなり、また不思議となっている」と預言されていたことと解釈できます。それはイエスと私たちが一つになり、世界に対しての「しるし」また「不思議」とされるという意味です。だからこそ、イエスは「私たちを兄弟と呼ぶことを恥としない」（2・11）と描かれていたのです。

ちなみにイエスは、復活の日に、マグダラのマリアにご自身を現され、逃げまどって隠れていたご自分の弟子たちへのメッセージを彼女に託した際に、「わたしの兄弟たちのところに行って、『わたしは、わたしの父であり、あなたがたの父である方、わたしの神であり、あなたがたの神である方のもとに上る』と伝えなさい」と言われました（ヨハネ20・17）。逃亡した弟子を「わたしの兄弟」と呼ばれたのです。そこでイエスは、弟子たちも、同じ父であり同じ神である方のもとに「上る」ということを示唆しています。

なお、真の指導者は、自分に従ってくる者たちの苦しみを体験している必要があります。火の中に飛び込む救助隊の指導者が、火の中をくぐり抜けた体験を持っていないなら、どうして隊員は彼の指示に従おうという勇気が湧いてくるでしょう。

それと同じように、キリストが私たちと同じ苦しみを体験されたことが、「子たちがみな血と肉を持っているので、イエスもまた同じように、これらのものをお持ちになりました」（２・14）と記されています。それは、世界の創造主であられる方が、ご自分を低くして、私たちと同じ「血と肉」のからだを持つ者となられたという意味です。

これは、王様が奴隷になることよりも、はるかに驚くべきことです。「血と肉」を持つとは、飢え渇き、病になり、やがて死んでいく、不自由な身体を意味します。神にとって唯一できないことは、「死ぬこと」かもしれませんが、イエスはその不可能を乗り越えられました。[23] それは、本来、永遠に死を味わうことのない方が、死の苦しみに服するためです。

ところで、人間が死に支配されるようになった経緯を、聖書は、人類の母のエバが、「その木は食べるのに良さそうで、目に慕わしく、またその木は賢くしてくれそうで好ましかった」（創世記３・６）と見えたという欲望に負けて、滅びる者となったことにあると説明します。その後、「欲によって滅びる」という原理がすべての人を支配しています。事実、神が創造された美しい世界は、人間の欲望によって、救いがたいほどに腐敗してしまいました。その原因は、神のかたちに創造された人間が、神から離れて生きるようになったためですが、人間の腐敗は、

「教え」や「悔い改め」では癒やしがたいほどに進んでしまいました。

それに心を痛められた神は、ご自身の御子をこの世界に遣わしてくださいました。御子は私たちの創造主であられますが、ご自身でこの腐敗していく肉体を持つ人間となることによって、「腐敗する身体を不滅の身体へと変えようとしてくださった」と考えることができます。すべてのいのちの源である方が、死と腐敗の力を滅ぼすために、あえて朽ちていく身体を持つ人間となられたばかりか、最も惨めな十字架の死を自ら選ばれたのです。

しかし、同時にこの書では、イエスが「血と肉をお持ちになられた」理由が、「それはご自分の死によって、死の力を持つ者、すなわち悪魔を、無力化するためであり、また、死の恐怖によって一生涯奴隷となっていた人々を解放するためでした」（2・14、15）という驚くべき説明がなされます。それは、永遠の神の御子が肉の身体となられたという「受肉の神秘」が、「復活の神秘」に直接的に結びつけられることです。一般的には、神の御子が人となられたのは、人々の罪を負って十字架にかかるためと説明されますが、このヘブル書は「ことばの受肉」の意味を、「死の力を持つ悪魔を無力化」し、私たちを「死の恐怖の奴隷状態から解放」し、「復活のいのちを今から生きるという神秘」に結びつけて説明します。[24]「死の恐怖によって一生涯奴隷となっていた人々を解放する」（2・15）という約束が実現したことは、キリストの弟子たちのうちに起こった変化によって知ることができます。ローマ帝国は、紀元三百年頃まで、クリスチャンを絶滅しようと必死でした。彼らは皇帝を神として拝む代わりにイエス・キリストを神としてあがめていたからです。ところが殉教者の血が流されるたびに、クリスチャンの数が爆発的に増えてしまったのです。

紀元一九八年頃にテルトゥリアヌスは、当時の圧政者に向けて、「いかにあなたがたの残酷さがより手の込んだものとなったとしても、それはすべてなんの役にも立たない。それはむしろ、我々の宗教の魅力となっているのだ。あなたがたが我々を刈り取れば、その都度、我々の信者は倍加するのである。キリスト教徒の血は、種子なのである。……あなたがたによって死に定められるや否や、我々は神によって釈放されるのである」と記しました。[25] それは、クリスチャンたちの、死の脅しに屈しない姿が、人々に感動を与えたからでした。そこには、真のいのちの輝きが見られました。そして紀元三〇三、三〇四年の皇帝ディオクレティアヌスによる大迫害の八年後に、皇帝コンスタンティヌスはその政策を大逆転して、イエスの前にひざまずくことになります。[26]

現在の日本に、幸い、そのような大迫害はありません。ただ、たとえば、重度の癌の苦しみにあう人は数多くいます。しかし、イエス・キリストを信じる人の中には、その死の苦しみの中で不思議なほどの平安に満たされ、いのちを輝かすことができる人々がいます。それは、キリストのいのちが、死の力に打ち勝っているしるしと言えましょう。「私は死など恐れない！」

と豪語してはいても、自分の評判が傷つくことや孤独、財産が失われることを恐れているなら、それこそ、「死の恐怖につながれて奴隷となって」いる状態にあるとも言えます。もし、本当に、死に打ち勝った結果として、死の恐れから解放されているとしたら、その人は、もっと余裕を持って他の人のことも配慮しながら生きていられるはずだからです。もしその人が、この死の恐怖を単に心の底に押し殺しているだけなら、無意識のうちに恐れに支配されてしまい、まるでネズミのように、刺激や衝動に反応するだけの生き方をしてしまいます。

3　あわれみ深い、真実な大祭司となられた方

2章16節の文章は、「それは明らかに、イエスが御使いたちに注目するのではなく、アブラハムの子孫に注目してくださったからです」と訳すことができます。「御使い」は助け出されることを必要としていませんが、ここでは主が、明らかに神に近い「御使いたち」よりも、死の力に支配された「アブラハムの子孫」である人間に「注目し」、人間と一体の者となろうとされたという意味に理解できます。そのことが、「そのためにイエスはすべての点で兄弟たちと同じにされなければなりませんでした。それは神の御前への、あわれみ深い、忠実な大祭司となるためであり、民の罪を贖うためでした」（2・17）と記されます。

人間の場合の兄は、妹や弟と同じ親のもとで同じ所に住み、同じ物を食べて育ち、しばしば

通う学校まで同じです。妹や弟は、それを見ながら育つことができます。主はそのような先駆けとなるために私たちと同じ姿になられました。しかも、そこには、イエスが父なる神と罪人との「仲介者」としての「大祭司」となられたことも描かれます。「あわれみ深い」とは、私たちの痛みや悲しみを、ご自分のことのように一緒に感じてくださる感覚を意味します。また、「忠実」とは、「真実」とも訳され、頼ってくる者を決して裏切らない真実さを意味します。

アタナシウスは、キリストがローマ帝国にもたらした変化を、「十字架のしるしによってあらゆる魔術は終わりを迎え、あらゆる魔法も無力にされ、あらゆる偶像礼拝も荒廃させられ、放棄され、非理性的な快楽は終わりを迎え、すべての人は地上から天を見上げている」と証しています。[27] キリストのすばらしさが明らかになるにつれ、人は、自然に、偶像礼拝や魔術に見向きもしなくなっていったのです。さらになお、偶像礼拝では、「戦いの神」や「快楽の神」が人々を戦いや無軌道な性の快楽に向かわせましたが、当時の人々は、「キリストの教えに帰依するや否や、不思議なことに、心を刺し貫かれたかのように残虐行為を捨て……平和と友愛への思い」を持つようになり、また「貞節とたましいの徳とによって悪魔に打ち勝つ」というように、生き方の変化が見られたというのです。[28] それは、イエスの「あわれみ」と「真実」に触れたことで、価値観が根本から変えられたからです。

イエスは世界の価値観を変えました。イエス以外のだれが、社会的弱者や障がい者に人間としての尊厳を回復させ、また、結婚の尊さや純潔の尊さを説いたことでしょう。イエスの御名があがめられるところでは、自然に、偶像礼拝や不道徳は力をなくしていきます。不条理や不正と戦うこと以前に、キリストが世界に知られるようになることこそが大切なのです。

しかもイエスが「大祭司」となられたのは「民の罪を贖うため」（2・17）と記されます。大祭司は民の罪のために動物の血をささげますが、イエスはなんとご自分の血を、民の罪の贖いの代価とされたのです。アタナシウスは、「主の死は、すべての者のための身代金であり、この死によって『隔ての壁』が取り壊され（エペソ2・14）、異邦人の招きが実現し、イエスは一方の手で旧約の民を、もう一方の手で異邦人からなる民を引き寄せ……われわれのために天への道を開いてくださった」と語っています。[29] イエスは十字架に上り、空中で死ぬことによって、天への上昇路を開いてくださいました。それは、「私たちはみな……栄光から栄光へと、主と同じかたちに姿を変えられていきます」（Ⅱコリント3・18）ということの第一歩でした。

最後に、「イエスは、自ら試みを受けて苦しまれたからこそ、試みられている者たちを助けることができるのです」（2・18）と記されています。そうであるならば、あわれみに満ちたイエスにとって最も悲しいことは何でしょうか。それは私たちが、心の底で味わっている悲しみや不安やさみしさを認めず、主の御前で隠すことではないでしょうか。たとえば、私は、長い間、自分の内側にいる寂しがり屋の声を圧迫してきたとふと気づかされました。イエスは、私のうちに住む、寂しがりやの私と交わりを築きたいと願っておられるのに、イエスの語りかけを心で味わう前に、自分で動き出してしまうことがあります。そして、無意識のうちに、自分のうちにある名誉欲などという欲望に駆り立てられ、滅びに向かおうとするのです。

今、改めて思います。この私が「母の胎」のうちにいるときから、神は私を「わたしの息子よ」と目を留めておられ、時が来ると、私にイエスを「救いの創始者」として示してくださいました。イエスは私を「私の弟よ」と呼び、私を礼拝者の交わりに加えてくださいました。イエスは私に代わって「死の力を持つ悪魔」と戦い、勝利を得られ、「大丈夫だから、わたしについてきなさい」と招いておられます。たとい、様々な過ちを犯していても、イエスは大祭司として、私たちの側に立って、父なる神にとりなしてくださいます。ですから、恐れることなく、すべての思い悩みを、いつくしみ深いイエスにお話ししましょう。

4　今日、もし御声を聞くなら（3章1―19節）

イエスの十字架と復活によって「新しい創造」がすでに始まっています。[30] それはたとえば日本のカレンダーが七日のリズムで一日の休日が明らかになっているとか、一夫一婦制や女性の立場の尊重、基本的人権条項などに表されています。私たちはすでにキリストにある「新しい創造」の中に入れられています。そこで問われているのは、すでに与えられている恵みの時代を感謝して受け止めているかということです。私たちは旧約の民が憧れていた「明日」の時代に、すでに「今日」、入れられているのです。ただ同時に、この地での生活は「荒野」の旅路のようなものです。「救われた！」と言われながら、救われていない現実に圧倒されています。

しかし、キリストにあって新しい時代を開いてくださった神は、すでに私たちに最終的な「安息」、何の欠けもないシャローム（平和、平安、繁栄）の世界を保証してくださっています。私たちは「今日、御声を聞く」ことができる幸いを忘れてはなりません。それによって私たちは、様々な問題や葛藤の中で、なおイエスの御跡に従って歩み、この世界に神の平和（シャローム）を広げていくことができるのです。

1　私たちが……希望のゆえの大胆さと誇りを保ちさえするなら

3章1節は、「ですから、兄弟たち、聖なる者たちよ、あなたがたは天からの召しにあずかっています。それゆえ、イエスのことを考えなさい。この方は、遣わされた方、私たちが告白する大祭司である方です」と訳することができます。「兄弟たち」ということばは、「イエスは彼ら（弟子たち）を兄弟と呼ぶことを恥とせずに」という表現が、また、「聖なる者たち」とは、「聖とする方」（イエス）と「聖とされる者たち」（私たち）という表現が思い起こされます（2・11）。またさらに「こんなにすばらしい救いをないがしろにした場合に……」（2・3）という警告もありましたが、私たちは今すでに、「大いなる方の右の座に着かれた」神の御子の「兄弟」と呼ばれ、また大祭司であるイエスによって「罪が贖われ」て（2・17）、「聖なる者」とされているのです。

そのように私たちは、「イエスと一体の者」とすでに認められているのですから、いつでもどこでも「私たちが告白する、遣わされた方（アポストロス）であり大祭司であるイエスのことを考える」必要があるのです。ここでイエスを「使徒」と呼ぶ訳が多くありますが、本来の意味に返って、神から「遣わされた方」と訳すほうがよいでしょう。ヨハネによる福音書では、イエスは、「神が御子を世に遣わされたのは、世をさばくためではなく、御子によって世が救われるため」（3・17）などのように繰り返しご自身のことを「父が遣わされた（アポステロー）者」として紹介しますが、それを前提に、イエスから遣わされた者が使徒（アポストロス）と呼ばれるようになったからです。

私たちは今、イエスの弟、妹として、その道に従うのです。そして「私たちが告白する大祭司」とは、2章17、18節にあったように「あわれみ深い、忠実な大祭司」、「自ら試みを受けて苦しまれたからこそ、試みられている者たちを助けることができる」という方です。

その上で、「この方はご自分を立てた方に忠実でした。それは、モーセが神の家全体に対してそうであったのと同じです」（3・2）と記されますが、モーセに関しては、主ご自身がアロンとミリアムに向かって「彼はわたしの全家を通じて忠実な者。彼とは、わたしは口と口で語り、明らかに語って、謎では話さない。彼は主（ヤハウェ）の姿を仰ぎ見ている」（民数12・7、8）と、人間の中で最高の存在として神によって扱われていることが証しされています。それを前提に、この著者はモーセの「忠実」との比較でイエスの「忠実」を証ししています。それは、当時は奇想天外なことでした。ユダヤ人にとってモーセは特別な存在で、神に最も近い人間として比類のない尊敬を受けていたばかりか、モーセは天の王座に着いてこの地を見ているという伝承まで流布していたからです。[31]

続けて、「確かに、この方はモーセよりも大いなる栄光を受けるのにふさわしい方とされました。それは、家よりも家を建てる人が大いなる栄誉を持つのと同じです。家はそれぞれだれかによって建てられるのですが、すべてのものを建てられた方は神です。モーセは神の家全体の中で忠実でした。それはしもべとして、語られようとしていることを証しするためでした」（3・3－5）と記されます。ここでなんと、イエスは「家を建てる人」として紹介されます。

それは、神がダビデに「あなたの身から出る世継ぎの子をあなたの後に起こし、彼の王国を確立させる。彼はわたしの名のために一つの家を建て、わたしは彼の王国の王座をとこしえまでも堅く立てる」と言われたことを思い起こさせます（Ⅱサムエル7・12、13）。そこでは、まず主ご自身がダビデのために王国としての「一つの家を造（建て）る」と約束しておられ（同7・11）、その上で同時に、「ダビデの子が神の家を建てる」ようになると言われていました。それは当時、ソロモンが神殿を建てることと理解されましたが、預言的には、イエスがダビデの子として「神の家を建てる」ことが示唆されていたという意味になります。

それを前提にここでは、「すべてのものを建てられた方は神です」（3・4）と言われているのです。ただし、モーセが神の家に忠実ではあったものの、イエスは神の家を建てられる方として、モーセに優っています。同時に、モーセは神の「しもべ」として、このイエスについて「語られようとしていること」を、自分の存在の限界を通して、「証し」していたというのです。

それは「神の家全体に忠実」な者こそが、来たるべき「家」の必要を実感できるからです。モーセは確かに「神の幕屋」を神の指示に従って建てましたが、その幕屋は神の臨在のシンボルに過ぎず、神の真の「住まい」ではあり得ないということをだれよりも理解していたからです。その上で、3章6節は、「しかし、キリストは御子として神の家の上にありました。その家とは何でしょう。それは私たちです。もし、希望のゆえの大胆さと誇りを保ち続けさえしたらですが……」と訳すことができます。御子こそ真の意味で「神の家を建てる」方なのですが、その方は神の家全体の「管理者」というより、それを「支配する方」であるというのです。しかもここではさらに、「神の家」とは、目に見える建物というより、私たち聖徒の共同体であると言われます。それは、「教会（エクレシア）はキリストのからだであり……キリストによって、からだ全体は、あらゆる節々を支えとして組み合わされ、つなぎ合わされ、それぞれの部分がその分に応じて働くことにより成長して、愛のうちに建てられることになります」（エペソ1・23、4・16）と使徒パウロが記していたことと同じです。

ただ、そのために私たちに求められていることは、「(キリストのうちにある) 希望のゆえの大胆さと誇りを保ち続ける」ことです。「大胆さ」とは「確信」または「自由な喜び」とも訳すことができる言葉です。また「誇り」とは、イエスの「兄弟」、「聖なる者」とされ、天から召されている者としての喜びに生きることです。この二つの組み合わせの言葉に、今置かれている困難のただ中で味わう「自由な喜び」と、この世の評価を超えたキリスト者としての「誇り」に満ちた生き方が現されています。

2　わたしはその世代に憤っていた……

３章７節での「ですから、聖霊が次のように言われるとおりです」という表現とともに、それ以降11節まで続くことばは、詩篇95篇７ｃ－11節からの引用です。

なおこの詩篇の冒頭は、「さあ、喜び歌おう。……喜び叫ぼう」という呼びかけから始まり、「主（ヤハウェ）」が「私たちの救いの岩」として描かれます。それは「ホレブの……岩から水が出て、民はそれを飲む」（出エジプト17・６）と言われた主のみわざを思い起こさせるためです。続けて「御前に進もう」との招きに、「感謝をもって」と付加されます（95篇２節、私訳）。

それは、「主の御前に近づく恐怖」とは、正反対の表現です。そこに「賛美をもって　主に喜び叫ぼう」と、最初の呼びかけが繰り返されます。「主を恐れる」ことは「信仰の基本」ですが、それは大胆に喜び歌い、喜び叫びながら主に近づくことと矛盾はしません。私たちには、自分の罪深さを反省する以前に、そのような姿勢が必要ではないでしょうか。

そして詩篇95篇３節では「主（ヤハウェ）は大いなる神……大いなる王」と繰り返され、主の偉大なご支配が賛美されます。４、５節ではさらにその偉大さが、「地の深み」「山々の頂」

「海」「陸地」のそれぞれが、「御手のうちにあり」、「主のもの」として「造られ」「形造られた」と描かれます。そして、6節の原文の語順では、先の御前への大胆さと対照的に、「来たれ。ひれ伏し　膝をかがめよう。主（ヤハウェ）の御前にひざまずこう　私たちを造られた方に」と呼びかけられます。

続く7節は、「なぜなら、主は私たちの神、私たちは　その牧場の民　その御手の羊　なのだから」と、主を恐れるべき理由が描かれているという意味に訳すことができます。

本書で引用されるのは、それを受けての95篇7節3行目からの新しい展開で、「今日　もし御声を聞くなら　あなたがたの心を頑なにしてはならない。メリバでのように　荒野のマサでの日のように」です。その後半部分がここでは、「荒野での試みの日に　神に逆らったように」という七十人訳のことばになっています（「メリバ」とは「争い」、「マサ」とは「試み」を意味することから）。それは先に記した出エジプト記17章の出来事の引用です。

神は、イスラエルの民をエジプトでの奴隷状態から解放し、海を二つに分けてエジプト軍の追撃を退け、荒野でマナを天から降らせることによって民を養ってくださいました。ところが彼らがシナイ山のふもとの手前のレフィディムに宿営したとき、「民はモーセと争い、『われわれに飲む水を与えよ』と言った。モーセは彼らに『あなたがたはなぜ私と争うのか。なぜ主（ヤハウェ）を試みるのか』と言った」というのです（出エジプト17・2）。先にイスラエルの神はモーセを通して岩から水を出してくださいました。ですから彼らは、主を「試み」「争う」代わりに、主にただ信頼して、静かに祈ることが求められていたはずなのです。

続けてこのヘブル3章9、10節では、その歴史を振り返りながら、「あなたがたの先祖はそこでわたしを試みた、わたしを試験するかのように。そして、わたしのわざを見た、四十年間にわたって。それで、わたしはその世代に憤っていた。そして『彼らは常に心が迷っている。彼らはわたしの道を知らない』と言った。それは、わたしの怒りのうちに、彼らがわたしの安息に入ることはあり得ないと、誓うことによってであった」と引用されます。

詩篇95篇10節で「四十年の間、わたしはその世代を退け」と訳されることばは、「四十年の間、わたしはその世代を嫌悪して」とも訳することができます。[32] 彼らは神への不従順のゆえに、「四十年」もの間、「荒野をさまよい」ました。ただ神は、ご自身の様々な不思議なみわざを見せ続けていながら、同時に、彼らの態度に嫌悪感を抱き続けておられたというのです。そのようなお気持ちの中で、「その世代」の成人をだれも「約束の地に入らせない」と誓い続けておられたという意味かと思われます。ここに神ご自身の愛と葛藤を見ることができます。それは彼らの「心の頑なさ」、神を「試み」る「心の迷った」状態に対する神ご自身のお気持ちです。ただし、神はそれでもイスラエルの民を捨て去りはしませんでした。

神は、モーセに導かれて約束の地に向かった第一世代の者たちをみな荒野で滅ぼしましたが、神はその世代の中で例外的に従順であったヨシュアとカレブを用いて、第二世代の者たちを約束の地に導いてくださいました。そこには、神が、民の心の頑なさ、逆らう姿勢に、忍耐の限りを尽くしておられる姿が見られます。まさに、聖なる神が、汚れた民の真ん中に住み続けて、彼らを約束の地に導き入れてくださったのです。

3　彼らが入ることができなかったのは、不信仰のゆえである

3章12、13節では、「それゆえ兄弟たちよ、よく見なさい。あなたがたのうちに、だれも悪い不信仰な心になることがないように、それによって生ける神から離れてしまうことがないように。それればかりか、互いに日々励まし合いなさい。『今日』と言われている間に、あなたがたのうちだれも、罪の欺きによって頑なにされることがないように」と記されます。

最初の命令は、迫る危険に対して「目を見張るように」という勧めですが、そこに再び「兄弟たち」という呼びかけがあります。著者は誘惑にさらされている信仰者たちにあくまでもキリストの兄弟としての「誇り」を思い起こさせます。そしてここで警告されている状態は、「悪い不信仰な心になることがないように」と記されています。「悪い心」とは神の善意を疑う心であり、「不信仰な心」とは神の真実を疑う心です。それはアダムが禁断の木の実を取って食べたという行為に表されており、その心を私たちは受け継いでいます。しかし、私たちはキ

リストの血によって贖われ、「聖なる者」とされているのですから、そのアダムの心にとどまっていてはならないのです。

またここでは「罪の欺きによって頑なにされる」（3・13）と、「罪」が擬人化されています。多くの英語訳は the deceitfulness of sin と訳していますが、N・T・ライトはこの書の一般向けの解説で「この世界には、『罪の欺き』と呼ばれるようなものがあり、非常に力を持っている。あなたはまず、自分がしてはならないはずの小さなことを行って楽しんでみたいという誘惑に身を任せる。そして、『それは大したことではない』と思うようになる。さらにそれが習慣化され、それが悪いことだと感じなくなる。疑問が出されても、それを合理化できるようになっている。『これはみんなやっていることだ、世の中はそんなものだ、律法的になってはならない、喜びを消すことは良いことではない』などと言いながら」と記しています。[33]

たとえば、「私が罪を犯す」というときに、私の責任が明確になり、罪が避けられるものとして描かれますが、「罪」を人格化することで、それが普通の人間には制御不能の力として迫ってきます。それは薬物依存症などの例にも明らかです。私たちは罪の力を人格化することで、その力の恐ろしさと、信仰者の励まし合いの大切さが見えるようになります。それは、依存症の解決には、「意志力を強めよう」などと言う前に、同じ問題を抱えた仲間同士の励まし合いが不可欠であると、多くの専門家が認めているのと同じです。

アダムとエバは蛇に惑わされましたが、その背後にはサタンがいました。その「罪の力」がアダムの子孫を支配し続けているのですが、「キリストのうちにある者」にとっては、すでに「悪魔の力」は無力化されています。私たちは明日を夢見て生きているのではなく、「今日」という新しい時代に入れられています。そこで必要な励ましとは、たとえば、「イエスがご自分の死によって、死の力を持つ悪魔を無力化し、私たちを死の恐怖の奴隷状態から解放した」という趣旨の2章14、15節の言葉を互いに暗唱し合うことかもしれません。

さらに3章14節では、「私たちはキリストにあずかる者（キリストの仲間）となっているのです。もし最初の確信を終わりまで保ちさえするならばのことですが……」と記されています。先に「互いに日々励まし合いなさい」と言われましたが、それは、すでに「キリストの仲間の交わり」に入れられ、キリストの弟、妹とされているという自覚を深め合うこととも言えます。その際、「確信を終わりまで保ちさえするなら……」ということばの意味は、「確信を保つことと」の難しさを示唆するものではありません。そこには、キリストにある希望を互いに告白し合うことで「確信を保つことができる」という前提があるのです。それは具体的には、この礼拝共同体にとどまるということです。後に10章25節では「ある人たちの習慣に倣って自分たちの集まりを捨てる」ことなどを「してはならない」と厳しく命じられています。

続く3章15節は、「それで、次のように言われています」ということばから始まり、「今日、もし御声を聞くなら、あなたがたの心を頑なにしてはならない。神に逆らったときのように」と記されます。ここで命じられていることも、難しいことではありません。「今日、御声を聞く」そのときに、イスラエルの民が神に逆らったときのように「心を頑なにして」不平を言う代わりに、神のこれまでの「あわれみのみわざ」を思い起こし、心を広く開いて、神のみことばが自分の心に染みわたるようにすることが勧められているのです。その際に何よりも大切なのは、自分の計画や願望を、「まず横に置く」ということではないでしょうか。私たちは「信仰」ということばで、「疑いを排除しよう」「信じ切ろう」などという積極的な心の作用を思い浮かべることがありますが、何よりも大切なのは、「力を抜く」ことなのです。

3章16－18節の三つの文章の冒頭では、「だれだったでしょう」「だれに対して」「だれに対して」という言葉が記され、三つの問いかけがなされます。その第一は、「というのは、だれだったでしょう、聞いていながら逆らったのは……。それはすべての者たちではありませんか、モーセに率いられてエジプトを出た者たちの」（3・16）という問いかけです。

ここにある「問い」とは、神がエジプトに十の災いを下し、海を真っ二つに分け、エジプトの軍隊を海に沈めるという圧倒的なみわざを見た、まさにその目撃者たちが、「飲む水を与えよ」と迫って「争い」、また「ああ、肉が食べたい……」と「激しく不平を言う」姿です。人間はどれほどの神のあわれみを見ても、目の前の必要が満たされないと、すぐに不満を述べてしまいます。それは幼児に見られる姿と同じです。

第二には、「だれに対して憤っておられたのでしょう、四十年の間。それは罪を犯した者たちではありませんか。彼らは荒野に屍をさらしました」（3・17）と記されます。かつてイスラエルの民がエジプトを出ながら、「四十年の間」、荒野をさまようきっかけになった事件があります。モーセが約束の地の手前の「パランの荒野」から十二人の偵察隊を遣わして約束の地を調べさせたところ、そこが「乳と蜜の流れる」豊かな地であると同時に、恐ろしいほどの巨人が住む地で、その民にイスラエルが勝てる見込みはないと報告されました。彼らはそれを聞いて「エジプトに帰ろう！」と言い出してしまいました（民数13・3、27、14・4）。

それに対して主は、「わたしの栄光と、わたしがエジプトで行ったしるしとを見ながら、十度もこのようにわたしを試み、わたしの声に聞き従わなかった者たちは、だれ一人、わたしが彼らの父祖たちに誓った地を見ることはない。わたしを侮った者たちは、だれ一人、それを見ることはない」（同14・22、23）と言われ、それが実現してしまったのです。

そして、そのことを前提に、第三には、「だれに対して誓われたのでしょう、ご自身の安息に入らせはしないと。それは、従わなかった者たちに対してではないですか」（3・18）と記されます。そこには、神に信頼したヨシュアとカレブは含まれていません。二人は民に向かって、「ただ、主（ヤハウェ）に背いてはならない。その地の人々を恐れてはならない。……主（ヤハウェ）が私たちとともにおられるのだ」と必死に説得しましたが、「全会衆は、二人を石で打ち殺そうと言い出した」と描かれています（民数14・9、10）。その結果、ヨシュアとカレブは約束の地に入ることができましたが、他の二十歳以上の男性は全員、荒野に「屍をさら」しました（同14・29）。

そしてこれらをまとめて、「私たちは良く見ています。彼らが入ることができなかったのは、不信仰のゆえであるということを」（3・19）と記されます。なお、ここでの「不信仰」とは、何か悲観的な態度だとか、チャレンジ精神の不足というようなことではなく、主が行った「しるし」を見ながら「十度も主を試みた」こと、また、「主の御声に聞こうとしなかった」こと、主ご自身を「侮った（拒絶した）」という態度を指しています。

これは自分の不信仰を嘆くような態度とは決定的に異なります。ある父親がイエスのもとに、「口をきけなくする霊」に取りつかれて苦しんでいる息子を連れてきて、「おできになるなら、私たちをあわれんでお助けください」と言ったとき、イエスは「できるなら、と言うのですか。信じる者には、どんなことでもできるのです」とその不信仰をたしなめます。それに対してこの父親は、すぐに「叫んで」、「信じます。不信仰な私をお助けください」と言いました（マルコ9・17―24）。そしてイエスはこの子から悪霊を追い出し癒やしてくださいました。ですから、自分の不信仰を嘆きながら、なお主にすがろうとする者は、ここで批判されている「不信仰」

という枠の中には含まれていないとも言えましょう。

主は私たちをご自身の「牧場の民　その御手の羊」と呼んでくださっています。私たちの信仰は、神が私たちを養い育て、語りかけ続けてきた結果に過ぎません。確かに出エジプトを体験したイスラエルの民の第一世代は、「不信仰のゆえ」に約束の地に入ることはできませんでした。私たちにも彼らのような不平不満が湧いてくることがありますが、私たちにはすでに、聖霊が与えられています。聖霊がみことばを用いて私たちに語りかけてくださいます。そこで求められる姿勢は、ただ力を抜いて、神のみことばが自分の中に根を張ることに「身を任せる」ことです。主の御声こそが、私たちのうちに信仰を生み出すのです。「不信仰な者に信仰を生み出す」神のみわざに目を留めましょう。もし、自分の道が閉ざされていると絶望するときには、ただ、「信じます。不信仰な私をお助けください」とすがりさえしたらよいのです。

5　神の安息に入るための励まし合い（4章1―13節）

私たちはイエスを救い主と信じることによって、「永遠のいのち」をすでに与えられていると教えられてきました。ところがこのヘブル書では、「神の安息」に入ることができなくなる可能性が示唆され、そうならないように「日々互いに励まし合う」ことが勧められています。しかし、失う可能性があるものを「永遠のいのち」と呼ぶことができるでしょうか。実は、「永遠のいのち」とは、「来たるべき世」（2・5）の「いのち」と呼び変えることもできます。それが今日の箇所では、「神の安息に入る」と言われます。イスラエルの民がせっかくエジプトの奴隷状態から救い出されても、「約束の地」という「神の安息」に入れなかった人々がほとんどでした。同じように、私たちが「神の安息」に入れない危険性は、目の前にあります。しかし、私たちは悲観的になる必要はありません。

実は、ここに逆説があります。「私は大丈夫！」と思う人は、「信仰の破船にあい」ます が（Ⅰテモテ1・19）、「とうてい私の力では達成できることではありません。主よ、私をあわれんでください！」と、神にすがる人の信仰を、神は守り通してくださいます。しかも、そのために私たちには、この神の民の共同体と、神のみことばが与えられています。「永遠のいのち」とは、私たちが所有する財産のようなものではなく、三位一体の神との生きた交わり、また神の民との生きた交わりです（Iヨハネ1・2、3）。私たちはみことばに基づく交わりによって支えられ、同時に、愛の交わりが完成する世界へと招き入れられるのです。

1 神の安息に入るための約束

4章1節は、「こういうわけで、私たちは恐れる心を持とうではありませんか」という不思議な書き出しになっています。聖書ではしばしば、「恐れてはならない」という命令が記されていますが、それは「恐れ」の感情を否定的に見るものではありません。マタイ10章28節の原文の語順では、「恐れてはならない、からだを殺してもたましいを殺せない者たちを」と記され、それと並行して、「恐れなさい、たましいもからだもゲヘナで滅ぼすことができる方を」と記されています。「恐れてはならない」と「恐れなさい」の相反する感情は両立しているのです。問われているのは「恐れる」べき対象と理由が何かということです。

ここでは、「神の安息に入るための約束がまだ残っているのに、あなたがたのうちだれかが、そこに入れなかったということのないように」、「恐れなさい」と命じられています。これは3

章12、13節で、信仰の友が「生ける神から離れてしまうことのないように」、また「罪に惑わされて頑なになることがないように」、「互いに日々励まし合う」ことが求められていたことを思い起こさせます。なお、ここで「神の安息に入る」とは、「死んでたましいが天国に憩う」という霊肉二元論的なことを語っているのではありません。なぜなら、3章18節に記されていた、「神がご自分の安息に入らせないと誓われた」人々とは、モーセに導かれてエジプトの支配から解放された二十歳以上の男性たちだったからです。彼らは、神の約束を信じようとせずに、繰り返し神に逆らったために、約束の地を自分の足で踏むことはできませんでした。

当時のヨシュアに与えられた約束は、「あなたがたの神、主（ヤハウェ）はあなたがたに安息を与え、この地を与えようとしておられる」（ヨシュア1・13）というものでした。つまり、「神の安息に入る」とは、ヨシュアの時代には、約束の地を占領できるということを意味したのです。そして、不思議にも、その「約束がまだ残っている」とは、「神の安息」はイスラエルが約束の地に入れられたことで完成はしなかったということを意味することになります。

さらに続けて、「というのも、私たちにも良い知らせが伝えられていて、あの人たちと同じなのです」（4・2）と記されます。そして、私たちにとっての「良い知らせ」とは、新しいヨシュアであるイエス（ヘブル語名はヨシュア）に導かれて、「新しい天と新しい地に入る」ことを意味します。ただし、ここでは続けて、「けれども彼らには、聞いたみことばが益となりませんでした。みことばが、聞いた人たちに信仰によって結びつけられなかったからです」と記されます。これはイスラエルの民が、彼らの益となるはずの「みことば」を「聞き」ながら、それが「信仰と結びつかなかった」、または「信仰と一つにされなかった」という悲劇が起きたという意味です。

なぜなら、神の約束の「みことば」は私たちのうちに「信仰」を生み出すはずなのですが、自分の願望でいっぱいになっている心には届くことができないからです。そして、そのような現実との対比で3節は、「ところが、信じた私たちは安息に入るのです」と記されます。これを心から味わい、ここで一呼吸置くべきでしょう。それは、ここには、「彼らは安息に入らなかった」一方で、「信じた私たちは安息に入る」という対比が強調されているからです。

その上でここでは続けて皮肉な対比として、「それは神が、『わたしの怒りのうちに、彼らがわたしの安息に入ることはあり得ないと、誓うことによってであった』と言われたとおりです」と記されています（4・3）。つまり、神が何よりも怒っておられるのは、神のそれまでの圧倒的なみわざを忘れて、神の約束のことばに真剣に耳を傾けようとしない態度なのです。そのようになるのは、人々が自分の目の前の問題が消えることばかりを望み、神の救いのご計画の全体像に関心を向けられないからではないでしょうか。そしてその際の「不信仰」（3・12）とは、楽観的になれないことではなく、神のみことばに信頼しようとしない心の姿勢です。

続いて、「もっとも、世界の基が据えられたときから、みわざはすでに成し遂げられています。なぜなら、神は第七日目について、あるところで、『そして神は、第七日目に、すべてのわざから休まれた』と言われているからです」と記されています（4・3、4）。これは創世記2章2節のギリシャ語七十人訳からの引用ですが、同箇所のヘブル語では、「すべてのわざをやめられた（シャバット）」と記され、出エジプト記20章11節では、「休んだ（ヌーアッハ）」ということばが用いられます。つまり、創世記では「働きを止める」ことに強調がある一方で、出エジプト記では、「安息に入られた」という意味が前面に出ているのです。

そしてこの後者は、ダビデが神殿の建設を計画するに当たって、「主（ヤハウェ）よ、立ち上がってください。あなたの安息の場所（メヌーアッハ）に、お入りください」（詩篇132・8）と述べたことを思い起こさせます。それは、神がそこに昼寝をするために入るという意味ではなく、アメリカの大統領がホワイトハウスに入るような意味で用いられたことばとも言えましょう。それは、神がこの世界のコントロール・ルームに入られるという意味に理解できます。[34]事実イエスは、三十八年間も臥せっていた人を、あえて安息日に癒やされましたが、それを宗教指導者が非難した時、「わたしの父は今に至るまで働いておられます。それでわたしも働いているのです」（ヨハネ5・17）と言われました。つまり、ここで「神が休まれた」と記されるのは、神が六日間の創造のみわざを完成して、ご自身の「安息に入り」、この世界を天の御座から治めておられるという意味と理解できるのです。

さらに「そして再びこの箇所で、『彼らは決してわたしの安息に入りはしない』と言われたのです」と記されます（4・5）。つまりここでは、すでに「神は安息に入っておられる」ことを前提としながら、その「神の安息」に入る可能性は「世界の基が据えられたとき」（4・3）から原則的に開かれていたはずであったと記されており、また同時に、人間が神に反抗したために、神はその可能性をあえて閉じられたと記されているのです。

2　安息日の休みは、神の民のためにまだ残されています

それをもとに4章6、7節では、再び1節に立ち返りながら、「ですから、その安息に入る人々がまだ残っていて、また、以前に良い知らせを聞いた人々が不従順のゆえに入れなかったので、神は再び、ある日を『今日』と定め、長い年月の後、前に言われたのと同じように、ダビデを通して、『今日、もし御声を聞くなら、あなたがたの心を頑なにしてはならない』と語られたのです」と記されます。これはモーセに導かれたイスラエルの民が不従順のゆえに約束の地に入れなかったことを振り返りながら、ダビデが改めて民に向かって、詩篇95篇を用いて、神の「牧場の民、その御手の羊」として、神の招きに応じるようにと呼びかけていると記されています。だからこそ、心を頑なにせずに、心を開く必要があるというのです。

そして、「もしヨシュアが彼らに安息を与えたのであれば、神はその後に別の日のことを話されることはなかったでしょう」（4・8）と記されますが、これはヨシュアによる約束の地の占領が、不徹底に終わったことを示唆しています。モフィットは「詩篇95篇が意図しているのは、継続的な相続（the enduring inheritance）、つまり、神が創造の初めから体験しておられる安息のようなものであって、土地の所有自体を指すものではない。別のことばで言うなら、ヘブル書における相続地に入る約束の成就とは、神が住んでおられる天の安息の領域に入れられることを意味している」と述べています。[35]

興味深いことに、神がダビデ王の支配を確立されたときの表現が、「王が自分の家に住んでいたときのことである。主（ヤハウェ）は、周囲のすべての敵から彼を守り、安息を与えておられた」（Ⅱサムエル7・1）と記されますが、その「安息」とは一時的なものでした。つまり、神が与えられた「安息」とは、最終的な安息の完成の前味のようなもので、完成の時は、まだ先に残されていたのです。事実、ダビデは、神が与えた「安息」の中で、気が緩んでしまい、家来ウリヤの妻を奪って、その偽装工作の中でウリヤを死に至らしめました。その後、彼の長男アムノンが腹違いの妹のタマルを強姦し、同じ腹から生まれた兄のアブサロムがアムノンを殺し、最後にはアブサロムがダビデに反旗を翻すところまで至ります。つまり、安息を与えられたダビデは、自分でその安息を壊してしまい、不安な日々を過ごすことになったのです。

そのようなことを前提に、「したがって、安息日の休みは、神の民のためにまだ残されています」（4・9）と記されます。なお、「安息日の休み（サバティスモス）」という表現はここにしか登場しない特別なことばですが、これは、アダムが神に背く前のエデンの園の調和の回復を意味すると同時に、来たるべき「新しい天と新しい地」、「新しいエルサレム」を指す状態であると考えられます。

そして、「神の安息に入る人は、神がご自分のわざを休まれたように、自分のわざを休むのです」（4・10）と記されます。ここでの神の「安息（休み）」とは、先に述べたように、神のご支配が全地に満ちて、だれの目にも明らかになることです。それと同じように、私たちの「休み」とは、何の活動もなくなるというのではなく、エデンの園でアダムがすべての生き物に名前を付けたような喜びの働きの回復であると考えられます。

神はご自分に背いたアダムに向かって、「大地は、あなたのゆえにのろわれる。あなたは一生の間、苦しんでそこから食を得ることになる。大地は、あなたに対して茨とあざみを生えさせ、あなたは野の草を食べる。あなたは、額に汗を流して糧を得、ついにはその大地に帰る。あなたはそこから取られたのだから。あなたは土のちりだから、土のちりに帰るのだ」（創世記3・17―19）と言われました。それ以来、この地での労働は苦痛になってしまいました。それに対し、完成した「安息日の休み」に入る者は、労働が喜びに変わることになります。それは今ここで、私たちが自分の働きを、キリストの働きの一部と見ることから生まれることです。あなたにとっての仕事は、「お金を得る手段」である前に、「いのちの喜びを体験する機会」とされるのです。

3　生きているのです、神のことばは。そして、力強いのです

4章11節は、原文の順番では、「ですから、努めようではありませんか、この安息に入るように。それは、だれも、あの不従順の悪い例に倣って落伍しないためです」と記されています。私たちに与えられた「救い」とは、「イエスは私の主です」と皆の前で発表することで、自動的に天国行きの切符をもらえるというような安易なものではありません。なぜなら、「イエスを主と告白する」ことは、「この世と調子を合わせる」生き方と衝突することでもあるからです（ローマ12・2）。事実、この世には様々な誘惑があり、サタンも今、神の民を落伍させようと、必死に活動しています。イエスはこの戦いに勝利を保証してくださいましたが、苦難と誘惑は、この世に生きている限り続きます。

なお、「永遠のいのち」は、「失われることがない」からこそ、「永遠」という名で呼ばれます。それをイエスは、「わたしは彼らに永遠のいのちを与えます。彼らは永遠に、決して滅びることがなく、また、だれも彼らをわたしの手から奪い去りはしません」（ヨハネ10・28）と約

束してくださいました。ただ、この約束を思い起こし続けることが私たちを敵の攻撃から守るというのであって、私たちがこのイエスの約束を軽蔑して投げ捨てたら、私たちはサタンの力に呑み込まれることになるのです。

4章12節は原文の語順では、「生きているのです、神のことばは。そして、力強いのです（エネルゲース〔エネルギーの語源のギリシャ語〕）。また、両刃の剣よりも鋭いものです。それは、たましいと霊、関節と骨髄の分かれ目までも刺し通し、心が考えていることや意図していることをも見分けます」と記されています。つまり、ここには、みことばの剣としての「鋭さ」以前に、私たちを生かすエネルギーのことが描かれていると解釈すべきでしょう。まさに、神のことばは「生きていて」、力強く働き、私たちの心の奥底にまで達して、人の目には区別できない関節と骨髄の分かれ目にさえも働いて、私たちが考えていることや意図していることを見分け、それを正すことができるという意味です。

続く文章も、「いかなる被造物も、神の御前に隠されていることはなく、すべてが、神の目には裸で、さらけ出されています。この方に対して私たちは説明をするのです」と訳することができます。これは私たちが「どなたの眼差しを意識して生きるのか」（4・13）という人生の方向を指し示すことばと言えましょう。なお興味深いことに、12節の「ことば」と13節の終わりの「説明」とは、同じギリシャ語のロゴス（ことば、理由、説明）の訳語です。つまり、神の「ことば」こそが私たちを真の意味で「生かす」力となるのですが、同時に私たちは、神の「ことば」の基準で「説明」責任を果たす必要があり、そこでは特に、隠された心の動機が問われるのではないでしょうか。

イスラエルの民にとって荒野の四十年は、神から与えられた試験期間でした。そこで、神の約束に信頼したヨシュアとカレブは約束の地に入ることができましたが、他のすべての成人男性は落伍してしまいました。ただ、「試験……」というと、自分は大丈夫かと不安に思う人も多いかと思います。しかし、私たち一人ひとりのうちには、旧約の預言者たちが憧れて記した「神の霊」がすでに宿っています。その「聖霊」こそが、私たちに神のことばを理解させ、みことばを私たちの内側に働かせ、信仰を生み出してくださいます。

確かに私たちの肉の力では、この荒野の旅路として課せられた試験に合格はできませんが、自分の貧しさを自覚するときに、神のことばが聖霊によって私たちの内側の闇を照らし、頑なな心を柔らかくしてくれるのです。そのために大切なことがマザーテレサの「空っぽ」の詩に次のように記されています[36]。

「神はいっぱいのものを満たすことはできません。神は　空っぽのものだけを　満たすことができるのです。本当の貧しさを、神は　満たすことができるのです。イエスの呼びかけに『はい』と答えることは、空っぽであること、あるいは空っぽになることの始まりです。与えるためにどれだけ持っているかではなく、どれだけ空っぽかが問題なのです。そうすることで、私たちは人生において十分に受け取ることができ、私たちの中で　イエスがご自分の人生を生きられるようになるのです……自我から目を離し、あなたが　何も持っていないことを　喜びなさい。あなたが何者でもないことを、そして　何もできないことを　喜びなさい」

クリスマスは、キリストの初臨を祝う時です。旧約の民はキリストの到来とともにすべての問題が解決すると期待していましたが、最終的な解決は、キリストの再臨の時まで待つ必要があります。それこそ「安息日の休み」が完成する時です。私たちは一週間に一度の安息日ごとに、すでに実現した「神の安息」を喜びながらも、同時に、その完成の時を待ち望んでいます。私たちはそのために互いに励まし合うのです。

そして、このキリストの初臨と再臨の間に、三つ目の来臨、つまり、私たちの心にキリストが来臨してくださるときがあります。それこそ、心の中に神のみことばが働くときです。私たちはそれがどのようにして起きるかがわかりませんが、不思議にあるとき、神のみことばが心の奥底に響き、目に見えない神に従う信仰を生み出してくれたのです。たとえば、私の中にはいつも神経症的な不安があります。自分の枠から外れたことを受け入れることが難しいのです。他の人は私の歩みを見て、社会的には成功者の部類に入るものと評価するかもしれません。しかし、それは自分の枠から出なかっただけかもしれません。国際的な金融ビジネスから日本ではあまり評価されない牧師への道に進むのだって、神のみことばによって導かれ、何の劇的な体験もなく、まさにこれが自分にとっては自然なことと思えるように導かれました。

ただ、神学校に入学したとき、驚くほど劇的な体験や痛みを通ってきた学友たちの証しを聞きながら、「こんな生ぬるい信仰の私が入ってきてよかったのか……」と悩んだことがありました。それを神学校の創立者に相談したところ、その先生は、「あなたは聖書のことばが心の底に響いてきた、という体験を持っていますか」と尋ねてくださいました。私は、「もちろんです。それで私はここに来ているのです」と答えました。その先生は、「それで十分じゃないですか。神があなたを動かしていてくださるのですから」と言ってくださいました。

この本を読んでくださっているほとんどの人は、何らかのかたちでキリストがみことばを通してあなたの心に現れてくださったという体験をお持ちのはずです。それを自覚していない人も多くいらっしゃるかもしれませんが、だれからも強制されているわけでも、礼拝に集ったら必ず良いことが起きるという保証があるわけでもないのに、その場に集っていること自体が、ある意味で神の奇跡なのです。もちろん、私たちの人生には霊的な浮き沈みがあります。だからこそこの4章1節では、「私たちは恐れる心を持とうではありませんか。神の安息に入るための約束がまだ残っているのに、あなたがたのうちだれかが、そこに入れなかったということのないように」と勧められています。

三位一体の神への信仰は、兄弟姉妹との愛の交わりとして表されます。教会は神の家族の集まりです。私たちは家族として互いを心配し、気遣うのです。そのために祈り合うことこそ、神に喜ばれる最高の奉仕です。しかも、互いのために祈っていることは、人と人との出会いに中で自ずと明らかになってきます。祈っている結果として、その人に会ったときに、その痛みに寄り添うことばが生まれるからです。

6　苦しみを通して大祭司となられた主イエス（4章14節―5章10節）

私たちプロテスタントの教会では、聖母マリアに向かってとりなしを願う祈りはしません。それはイエスご自身が私たちのすべての弱さを理解して、父なる神の右の座に着いて、私たちのためにとりなしていてくださると信じているからです。

イエスは最終的にこの地を「さばく」ために再臨されますが、だからといってイエスを過度に恐れる必要はありません。しばしば誤解されますが、栄光の座に着いておられるイエスは、人間であることをやめた方ではありません。神の御子はこの世界の創造主でありながら、不条理と混乱に満ちた世界に住む私たちと同じ痛みを体験するために、マリアを通して肉の身体を持つ者となり、私たちの罪を負って十字架にかかられました。

そして私たちと同じ人間でもあるこの方は、死に打ち勝つことで「完全な者とされ」（5・9）、「本物の模型に過ぎない……聖所」ではなく「天そのものに入られ」（9・24）、神の右の座で私たちの代表者として、この世界を治めておられるのです。

多くの人々は自分の友人が国会議員になると嬉しく思います。それは「何かの裏道を通して便宜を図ってもらえる」という意味ではなく、たとえば、自分が行政機関から不当な取り扱いを受けるようなことがあっても、いざとなったらそれを訴える道が開けたと期待できるからです。イエスはあなたの兄として、あなたの弱さやそこから生まれた失敗を代弁して全世界の支配者である父なる神にとりなしてくださる方です。私たちはそのような大祭司を持っていることによって、この世の様々な不条理のただ中に出て行くための勇気をいただけるのです。

1　私たちの弱さに同情できる大祭司

ヘブル書の著者は、3、4章で詩篇95篇（7—11節）を引用しながら「今日、もし御声を聞くなら、あなたがたの心を頑なにしてはならない」ということばを三回も繰り返しています（3・7、8、15、4・7）。それは、多くのクリスチャンになったはずのユダヤ人が、彼らの「救いの創始者」（2・10）であるイエスから目を離し、「今日」ではなく、昔に家族とともに守ってきた神殿礼拝の儀式に戻ろうとしていたからだと思われます。

4章14節の原文は、「さて、私たちは、もろもろの天を通られた偉大な大祭司を持っているのですから」ということばから始まります。「もろもろの天を通られた」とは、イエスが死んで葬られ、三日目によみがえり、御父の右の座に着かれるまでのすべての過程を指していると思われます。[37] 使徒パウロは自分が体験した「主の幻と啓示の話」を客観視するように、「私はキリストにある一人の人を知っています。この人は十四年前に、第三の天にまで引き上げられました。肉体のままであったのか、私は知りません。……彼はパラダイスに引き上げられて、言い表すこともできない、人間が語ることを許されていないことばを聞きました」と描いていますⅡコリント12・1、2、4）。パウロは私たちと同じ「キリストにある人」ですが、「異邦人への使徒」という特別な使命に選ばれた者として、「もろもろの天を通られた」イエスの御跡を特別に見ることができたのだと思われます。なお、当時のユダヤ人たちは天が七層に分かれていると考えていたようですが、イエスはどん底の死の領域に降られた後、そこから最上階の「神の右の座」にまで引き上げられたのです。しばしば、ヘブル人への手紙には、キリストの復活についての明確な記述がないなどと言われることがありますが、このような記述に、イエスの復活が当然のこととして前提とされていることは明らかです。

そして「大祭司」とは「神の子イエス」であると説明しながら、「信仰の告白を堅く保とうではありませんか」と続きます（4・14）。これは先に、神が「多くの子たちを栄光に導くために、彼らの救いの創始者を多くの苦しみを通して完全な者とされた」（2・10）という告白を思い起こさせながら、それを堅く保つことの勧めとも言えましょう。そこでイエスが「完全な者とされた」と言われる背後に、「今やキリストは、眠った者の初穂として死者の中からよみがえられました。死が一人の人を通して来たのですから、死者の復活も一人の人を通して来るのです」（Ⅰコリント15・20、21）と記されているように、主の復活がすべての人間の復活の「初穂」との考え方があります。

ただし、ユダヤ人が「イエスは私の救い主です」と告白することには、異端者として殺される危険がありました。ですから、「信仰の告白を堅く保とうではありませんか」という呼びかけの直後に、「それは私たちが、私たちの弱さに同情することができない大祭司を持っているわけではないからです」（4・15）と続きます。英語の「同情」（Sympathy）は、このギリシャ語の名詞形（スンパセス）に由来し、基本的な意味は「ともに苦しむ」ことです。イエスは、私たちの痛みや不安を見下ろしているのではなく、一緒に味わってくださる方です。

そのようになられた理由が、「この方はまさにすべての点において、同じように試みにあわれたからです。罪は別としてですが」と記されます（4・15）。イエスご自身が公生涯の初めに、荒野で、パンまたは富、神を試みる不思議、この世の権力という三つの誘惑に直面されました（マタイ4・1―11）。これは、「肉の欲、目の欲、暮らし向きの自慢」（Ⅰヨハネ2・16）とも表現できるかもしれませんが、そこにはあらゆる誘惑が凝縮されていました。ですから、私たちは、これらの誘惑を、イエスが真剣に戦う必要のあるほどのものだったことを認め、主の助けを大胆に願う必要があります。イエスはこの肉体から湧き起こる欲求の強さをご存知なのですから。

なお、ここでは「私たちが」どのような「大祭司を持っている」かが描かれています（4・14、15）。「大祭司を持つ」という表現は、一見、失礼な表現のように感じられるので日本語訳では避けられます。しかし、これは合法的な意味での、私たちが自分たちの代表者としての国会議員を「持っている」という表現に似ているとも言えましょう。大祭司は、私たちを生かすために神に仕える私たちの代表者でもあるからです。そして、ここにはイエスが、この世の苦しみの中に生きる私たちの代表者として御座に着いておられるという確信があります。

それを前提に原文の語順では、「ですから私たちは、大胆に恵みの御座に近づこうではありませんか」（4・16）と言われます。それは私たちが「神の子イエス」を「大祭司として持っている」がゆえに、恐れる必要がないからです。そしてその目的が「折にかなった助けとしての、あわれみを受け、恵みを見出すためです」と記されます（4・16）。これは、私たちが神の「恵みの御座」に近づくとき、神がちょうど良い時に「あわれみ」と「恵み」という助けの御手を差し伸べてくださることを体験できるという意味です。神が何よりも悲しまれるのは、私たちが心を閉ざしてしまうことです。私たちは、様々な苦しみや試みにあったとしても、そこで、単なるアドバイスや精神的励ましだけではなく、実際的な「折にかなった助け」を受けられます。ですから、いつでも大胆に自分の必要を、また自分の弱さを訴えることができるのです。

2　神に召されて大祭司とされた方

5章1節は、「それは、すべての大祭司が、人々の中から選ばれ、神に対することにおいて人々を代表するからです。それは、ささげ物と犠牲を罪のためにささげるためです」と記されています。つまり、大祭司の働きは、罪人の代表者として、「ささげ物と犠牲（いけにえ）を」神に献げることにあるのです。

続けて、「彼は無知で迷っている人々に優しくなることができます。それは、自分自身も弱さを身にまとっているからです」（5・2）と記されます。ここで強調されるのは、人々に優しくなることができるという大祭司の資質です。その理由が、大祭司自身も弱さを身にまとっているので、弱い人の気持ちが分かるということとして描かれます。

そして5章3節では2節の原文の終わりの「弱さ」ということばを受けた上で、「そのことのゆえに、民のためだけでなく、自分のためにも、罪のためにささげる必要がありました」と記されます。レビ記では、民の罪のために犠牲をささげる大祭司自身が、自分の罪のための高価な犠牲をささげなければならないことが繰り返し実際的に規定されていました。

もちろん、キリストは何の罪も犯されなかったので、自分の罪のためのささげ物をする必要はありませんでした。しかしここでは、大祭司が自分の罪のためにささげ物をする必要があったことで、大祭司は民の「弱さに同情」（4・15）できて当然であったということが強調されています。つまり、キリストこそが、「無知で迷っている人々に優しくなることができる」という点において最高の大祭司であったという不思議な説明がされているのです。

その上で、「そしてだれも、自分でこの栄誉を受けることはありません。アロンがそうであったように、神に召されてのことなのです。そして、同様にキリストもご自分を大祭司とするために自分を栄光ある者としたのではなく、ご自身に対し次のように語りかけられたからです」と述べられ、神からの語りかけが「あなたはわたしの子、わたしが今日、あなたを生んだ」と記されます（5・4、5）。これは詩篇2篇7節のことばで1章5節にも引用されました。その詩篇の文脈では、この世の支配者たちが結束して主（ヤハウェ）と油注がれた者（メシア）に逆らっているという中で、主ご自身が、「わたしは　わたしの王を聖なる山シオンに立てた」という布告を述べたと記されます。つまり、イエスが大祭司とされたということは、主がご自身の復活によって、王として任職されたことと重ねられて記されているのです。

そして6節では、「別の箇所でも神は次のように言っておられます」ということばとともに、詩篇110篇4節のことばが、「あなたはとこしえに祭司である。メルキゼデクの例に倣って」と引用されます。イエスはユダ族のダビデの子として生まれましたから、本来なら、祭司になる資格がありません。しかし、メルキゼデクに関して7章1―3節で、アブラハムからすべての物の十分の一を受けたサレムの王として紹介されています。つまり、イエスは系図から言えば、アブラハムの孫のヤコブの四男の家系に過ぎないのですが、メルキゼデクが系図を超えた永遠の祭司であり、アブラハムのささげ物を受けた方であるのと同じように、イエスの大祭司としての働きは、神の特別の召しによって与えられたものであると描かれているのです。

ローマ人への手紙においては、律法の問題がアブラハムにさかのぼって議論され、このままの私たちが、イエスの真実により、アブラハムの信仰に倣うことで、義とされると描かれています。このヘブル人への手紙では、イエスはモーセやアロンにまさる大祭司として描かれ、アブラハムからのささげ物を受けた永遠の祭司メルキゼデクに比較されます。それは、当時のユダヤ人が、救い主の働きを、神殿礼拝の枠組みの中でしか捉えきれず、キリストのみわざと律法の教えが矛盾しているようにしか見えなかったからだと思われます。

3　大きな叫び声と涙をもって祈ったイエス

5章7節から10節は、礼拝で暗唱される美しい詩のかたちで記されています。これほど明確に簡潔に、キリストが私たちと同じ人間になられたことの意味を語っている箇所はありません。まず7節の原文の語順では、「この方は、ご自身の肉体の日々において、祈りと願いとを、ご自分を死（の支配領域）から救い出すことができる方に向かって、大きな叫び声と涙とをもって、ささげられ、その敬虔のゆえに聞き入れられました」と記されます。「死から救い出す」とは、死を免れることではなく、死の支配領域から救い出されることです。なぜなら、この書では最初に、「神は御子によって世界を造られ……御子は……神の本質の完全な現れ」（１・２、３）と描かれ、その御子が私たちと同じ「血と肉を」持つ身体となることで、「死の力を持つ者、すなわち悪魔をご自分の死によって無力化した」（２・14）と記されていたからです。

ただそこには、肉体を持つゆえの苦しみがあり、「私たちと同じように試みにあわれ」（４・15）ました。それが最も明確に現れるのは、イエスが十字架の苦しみの前に、ゲッセマネの園で祈られたときです。彼は、そこで神の御子でありながら、「自分を死から救うことのできる方に向かって、大きな叫び声と涙とをもって祈りと願いをささげ」るという必要がありました。主は、そのとき、眠りこけている三人の弟子たちに「誘惑に陥らないように、目を覚まして祈っていなさい。霊は燃えていても肉は弱いのです」（マタイ26・41）と言われました。大祭司としてのイエスの偉大さは、嵐をも静める御力以上に、このアダムから受け継いだ肉体の弱さを熟知しておられたことにあります。一方、ペテロ等の弟子たちは、自分の力を過信して、サタンの誘惑に負け、いざとなったらイエスを裏切ってしまいました。

「大きな叫び声と涙とをもって」という祈りの例は、何よりもイエスが用いた詩篇に見られます。たとえば、イエスは十字架で、詩篇22篇１節のことばで「わが神、わが神、どうしてわたしをお見捨てになったのですか」と叫ばれました。また息を引き取る前、「わたしは渇く」と言われましたが、それは詩篇69篇20、21節の「嘲りが私の心を打ち砕き　私はひどく病んでいます。私が同情を求めても　それはなく　慰める者たちを求めても　見つけられません。彼らは……私が渇いたときには酢を飲ませました」というお気持ち全体を表したことばでした。

またイエスがゲッセマネの園で、「わたしは悲しみのあまり死ぬほどです」（マタイ26・38）と言われ、「苦しみもだえて、いよいよ切に祈られた。汗が血のしずくのように地に落ちた」（ルカ22・44）というとき、詩篇42篇11節の「わがたましいよ　なぜ　おまえはうなだれているのか。なぜ　私のうちで思い乱れているのか」という祈りが心に響いていたかもしれません。

これらの詩篇はダビデをはじめとする作者が絶望のただ中で記したものですが、神の御子はそれらをすべて体験され、ご自身の祈りとされたのです。詩篇には私たちがこの世の苦しみの中で体験するあらゆる感情が描かれているとも言われます。そしてそれらを弱い肉体を持っておられたイエスご自身が体験してくださったのです。そればかりか、イエスの祈りは「その敬虔のゆえに聞き入れられました」（5・7）とあります。詩篇の祈りこそ、神へのつぶやきや苦情と紙一重のように見られますが、真に敬虔な祈りです。私たちはこれを用いてこの肉体が味わうあらゆる弱さを、敬虔な叫び声、涙として、神に訴えることができるのです。私たちが詩篇に描かれた赤裸々な感情表現に慰められるとき、まさにそこでイエスに出会っています。

さらに、「この方は御子であられるのに、様々な苦しみを受けることで、従順を学ばれました」（5・8）とは驚くべき表現です。それは、イエスが日々の生活のただ中で人間としての欲求と闘いながら、神に従う決断をし続けたという意味です。仮想現実では落ち着いて対処できたとしても、実際の現場では身体が硬直したり、勝手な方向に動き出したりするのが人間です。イエスは私たちの代表者として、現実の苦しみの中で、神に祈り、神の励ましを体験して、従順を貫かれたのです。そしてここの文章は、「イエスはこの苦しみが止んで初めて、完全にされたと言われていることになる」とも解釈できます。[38] 私たちは「イエスが完全に神であり、完全に人である」という正当神学の枠組みから「イエスは最初から完全であった」と解釈しますが、その意味での「完全」を前提にここを読むと文脈の意味が分からなくなります。

事実ここでは、イエスは「従順を学ばれた」ことによって、つまり、十字架の死を通して「完全な者とされ」、またそれによって「ご自分に従うすべての人々にとって永遠の救いの源となられた」と描かれます（5・9）。その際、イエスが死の力に服したままでは「完全な者とされた」と言えないのは当然ですから、この前提に「復活」があるのは論理的な必然です。しかも、その十字架と復活によって初めて、「永遠の救いの源となる」ことができたのです。なお、先に引用された「わたしが今日、あなたを生んだ」とは、使徒13章33節では「神はイエスをよみがえらせ……その約束を成就してくださいました」という復活の意味で引用されていました。

その上でキリストは、「神によって大祭司と呼ばれました。それは、メルキゼデクの例に倣ってのことです」(5・10)と記されます。まさにイエスはご自身の十字架と復活によって「完全な者とされ」なければ、その栄誉を受けることはできなかったのです。そしてキリストが大祭司とされたことの意味がローマ人への手紙8章34節では、「だれが、私たちを罪ありとするのですか。死んでくださった方、いや、よみがえられた方であるキリスト・イエスが、神の右の座に着き、しかも私たちのために、とりなしていてくださるのです」と記されています。

讃美歌三一二番「慈しみ深き友なるイエスは」の原詩は、一八五五年にカナダ東部の貧しい移民たちに仕えていた信徒伝道者のジョセフ・スクライブンによって記されました。彼はアイルランドの裕福な家庭に生まれ育ちますが、結婚式の前日に婚約者が溺死してしまいます。深い心の傷を負った彼は、二十五歳でカナダの貧しい町に移住し、学校の教師をしながら、不幸な人や貧しい人々に仕え続けます。そして四十一歳のときに、再び婚約に導かれますが、彼女は結核で天に召されます。そのような中で、遠いアイルランドに住む母も同じような悲しみに打ちひしがれていることを知ります。彼はそのとき、苦しみの中に不思議な神の慰めを感じ取っていたので、母を慰めるためにこの詩を書いたと言われます。この詩は彼の死後に人々に知られるようになり、そこに現代の美しいメロディーが添えられて世界的に歌われるようになりました。[39] 大祭司としてのイエスの姿が美しく記され、原詩の意味は次のとおりです。

1何というすばらしい友を私たちは持っていることか。
イエスは私たちの罪と嘆きを背負ってくださる。
何という特権だろう。
すべてのことを祈りのうちに神の御前に携えて行けるとは。
何としばしば、私たちは平安を失い、
不必要な痛みを負うことだろう。
それはすべて、祈りのうちに
すべてのことを神の御前に携え行かないためだ。
2私たちは試みや誘惑を受けているだろうか。
どこかに問題があるだろうか。
私たちは決して失望すべきではない。
それを祈りのうちに主に持って行こう。
これほど真実な友を見出すことができようか。
その方に悲しみを打ち明けられるのだから。
イエスは私たちのすべての弱さを知っておられる。

すべてを祈りのうちに主に持って行こう。
3私たちは弱く、重荷を負いながら、
心労に押しつぶされそうになっていないだろうか。
貴い救い主こそがなお、私たちの隠れ場になってくださる。
それらを主に持って行こう。
友があなたを軽蔑し、見捨てているだろうか。
その悩みを祈りのうちに主に持って行こう。
主は御腕のうちにあなたを守ってくださる。
そこにあなたは慰めを見出すことができる。

7　成熟を目指して進む（5章11節—6章12節）

多くの福音的な教会では、イエスを救い主として信じた人のことを、「あなたは救われたのです」と喜び合っています。しかし、その後の生き方に成長が見られないばかりか、教会から離れる人さえいるという現実を見ると、「神のかたちとして成熟を目指して生き始めるスタート台に立った」という面の強調がもっと必要なのかとも思わされます。

詩篇84篇5—7節には、「心の中に　シオンへの大路のある人は……涙の谷を過ぎるときもそこを泉の湧く所とし……力から力へと進み　シオンで神の御前に現れます」と、厳しい社会の中で生きながら、成熟を体験し、ゴールを目指すことが歌われています。この世の困難の中に飛び込む、ダイナミックな、希望に満ちた歩みこそ、キリストのあるいのちです。

1　義のことばを味わい……善と悪とを見分ける

5章11節の初めのことばが、「この方」というメルキゼデクに関することなのか（新改訳）、

「このこと」というキリストの大祭司としての働き全般に関することなのか（共同訳）、どちらの訳を取るべきかについては意見が分かれます。しかし、キリストが旧約の大祭司の枠をはるかに超えているという点では同じです。[40] 主の大祭司としての働きに関しては4章14節以降で述べられ、8章では復活のイエスが神の右の座に着き、天の聖所で仕えておられると描かれます。多くの人はイエスを最初の大祭司であるアロンの働きを完成した方として理解しがちですが、ここではその大祭司職は「メルキゼデクの例に倣う」（5・10）ものと描かれます。

とにかく、この時代のユダヤ人クリスチャンは、なお神殿での様々ないけにえにまつわる儀式から完全に自由になってはいませんでした。それを前提にここでは、「このことについて私たちには話すことがたくさんありますが、説き明かすことは困難です。あなたがたが、聞くことに関して怠け者になっているからです」（5・11）と記されていると解釈できます。

さらにこの手紙の読者に関して、「あなたがたは時間からすれば教師になっているべきはずなのに、神のお告げの初歩的な原則を、もう一度だれかに教えてもらう必要があります。あなたがたは、固い食物ではなく、乳が必要にさえなっています。乳を飲んでいる者はみな、義のことばを味わうまでにはなっていません。幼子だからです。固い食物は大人のものです。それは、善と悪とを見分ける感覚を経験によって鍛えられているからです」（5・12―14）と記されています。

つまり、この手紙の受け取り手は、イエスを救い主と告白して以来、教師になってよいほどの時間が経っているにもかかわらず、信仰の基本がまだ身についていないというのです。それは年齢的には大人のはずであるのに、幼子のままにとどまって、ミルクばかりを飲んでいる未熟な状態を指します。

それは当時としては、キリストにある新しい歩みを始めたはずなのに、いつまでたってもユダヤ人の神殿礼拝にまつわる習慣から離れられない信仰者を批判したことばです。それに対して「成熟する」とは、「義のことば」を味わい、何が神に喜ばれ、何が嫌われることかを自分で見分ける感覚が、様々な経験を通して身についている状態を指していると言えましょう。

日本の教会にも、日本的な習慣から自由になることができない信仰者が多いかもしれません。神の救いのご計画の全体像から神の「義のことば」を味わい、それぞれの置かれている場で、「今、ここで私は何をすべきか……」を主体的に見分ける感覚が身についている人がどれだけいるのかと思うことがあります。それは幼子のままにとどまっている信仰と言えましょう。ただ、そのような人も、日本人として幼い時から訓練を受けているおかげで、表面的には教会でクリスチャンらしく振舞うということは驚くほどすぐに身につきます。しかし、クリスチャンとして日本の社会で、日本的な常識から自由に、「神のみこころが何か……」を自分で判断する感覚が身についている人は意外に少ないのかもしれません。

なお、「義のことば（教え）」（5・13）というとき、私たちはまず、神がこの世界をどのような状態に造り変えようとしているかという大枠を理解する必要がありましょう。ペテロの手紙第二の3章では、この目に見える世界が「火で焼かれ」て「過ぎ去る」と描かれながら、そのゴールに関しては、「私たちは、神の約束にしたがって、義の宿る新しい天と新しい地を待ち望んでいます」（13節）と記されています。今の世界では様々な不条理ばかりが目に付き、多くの人は正義よりも、損得勘定で動きがちです。しかし、神はご自身の「義」が満ちる世界を再創造してくださいます。私たちはその実現を先取りして生きるように召されているのです。

当時のユダヤ人クリスチャンの問題は、キリストを知らないユダヤ人の生活習慣から自由になれないことでした。同じように、今の日本人クリスチャンの問題は、偶像礼拝の伝統や村社会の価値観から、心の底で自由にされていないことを無自覚のまま、調和を何よりも重んじる異教徒の日本人の眼差しを意識しすぎることかもしれません。神の義のことばを自分で味わい、矛盾に満ちた社会の中で、心の奥底からイエスを自分の主として告白し、「イエス様だったら、ここでどうなさるか……」を自分で思い巡らすという経験を積むことではないでしょうか。私たちはそのような意味での、信仰の成長を望んでいるでしょうか。それが問われています。

2　初歩の教えを後にして、成熟を目指して進もうではありませんか

6章1―3節の原文は、「ですから私たちはキリストに関しての初歩的なことばを後にして、成熟を目指して進もうではありませんか。それは再び基礎を築き直したりしないという意味です。それは死んだ行いからの回心と神への信仰、種々のバプテスマについての教えや手を置くこと、死者の復活と永遠のさばきです。神がお許しになるなら、それを行いましょう」と記されています。ここには六つの基礎的な教えが記されますが、それは三組に分けることができます。それらは当時のユダヤ人の間での基本的な信仰の実践の延長とも言えました。

第一組の基本は、偶像礼拝の習慣を捨てて生ける神に仕えることを意味します。洗礼を受ける前の伝統的な誓約の最初には、「あなたは、いっさいの偶像礼拝と、それとまぎらわしい行為を行わず、悪魔とその力とむなしい約束をことごとく退けますか」との問いかけがあり、その後「あなたは、天地の創り主、全能の父なる神を信じますか」という問いかけがあります。[41] 古代教会からの洗礼の式文を調べた結果として「バプテスマの式は、全体としてどのような形式をとっていても、バプテスマについてのべている聖書のことばの告知、聖霊を求める祈り、悪の力に対する拒否の表明、キリストを信じる信仰の告白、三位一体の神を信じる告白」が必ず含まれていますが、拒否の表明は、信仰の告白の前に来る必要があると思われます。[42]

第二組の「種々のバプテスマについての教え」とは、レビ記等に記されたきよめの洗いからクリスチャンのバプテスマに至る教えを指すと思われます。「手を置くこと」はイエスが子どもの頭の上に手を置いて祈られたことに始まり（マタイ19・13）、使徒たちがバプテスマを受けた者の上に手を置いて祈ることで聖霊を受けたこと（使徒8・17）、また、ある働きのために聖別する按手の祈り（使徒6・6）などがあります。ただここではバプテスマを受けた人の上に手を置いて、その後の祝福に満ちた信仰生活のために祈ることを指していたのかと思われます。

そして、ここでの最大のポイントは、第三組の「死者の復活と永遠のさばき」（6・2）ということばとも言えましょう。ダニエル12章2、3節に「ちりの大地の中に眠っている者のうち、多くの者が目を覚ます。ある者は永遠のいのちに、ある者は恥辱と、永遠の嫌悪に。賢明な者たちは大空のように輝き……」という終わりの日の復活と最後の審判のことが記されていましたが、クリスチャンとはその復活を先取りして生きる者です。しかも、ダニエル書は当時のパリサイ人をはじめとする律法の専門家たちが大切にした書で、それはヘブル書の世界観の前提となっていると思われます。[43]

ですから、ここでの「初歩的なことば（教え）」（6・1）を超えた問いかけとは、「私たちがキリストとともに死んだのなら、キリストとともに生きることになる」（ローマ6・8）とも記されているように、「キリストにある復活のいのちを今この時から生き始めるということを理解しているのか」という問いであると思われます。ですからこれは、「あなたは救われました！」と言われ、「地獄に落とされる恐れはなくなった……」という面ばかりが強調されながら、クリスチャンとしてこの矛盾に満ちた社会で、どのように生きるべきかが明確に示されていないという問題を指していると言えます。

そして、６章４－６節は原文の語順では、「不可能です」から始まり、「悔い改めに立ち返らせることは」で終わる文章で、「それは、不可能だからです、一度光に照らされ、天からの賜物を味わい、聖霊にあずかる者となり、神のすばらしいことばと来たるべき世の力を味わったうえで、なお、背いてしまうなら、そのような人を悔い改めに立ち返らせることは」と訳すことができます。これはキリストのうちにある復活のいのちを実生活の中で味わいながら、しかも、その道から外れてしまうなら、そのような者が、神に立ち返ることは不可能であるという宣言です。それは、素晴らしいごちそうを楽しんだ後に、それを吐き出すようなことで、普通はあり得ないことを指しています。そしてそのような背教の恐ろしさが、「彼らは自分で神の御子をもう一度十字架にかけ、さらし者にしているからです」（６・６）と描かれます。

なおこの箇所は、真のクリスチャンでも信仰を失うことがあるという意味で理解されることがあります。しかし、使徒ペテロも「嘘ならのろわれてもよいと誓い」ながら（マルコ14・71）、三度もイエスを知らないと言ってしまいましたが、それでも信仰を回復することができました。それはイエスがペテロの信仰がなくならないように祈ってくださった結果でした（ルカ22・32）。ヘブル書で繰り返し強調されていることは、「キリスト・イエスが神の右の座に着いて私たちのためにとりなしていてくださる」ということであり、そこに背教者の回復の希望があります。しかも、ここでの文脈は、「真の信仰が失われることがあるかどうか」ということではなく、「初歩的なことばを後にして、成熟を目指して進もうではありませんか」という呼びかけにあります。信仰の基礎をもう一度学び直すよりも、キリストのうちにある復活のいのちの豊かさを味わうことこそが何よりも大切です。そして、それを真に味わった者が、「後戻りすることなどはあり得ない！」ということが、ここでは逆説的に強調されていると解釈できます。

その際、ここに描かれる第一の「一度光に照らされ」（6・4）とは、この世界や自分や家族の現実を、神の視点から「高価で尊い」と見られることです。第二の「天からの賜物を味わう」とは、この世の現実の生活の中で自分を超えた力が内に働いていることを感じられるような体験です。信仰者はどこかで、多かれ少なかれ、そのような体験をしています。第三は「聖霊にあずかる者となる」ことです。「聖霊によるのでなければ、だれも『イエスは主です』ということはできません」（Iコリント12・3）とあるように、信仰告白自体が聖霊のみわざであり、神と人とを愛する力自体が聖霊のみわざです。第四は「神のすばらしいことばを味わう」（6・5）ことです。私たちはどこかで、聖書のことばを、神から自分への語りかけと味わったことがあるはずです。そして第五は「来たるべき世の力を味わう」ということです。それはたとえば、「だれでもキリストのうちにあるなら、その人は新しく造られた者です。古いものは過ぎ去って、見よ、すべてが新しくなりました」（Ⅱコリント５・17）ということでもあります。私たちはみなどこかで、キリストにある復活のいのちを味わっているはずなのです。そのような体験をした者が、再び神の御子に反抗し続けることがあり得るでしょうか。

なお、第二章に記した「Amazing Grace（驚くべき恵み）」の著者ジョン・ニュートンが嵐の中で船が沈みそうになったときに思い浮かんだのは、ヘブル６章４－６節のみことばだと思われます。[44] 彼は「俺がこのまま死んだら、恐ろしい地獄のさばきが待っている……」と心から怯え、主の助けを求めました。しかし同時に、主は「求める者たちに聖霊を与えてくださる」（ルカ11・13）とのみことばが思い浮かび、自分にはまだ希望があると確信できました。つまり、この警告は、「永遠のいのち」を失う可能性があるということを証拠づけるテキストではなく、中途半端な信仰を持った人に神への恐れを生み出し、回心に導くためのみことばなのです。

3　最後まで、希望についての確信に満たされ続けること

６章７節は「土地は」ということばから始まり、「たびたびその上に降る雨を吸い込んで、耕す人たちに有益な作物を生み出すなら、神からの祝福にあずかります」と、土地がうまく雨を吸い込んで、有益な作物を生み出す作用を持つべきことが記されます。それとの対比で、「（土地が）茨やあざみを生えさせるなら、無用とされ、やがてのろわれ、最後は焼かれてしま

います」（6・8）と、土地が無用のものとしてのろわれ、焼かれてしまうという悲惨が描かれます。後者の「土地」とは、4、5節に描かれた神からの恵みを無駄に受けた「見せかけの信者」のことを指します。なお、それにしても、私たちもそのように見られるのでしょうか？ただし、続く文章は「しかし私たちはあなたがたについてはこう確信しています」から始まり、「愛する人たち、さらに良いこと、救いに結びつくことを」と記し、「このように言っていたとしても」と追加されています（6・9）。つまり、先の警告はこの手紙の読者には当てはまることはないと確信していながら、それでも念のために記しているという趣旨なのです。

その理由が続けて「神は不誠実な方ではないので、あなたがたの働きや愛を忘れたりはしません。それらはあなたがたが神の御名のために示してきたことで、聖徒たちに仕えてきたこと、また仕え続けていることです」と記されます（6・10）。したがってここでは何よりも、この手紙の読者が、神の御名のために聖徒たちに仕えてきたこと、また今も仕え続けているという働きと愛を、神は決して忘れることなく、報いてくださると、保証されているのです。

さらに続く文章では、「私たちは切望しています」から始まり、「あなたがた一人ひとりが、同じ熱心さを示して、最後まで希望についての確信に満たされ続けることを」と記され、その目的が、「それは怠け者となることなく、信仰と忍耐とによって、約束されたものを受け継ぐ人たちに」と記されます（6・11、12）。倣う者となることです。

つまり、読者には、「怠け者」になることなく、信仰を全うした人の模範に「倣う」ようにと強く勧められているのです。なお、「信仰生活」に関しては、「途中までは熱心に信じていたけど……」ということほど、愚かな、悲しいことはありません。信仰の本質は、「希望についての確信に満たされること」また、「約束されたものを受け継ぐこと」にあります。途中で諦めてしまったら、それまでのことがすべて無駄になるばかりか、「やがてのろわれ、最後は焼かれてしまう」（６・８）という悲惨が待っています。

ただし、その歩みを自分の肉の力でするのではありません。イエスはすでに神の右の座に着き、大祭司として私たちのためにとりなしていてくださいます。そして２章18節にあったように、「イエスは、自ら試みを受けて苦しまれたからこそ、試みられている者たちを助けることができる」方なのです。

何よりも注意すべきことは、自分で自分の心を閉ざしてしまうことです。６章７節に描かれた「土地」のように、私たちは神からの恵みの雨を吸い込んで、神からの光に自分自身を露わにし続けるべきです。神のかたちに創造されたすべての人には、自主的に働く意思が与えられています。それは隣人に対する愛として表されることもあれば、自分の身を自分で必死に守ろうと臆病になり、あらゆる危険の可能性に心を閉ざすというように現れることもあり得ます。しかし、神が開いてくださった可能性に心を開き続け、自分の身を差し出し続けるなら、あなたの将来はどんどん開かれていきます。主ご自身があなたを守ってくださるからです。

先に記したようにジョン・ニュートンは二十三歳のときに劇的に創造主に立ち返りましたが、Amazing Grace（驚くばかりの恵み）を記すのは一七七三年の四十七歳の時です。彼はそのとき、黒人奴隷の救いを望んでその歌詞を書くという思いはまったくありませんでした。しかし、この歌は一八三五年に米国南部で、黒人の方々に親しまれやすいメロディーがつけられ、黒人たちに安らぎや慰めを与える歌として広がります。その理由の一つは、かつての奴隷船の船長だった人が、奴隷解放の伝道師として生涯を全うできたからだったと思われます。

ただし、彼が奴隷貿易廃止法案の運動に加わるのは、回心から三十八年後、また牧師の任職を受けて二十二年もが経過した一七八六年のことでした。それもウィルバーフォースが協力を求めてきたからに過ぎません。ただ彼はその時になって初めて、「神は、奴隷貿易の廃止という使命に参与させるために、私を今まで多くの危険から守り導いてくださった」と示されます。[45]

ジョン・ニュートンの生涯を見るとき、「義のことばを味わい、善と悪とを見分ける」という意味での信仰の成長には時間がかかるということが分かります。彼の価値観は回心後も当時の世界の常識的な考えに囚われたままでした。先に述べたように米国の独立宣言の「すべての人間は生まれながらにして平等であり」の中にアフリカ人奴隷は含まれていなかったばかりか、その時代は、アフリカからの奴隷が盛んにアメリカに引っ張って行かれていたときでした。

しかし、ジョンは、新たな神の召しが明らかになったとき、自分の過去の罪深い働きを公にすることで黒人奴隷の救いのために働く者となりました。彼はその時その時の神からの語りかけに応答した結果、神の働きのために用いられたのです。しかも、回心の時もその後の働きにおいても、「来たるべき世のいのち」にしっかりと目が向かっていました。「希望についての確信に満たされる」ことが、目先の損得勘定を超えさせたのです。信仰とは、永遠の視点からこの世界を見られるという神秘です。自分の狭い殻を破って世界に出て行きましょう。

8　神の約束と誓いに生かされる自由（6章13－20節）

しばしば、多くの人は聖書に誤った問いかけをして、混乱してしまいます。その一つに、「一度、救いの喜びを体験した人が、サタンの攻撃に屈して、信仰を失うことがあるだろうか」という問いがあります。ヘブル書6章1－8節は、それに明らかに「そのとおり」と語っているように見えます。そして、諸教会の現実としては、洗礼を受けた人々の半数以上が、信仰から離れるという悲しい現実があるとも聞きます。

しかし、この書は何よりも、そのような「信仰の破船」（Ⅰテモテ1・19）にあいそうな人を、再び大祭司イエスに結びつける目的で記されているのです。信仰とは、神の約束と誓いに信頼することです。神はあなたをサタンの攻撃から守り通すことができます。神が偽ることはありません。信仰とは、イエスにすがって生きる自由とも言えます。

1　アブラハムへの契約は、彼の子孫すべてに及ぶ

6章13、14節は、「アブラハムに対して神が約束する際、ご自分が誓うことができる偉大な方がいなかったので、ご自分にかけて誓われました。『あなたを、祝福をもって祝福しないということはあり得ない。必ず、あなたを増やして増やす』と言われながら」と記されています。

アブラハムは、神の不当とも言える命令に従い、自分のひとり子のイサクをモリヤの山で全焼のささげ物として屠ろうとしました。そのとき主の使いが彼の手を差し止めて、「今わたしは、あなたが神を恐れていることがよく分かった」と言われ、主はさらに「わたしは自分にかけて誓う……あなたがこれを行い、自分の子、自分のひとり子を惜しまなかったので、確かにわたしは、あなたを大いに祝福し、あなたの子孫を、空の星、海辺の砂のように増やす。あなたの子孫は敵の門を勝ち取る。あなたの子孫によって、地のすべての国々は祝福を受けるようになる。あなたが、わたしの声に従ったからである」と言われました（創世記22・12、16―18）。

アダムは自分を善悪の基準に置くことで、神が造られた世界を混乱させる源となりましたが、アブラハムは徹底的に神を善悪の基準とすることで、世界の「祝福の基」となったのです。この描写の不思議さと画期性は、イスラム教との対比で、より明らかになってきます。

コーラン2章124節ではこれを基に、「イブラーヒーム（アブラハム）が、ある御言葉で主から試みられ、彼がそれを果たした時を思い起せ。『われはあなたを人びとの導師としよう。』と主は仰せられた」と記されます。イスラムとはアブラハムの服従の姿勢に倣う教えであり、教祖のマホメットはアブラハムの信仰に最も近い者として位置づけられます（同3・68）。ただ、そこで何よりも興味深いのは、その祝福の約束を受けたアブラハムが主に、「またわたしの子孫までもですか」と尋ねたところ、主が「われの約束は、悪行をした者たちには及ばない」と仰せられたと記されている点です。[46]

聖書では、アブラハムへの祝福はその子孫にまで及ぶと強調されているのですが、コーランでは、すべて人がそれぞれの行いによって主のさばきを受けると記されているのです。その点ではイスラム教のほうがずっと合理的で平等に思えます。しかし、そこに同時にイスラム教の厳しさがあります。そこでは繰り返し神の恐ろしい死後のさばきが警告されています。たとえばコーラン4章56節には、「本当にわが印を信じない者はやがて火獄に投げ込まれよう。彼らの皮膚が焼け尽きる度に、われは他の皮膚でこれに替え、彼らに飽くまで懲罰を味わわせるであろう。誠にアッラーは偉力ならびなく英明であられる」と記されています。

一方でその直後には、「だが信仰して善い行いに励む者には、われは川が下を流れる楽園に入らせ、永遠にその中に住まわせよう。そこで彼らは、純潔な配偶（妻たちを）持ち、われは涼しい影にかれらを入らせるであろう」と描かれます（カッコ内筆者）。さらに56章では「至福の楽園」の様子が、「彼らは錦織の寝台の上に向かい合って寄り掛かる。永遠の少年たちがその間を巡り酒杯を献げるが、泥酔することはない。……大きい輝く眼差しの美しい乙女がその行いに対する報奨である。……そこで彼らはただ『平安あれ』『平安あれ』と言われる。……長く伸びる木陰の絶え間なく流れる水の間で豊かな果物が絶えることがない。……そこにいる乙女たちは永遠に汚れない処女で愛しい同じ年配の者たち」と描かれます。

　それとの対比で、地獄の様子が、「彼らは焼け焦がすような風と煮え立つ湯の中、黒煙の影に……いる。彼らは以前、裕福で享楽に耽り、大罪をあえて犯していた。……彼らは煮え立つ湯を飲む、喉が渇いたラクダが飲むように。これが審きの日の彼らへのもてなし」と描かれます。これが砂漠に住む男たちへの分かり易い極楽と地獄の描写でした[47]。

　イスラム教においては、創造主の前での個々人の平等が強調されます。それで、「本当にクルアーンを信じる者と、ユダヤ人、サービア教徒（バプテスマのヨハネの信奉者）、キリスト教徒でアッラーと終末の日を信じて善い行いに励む者には、恐れもなく憂いもないであろう」（5・69）と、さばきの際には宗教を超えて平等に扱われると記されます[48]。

2　あなたは祝福の基となる

　聖書では、イスラムと対照的に、神の一方的な選びが強調されます。それは、人間的には、不合理、不平等とも見られます。しかし、聖書の神は、救われるに値しない者を選び、その人にご自身の圧倒的な愛と恵みを示すことによって、世界の人々をご自身のもとに招く方です。

たとえば、イスラエルの父ヤコブの生涯を見て、どこに彼の人格の高潔さに感動する人がいるでしょう。彼の名がイスラエルと呼び変えられ、彼が神の民の父と呼ばれるのは、神の一方的なあわれみによるものです。そして、私たちもただ、その「栽培されたオリーブに接ぎ木された」存在に過ぎません（ローマ11・24）。

実は、この不合理とも思える「選び」の教理こそが、罪深い私たちが救いの確信に憩うことができる基本なのです。この神の選びによる約束は、すでに創世記12章1―3節で、主がアブラムに「あなたは、あなたの土地……あなたの父の家を離れて、わたしが示す地へ行きなさい。そうすれば、わたしはあなたを大いなる国民（くにたみ）とし、あなたを祝福し、あなたの名を大いなるものとする。あなたは祝福となりなさい（「あなたは祝福の基となる」（共同訳））。……地のすべての部族は、あなたによって祝福される」と言われたことから始まりました。

ここで興味深いのは、アブラハムへの祝福は「国民（くにたみ）」として現されること、またアブラハムは個々人にとっての信仰の模範である前に、「祝福の基」として描かれていることです。しかもローマ人への手紙4章13―16節では、「世界の相続人となるという約束が、アブラハムに、あるいは彼の子孫に与えられたのは、律法によってではなく、信仰による義によってであった……こうして、約束がすべての子孫に、すなわち、律法を持つ人々だけでなく、アブラハムの信仰に倣う人々にも保証されるのです。アブラハムは、私たちすべての者の父です」と記されます。つまり、異邦人クリスチャンも「アブラハムの子」とされているのです。

しかも、アブラハムの子孫がカナンの地を受け継いだように、私たちは全世界の相続人とされます。そこはイスラム教が描くような、少年や乙女たちに仕えられて酒宴を楽しむ極楽世界ではなく、私たちは「新しい天と新しい地」を治め、喜んで働く者とされるのです。

さらに創世記15章では、主がアブラハムに「深い眠り」を与えながら、主が燃えるたいまつとして、切り裂かれた動物の間を通り過ぎることによって保証された約束が描かれます。それは当時の契約の儀式に沿ったことで、もし約束を破ったなら、自分も切り裂かれることを受け入れるという、命をかけた約束です。ただこのときアブラハムは眠ったままでしたので、切り裂かれた動物の間を通り過ぎはしませんでした。神ご自身だけがそれを命がけで守ると保証されたのです。それは、神が一方的に守ると保証してくださった「契約」でした。

さらに17章では、主が、アブラムが九十九歳のとき、彼に「アブラハム」という新しい名を与えて「多くの国民の父とする」ことを保証しました。それと同時に彼の子孫が、「契約のしるし」としての「割礼」を受けることが命じられました。その際、主は、「わたしは、あなたの神、あなたの後の子孫の神となる」（7節）と、その子孫の祝福を約束しておられます。つまり、アブラハムへの祝福はその子孫全体に及ぶものなのです。

3　私たちの先駆けとして幕の内側に入られた大祭司

6章15節では「こうして、アブラハムは忍耐の末に、約束を得たのです」と記されます。ここは「約束のものを得た」と訳される場合がありますが、原文には「もの」に相当することばはありません。しばしばそのように訳されるのは、アブラハムが「約束」だけを得たという以上に、イサクにおいて「約束されたものを得た」と理解できるからでしょう。

続けて、「なぜなら人々は、自分より偉大な方にかけて誓います。そして、その誓いがあらゆる反論に対する最後の保証になります」（6・16）と記され、「誓い」が、人間の間でさえ、約束が実現することの最後の保証と見られると語られます。

そしてさらに、「そこで神は同じように明らかにしたいと願われて、約束の相続者たちにご自身の計画の不変性を証明するために、誓いをもって確証したのです」（6・17）と記されます。ここでは神の計画が変わり得ないということが、ご自身の「誓い」によって、さらに明らかにされたということが強調されています。これは先に「アブラハムに対して神が約束する際……ご自分にかけて誓われました」（6・13）と記されていたことを振り返った表現です。神の「誓い」の重大性が思い起こされます。

6章18節では、「それは、この二つの不変性の事柄を通して――このことについて神には偽ることは不可能ですから――私たちが力強い励ましを受けることができるためです。私たちは避難してきた者たちです、目の前に置かれている希望を捕らえようとして」と記されています。「この二つ」とは、これ以前の「約束」と「誓い」のことを指すことは明らかですが、原文では明記されていません。ただそれを通して「不変性」ということばに注目が向かいます。

聖書のストーリーの核心こそ「アブラハム契約」です。たとえばミカ書の最後では、「あなたはヤコブにまこと（エメット〔真実〕）を、アブラハムに恵み（ヘセド〔不変の愛〕）をお与えくださいます。昔、私たちの父祖たちに誓われたように」（7・20、私訳、カッコ内筆者）と記されます。それは預言書の基本テーマが、アブラハム、ヤコブとの契約を成就してイスラエルを「祝福の基」とするという、神の救いの計画だからです。私は教会の礼拝で小預言書までを解き明かし続けたことで、その真理が身に染みました。

確かに、神はイスラエルの民が契約を破ったことに対し厳しいさばきを下します。しかし、それを通して彼らを徹底的に砕き、それによって、彼らが再び全能の主に頼り直すようにと導き続けておられます。そしてイエスは、イスラエルへの「のろい」を十字架で引き受けることによって、「アブラハムへの祝福が異邦人に及ぶ」という「救い」の道を開いてくださったのです（ガラテヤ3・13、14）。

さらに6章19節では、先の文章の最後の「希望」ということばを受け、「それ（希望）を、たましいの錨のようなものとして私たちは持っています。これ（錨）は安全で、不動なもので、それ（希望）は垂れ幕の内側にまで入って行きます。そこに私たちのための先駆者としてイエスは入りました。それはメルキゼデクの例に倣う、とこしえの大祭司になってのことでした」と記されています（カッコ内追記）。

「錨」は船が嵐によっても流されないようにするために使われます。私たちはこの世にあっては様々な誘惑にあいますが、イエスにつながっている私たちは流される心配がありません。イエスは「アロンの子」ではありませんでしたが、「メルキゼデクの例に倣って」、垂れ幕の内側に入られました。それは私たちの「先駆者」としてのことで、私たちもそこに入ることが保証されたのです。イエスが十字架で息を引き取られたとき、「神殿の幕が上から下まで真っ二つに裂けた」（マタイ27・51）のはそのためです。

ですから、私たちはイエスの十字架のもとに身を置くことによって、アブラハムが神と親しく語り合ったように、神と語り合うことができます。それが「アブラハムの子」とされたという意味です。つまり、6章の1―8節で背教の可能性と、背教者に対する厳しいさばきが語られていたことと対照的に、ここでは私たちの大祭司は私たちを守り通すことができるということが記されているのです。信仰とは、神の一方的な約束を信頼することにほかなりません。

イスラム教のコーランでは、イエスは、神に徹底的に従った「信仰者の模範」とされますから、彼が十字架にかけられて殺されることなどあり得ないと言われます。そのようにユダヤ人には「見えた」だけで、実際は「アッラーが彼を引き上げたのだ」と記されます（4・157、158）。イスラム教徒はイエスを「救い主」とは見ていません。その教えでは、「信仰告白」「礼拝」「喜捨」「断食」「巡礼」の五つの行を守ることを中心に、日常生活が形成されていきます。特に、夜明け、正午、午後、日没、夜中の五回にわたって、メッカの方向にひざまずき、頭をつけて礼拝することはよく知られています。そこに見られるように神をあがめ、神に徹底的に服従する日々の生活の仕方こそが信仰の中心です。聖書に繰り返し語られる最終的な「救い」の保証はありませんが、教えられた生き方を日々続ける中に「平安」が生まれるとも言われます。

それと対照的に、ヘブル書は、イエスを神の右の座に着いておられる大祭司であるとともに、「先駆け（先駆者）」として描きます。それは、私たちの目標が、キリストとともに「神のために……祭司とされ」、キリストとともに「地を治める」ことだからです（黙示5・10）。それでイエスは、私たちをご自身の「兄弟」と呼んでくださいます（2・11）。

それにもかかわらず、多くの人々は、キリストのうちにある信仰生活を、イスラム教のように、さばき主なる神の前で聖い生き方を全うして、天国に入れてもらうための「道」かのように理解してはいないでしょうか。

残念ながら、ヨーロッパを中心に、旧約聖書のストーリーを説明しないままに、天国、地獄という死後のさばきを中心に、人々を道徳教化する単純化した福音が広められました。中世の時代はイスラム教世界のほうが文化的にも進んでいたため、その論理が神学にも影響を与えたのかと思われます。さらに中世の時代には、「地上の栄華や物にうつつをぬかした愚かさを……浄める」場としての煉獄の教えが、人々に恐怖を与えるようになります。[49]

そして、宗教改革はその煉獄の恐怖から人々を解放するような意味で広がります。ただ、そこでも福音が単純化され、「イエスを救い主と信じると天国に行けるが、信じないと地獄に落ちる」という枠組みになりがちだったように思います。

確かに、イザヤ書の最後では、神に背いた者たちの屍に関して「そのうじ虫は死なず、その火も消えず」とコーランのもとになったように思える描写があります。しかし、それは53章に描かれたキリスト預言に見られるような、アブラハム契約を成就しようとされる神の燃えるような愛を軽蔑し、それに背いた者たちへのさばきとして描かれているに過ぎません。

神の救いのご計画全体像を語ることを省いて天国、地獄を語るようなことは、福音の本質を決定的に歪めることになります。そして、無意識のうちにそのように単純化された枠組みを受け入れてヘブル書を読む結果として、「天国への道を保証された信仰は、失い得るものかどうか……」という問いかけになるような気がします。私たちはもっとアブラハム契約を成就するキリストの視点から聖書を読む必要がありましょう。

クリスチャン生活とは、死後のさばきを意識する以前に、寝ても覚めてもイエスの御名を呼び、主との交わりのうちで、創造的に、それぞれに与えられた「神のかたち」としての個性を生かす、ダイナミックな生き方なのです。ルールに従うのではなく、イエスとその聖徒との交わりのうちに生きる生活です。信仰とは、イエスの模範に従うという以前に、イエスにすがり、イエスのとりなしによって父なる神に大胆に期待することができる、自由な生き方なのです。

9　私たちを完全に救うことができる大祭司（7章1―25節）

人は何かのすばらしさを説明するとき、「あれにはこのような問題があったけれども、これは、このような点ではるかにまさっている」というように、以前の問題点を明らかにしながら良いものを提示するという発想が身についています。

そのような発想で、「旧約には大昔の厳しい教えがあるけれど、新約には神の優しさが満ちている……」などと言われることがあります。そのうちに、「新約聖書と詩篇だけあれば神様のことは分かります。救いの基本とは、イエス様を信じることで罪が赦され、たましいが天国に憩うということですから……」と、福音を過度に単純化しかねません。

しかし、それではイエスが「わたしが律法や預言者を廃棄するために来た、と思ってはなりません。廃棄するためではなく成就するためにきたのです。まことに、あなたがたに言います。天地が消え去るまで、律法の一点一画も決して消え去ることはありません。すべてが実現します。……あなたがたの義が、律法学者やパリサイ人の義にまさっていなければ、あなたがたは決して天の御国に入れません」（マタイ5・17－20）と言われたことをどのように解釈するのでしょう。イエスは、旧約を成就する方なのですから、成就すべき教えの内容が分からなければ「救い」は分からないはずです。パリサイ人は当時、ある意味で模範的な市民でしたから、その義にまさる義を私たちが達成することができるという意味が何なのかを分かっていなければ、「聖書を読んでもかえって息苦しくなるだけ……」ということになりかねません。

実は、旧約にはすばらしい教えが満ち満ちています。その点が分かると聖書的な神の概念が変わります。それにさらにまさっているのが新約の福音です。イエスは旧約の大祭司より、もっとすぐれた大祭司だからこそ、あなたを完全に救うことがおできになるのです。

1　「生きていると証しされている」メルキゼデクに倣う大祭司

7章1節の「このメルキゼデクは……」という書き出しは、6章20節、また5章6－10節の記述を受けてのことですが、その背後には、著者が、詩篇110篇を深く思い巡らしていたということがあります。実はこの詩篇は新約聖書に最も多く引用される旧約のことばの一つです。

そこではキリストが「神の右の座に着いて」世界を治めておられる方であることと同時に、主（ヤハウェ）がキリストに関して「あなたは　メルキゼデクの例に倣い　とこしえに祭司である」と「誓われた」ということが記されています（4節）。なお、メルキゼデクという名は、旧約ではこの詩篇と創世記14章18－20節の二箇所しか登場しない、不思議な存在です。しかし、アロンの子孫の大祭司職と比較するためには、この名は決定的な意味を持ちます。

まず、この著者は創世記の記事から、メルキゼデクが「サレムの王」であると紹介します。サレムとは詩篇76篇2節によればエルサレムの短縮した名前です。また、「いと高き神の祭司」であったとも紹介されます。そして、彼が登場するのは、アブラハムが甥のロトを救い出すために北の四人の王の連合軍を打ち破って凱旋したときのことです。そこで、彼はアブラハムを「出迎えて祝福し」、「アブラハムは彼に、すべての物の十分の一を分け与え」たと、ほぼ創世記のことばのままに記されます（7・1、2）。

その上で、ここでは、ヘブル語のメルキゼデクという名が、「義の王」という意味を持つとともに、「サレムの王」とは「平和の王」という意味があると説明されます（7・2）。ここまでは創世記の記述の解釈ですが、この後のことは著者が聖霊に示されて記すことです。

3節では、「父もなく、母もなく、系図もなく、生涯の初めもいのちの終わりも持たず、神の子に似た者とされており、永遠に祭司としてとどまっています」と記されます。これは旧約の祭司職においては系図が何よりも大切な意味を持つのにもかかわらず、創世記では彼に関して、「いと高き神の祭司」としか記されていないことの意味を説明したものです。彼は明らかに、私たちと同じような人間ではありません。それどころか、「生涯の初めもいのちの終わりも持たず、神の子に似た者とされている」ばかりか、「永遠に祭司としてとどまっている」という不思議なことが記されています。そこにアロンの子孫の大祭司との対比が描かれます。

そしてメルキゼデクの偉大さが、神の民イスラエルの「族長であるアブラハムでさえ、彼に戦利品の十分の一を与えました」（4節）と描かれます。続けて、律法に記された「十分の一」の意味を、「レビの子らの中で祭司職を受ける者たち」が、「同じアブラハムの子孫である……自分の兄弟たちから」受けるものであると説明します（5節）。その上で、メルキゼデクの場合は「レビの子らの系図につながっていない」にもかかわらず、族長の「アブラハムから十分の一を受け取り……アブラハムを祝福し」たと、モーセの律法では説明できないことが起きたと述べます。その上で、「より劣った者が、よりすぐれた者から祝福を受ける」という原則から、メルキゼデクはアブラハムよりも、「よりすぐれた者」であると解説されます（7節）。

そして8節では、レビの子らが「死ぬべき者」として「十分の一」を受けている一方で、メルキゼデクにおいては「生きていると証しされている者」として受けているという不思議が記されます。これは詩篇110篇4節を背景にこの3節でも「永遠に祭司としてとどまっている」と描かれたことを基にしています。とにかく「メルキゼデクは（今も）生きている」と「証しされている」というのです。それは彼を「死ぬことのない天使と見ている」ことになります。[50]

そして、レビの子らは、アブラハムの子として、メルキゼデクに十分の一をささげた側になると説明し、メルキゼデクはレビの子らが生まれる前から存在し、アブラハムを祝福した「よりすぐれた者」であると説明されます。イエスの時代のユダヤ人にとっては、「レビの子らの系図につながっていない者」が祭司になるということは考えられませんでしたが、著者は、モーセの律法以前の神の契約に人々の目を向けさせたのです。律法の解釈で行き詰まったとき、律法が与えられる以前に立ち返って解釈することは何よりも大切です。

2　もっとすぐれた希望によって、神に近づく

7章11節の原文の語順では、「もし、完全さがレビ族の祭司職によって存在しているとするなら――民はそれによって律法を与えられたのですが――それ以上、何の必要があって、メルキゼデクに倣って、と言われる別の祭司が起こされたのでしょうか、アロンに倣って、と言われるのではなく」と記されています。この「完全さ」とはここでは、6章19節に描かれた「幕の内側にまで入って行く」という「希望」を指すと考えるべきでしょう。祭司職は神と人との仲介者として存在しますが、私たちがこのままで契約の箱が置かれていた至聖所にまで入って行くという「完全さ」が、アロンに倣った大祭司職によっては達成できなかったことは明らかでした。そのために、メルキゼデクに倣った、永遠の大祭司が起こされる必要があり、イエスの十字架の死によって神殿の幕が除かれることになったのです。

続けて、先の「別の祭司が起こされた……アロンに倣って、と言われるのではなく」ということばを受けて、「祭司職が変えられたのであれば、律法の変化も必要になります」（7・12）と記されます。これは律法の文言というよりは、律法の運用に関して新たな解釈が可能になるとも理解できましょう。それは、イエスご自身も「律法の一点一画も決して消え去る（過ぎ去る）ことはありません」（マタイ5・18）と語っておられるからです。

そして7章13、14節では、「私たちの主がユダ族から出られた」ことからすれば、モーセの律法では祭司になり得ないはずであるという趣旨のことが記されます。そして15節では、「以上のことはますます明らかになります」から始まり、「もしメルキゼデクと同じような、別の祭司が**起こされる**なら」と記されています。この「起こされる」とは、使徒2章24節などのように「死から……よみがえらせる」という復活に用いられることばです。これは先の11節でも同じことばですが、この文脈で興味深いのは、まず「メルキゼデクが神の子（キリスト）に似た者とされている」（7・3）と描かれた上で、人となったキリスト・イエスが「メルキゼデクと同じような」、死ぬことのない永遠の存在とされたという論理の流れがあることです。ですからこの「起こされる」は明らかに復活を示唆していると考えるべきでしょう。[51] とにかく、キリストの復活なしに、この論理の流れは成立しません。

続いて、「その方は、肉に基づく規定の律法によってではなく、朽ちることのないいのちの力によって祭司となったのです」（7・16）と記されています。これはまさにイエスは「いのちの力」によって、死人の中からよみがえり、メルキゼデクの例に倣う祭司として「起こされた」という意味です。その上で、そのことが、詩篇110篇4節のことばが引用されながら「あなたは、メルキゼデクの例に倣い、とこしえの祭司である」と「証しされている」とおりであると結論付けられます（7・17）。なおこのみことばは先に述べたように、すでに5章6節に引用されているもので、この議論の背後でずっとこの著者が思い巡らし続けてきたものです。

その上で、「なぜなら一方で、無効にされたからです。前の規定は、その弱さと無益さのために」（7・18）と記されます。ここが「前の戒め」（新改訳、共同訳）と訳されると、「無効にされた」のは、旧約の「戒め」全般という印象を与えかねませんが、無効にされたのは、あくまでも祭司職がアロンの子孫でなければならないという「規定」に過ぎません。さらに「それは、律法が何一つ完全にはしなかったからです。もう一方で、さらにすぐれた希望が導き入れられました。それによって、私たちは神に近づくのです」（7・19）と説明されます。これも「律法は何も全うしなかった」（新改訳）と訳されると、律法が無意味だったかのような印象が与えられかねません。ここには基本的に、7章11節で描かれた「完全さ」と同じ意味が記され、何よりも問われていることは、すでにある律法によっては、罪ある肉のままの人間が、聖なる神の御前に立つことができるという意味での「完全さ」は達成できないということです。

ここでは、モーセ五書を中心とした「律法」自体が「完全ではなかった」というのではなく、「完全にはしなかった（全うしなかった）」と記されています。律法は、何よりも、神を恐れることを教えるものでした。ですから、主（ヤハウェ）がシナイ山の頂に降りて来られたとき、主（ヤハウェ）はモーセに「下って行って、民に警告せよ。彼らが見ようとして主（ヤハウェ）の方に押し破って来て、多くの者が滅びることのないように」と言われました（出エジプト19・21）。それは、私たちが太陽に近づきすぎると瞬間的に蒸発してしまうのと同じように、肉なる者が安易に聖なる神に近づくことで、滅びを招いてしまうからです。

そして、レビ記の規定の中心は、聖なる神が、罪に汚れた人間の交わりのただ中に、どのようにして住むことができるかを教えることにありました。たとえば年に一度の大贖罪の日に、大祭司が神の幕屋の至聖所に血を携えて入ることの目的は、人間の罪によって汚された幕屋を、いのちの血によって聖めるためでした。それによって神が民の真ん中に住むことが可能になるからでした。つまり、当時の祭司職は、聖なる神が汚れた民の真ん中に住むことができるための「聖め」を行っていたのです。そして、神が民の真ん中に住んでおられたとき、神の民は圧倒的な異邦人の敵にも負けることなく、飢えてもパンが天から降り、岩からは水が湧き出ました。その意味では、旧約時代の律法は十分に機能していた時代があったのであり、律法全体が「弱く、無益」だったというわけでは決してありません。それにもかかわらず問題が起きたのは、民の偶像礼拝によって、神が聖所の中に住むことができなくなってからでした。

今は、神の御子であるイエスが「永遠の贖い」を成し遂げてくださったので、そのような祭司の働きは不要になりました。「廃止された戒め」というより、「無効にされた規定」（7・18）と訳されることばが指し示すのは、「祭司」、また「礼拝」に関わる規定のことです。これは実は、私たちが現在、当然のように感じ、実行していることでもあります。分かり易い例を言えば、レビ記の規定によれば、神の民は、豚肉を食べることも、脂肪に満ちた血の滴るようなステーキを食べることも、海老も蟹も食べることはできなかったはずでした。それは神の民を他の偶像礼拝の民から分離し、聖く保つために大切な教えでしたが、イエスが永遠の贖いを成し遂げ、「天にあるものも地にある者も、一切のものが、キリストにあって（をかしらとして）、一つに集められる」（エペソ1・10）という新約の時代にあっては、不要とされました。

たとえば使徒の働き10章では、ペテロがイタリア隊の百人隊長コルネリウスの家に招かれて一緒の食事ができるようになるためには、神からの特別な啓示が必要になりました。異邦人とユダヤ人が、キリストにあって一つとされることこそ、福音の核心ですが、「律法はそれを全うすることはできなかった」のです。古代教会の教父たちはこのエペソ人への手紙1章10節をもとに「キリストをかしらとしてすべてが再統合される（recapitulation）」という神学概念を大切にしていました。そこでは御父が「すべての家族……の元」（3・15）と紹介され、夫と妻、子どもの両親、奴隷と主人などがキリストにあって一つとされると描かれています。[52]
しかし、従来の福音派は、分離を強調しすぎる傾向があるかもしれません。もう一度、モーセの律法が与えられた当時の文脈に立ち返って、律法がどのような意味での「完全さ」を達成しようとはしなかったのかということを見直す必要があります。モーセの時代は、分離が大切でしたが、キリストにあっては「再統合」こそがテーマになっています。ありとあらゆる種類の海産物を好む日本人が神の民となることができるのは、このヘブル書のおかげとも解釈することができます。ですからこの箇所は私たちにとって大変身近なみことばなのです。

3　ご自分によって神に近づく人々を完全に、永遠に救うことができる方

7章20、21節は、交差構造になっており、「その上、これは誓いなしになったことではありません。彼らは誓いなしに祭司になったのですが、この方は誓いによってなられました。それは、彼にこう言われたことによるのです」と記されています。ここでは、「誓い」ということばが三度も繰り返されながら、イエスが神の「誓い」によって、「メルキゼデクの例に倣う、とこしえの大祭司となられた」ことが強調されます。その根拠として、神の誓いのことばが、再び詩篇110篇4節から、「主は誓われた。思い直されることはない。あなたはとこしえに祭司である」と引用されます（7・21）。ここでは、先の「メルキゼデクの例に倣い」ということば

が省かれながら、イエスが永遠の大祭司となられたということに焦点が当てられます。

そればかりか続けて、「それにさらに加えて、イエスは、もっとすぐれた契約の保証となられたのです」（7・22）と記されます。「もっとすぐれた契約」に関しては、続く8章で詳しく述べられますが、それはエレミヤ31章31－34節に記された聖霊預言を指します。

さらに、「先の場合は大勢の者たちが祭司になっていた」（7・23）と記され、その理由が、「死ということのため、いつまでも務めにとどまることができないから」と説明されます。またそれとの対比で、「イエスは永遠に存在されるので、変わることがない祭司職を持っておられます」（7・24）と述べられます。この背後には7章15、16節に記されていた、死人の中から起き上がり、いのちの力によって祭司となられたという、イエスの復活があります。そこには、イエスにあるたましいが不滅であるなどというより、はるかに偉大な、「ご自分の死によって、死の力を持つ者、すなわち悪魔を、無力化」し、「死の恐怖によって一生涯奴隷となっていた人々を解放する」という「救い」があります（2・14、15）。イエスの十字架は復活とセットになって理解され、死の力を滅ぼす圧倒的な「いのちの力」と解釈されているのです。

それを前提に、「したがってイエスは、人々を完全に、永遠に救うことがおできになります、ご自分によって神に近づく人々を。それはこの方がいつも生きていて、彼らのためにとりなしをしておられるからです」（7・25）と記されています。ここでは「完全に救う」という以上のこと、「完全に、永遠に救う」ということが記されていると解釈できます。このことばは7章11節の「完全さ」、19節の「全うする（完全にする）」よりもさらに強調された、「全面的な完全さ」とも訳されることばだからです。ここにはイエスが「アロンに倣っての大祭司」ではなく、「メルキゼデクに倣う大祭司」であることの偉大さが強調されています。

旧約の「すばらしい救い」のご計画が、新約においては「さらにまさった素晴らしい救い」となることを旧約と新約での似た表現から比較できます。たとえば出エジプト記19章5、6節では、イスラエルの民が律法を守ることによって、世界中の人々から神の宝の民としてのすばらしさを認められ、それによって世界中の人々がイスラエルの神を礼拝することになると約束されていました。一方、新約のペテロの手紙第一2章9節では、私たち一人ひとりが「王なる祭司」として、「闇の中から……驚くべき光の中に」すでに移されているという喜びを心から味わい、「そのように召してくださった方の栄誉を」、周りの人々に告げ知らせることができると記されています。「王なる祭司」とは、「神とキリストの祭司となること」と、「キリストとともに王として治める」ことの両方を指します（黙示20・6）。

つまり、私たちは「永遠の大祭司」、「永遠の王」となられたイエスにつながることによって、全世界の人々を神に結びつけ、またこの世界に神の平和を広げる王の立場が与えられるのです。

これこそ「キリストをかしらとする再統合」にほかなりません。何という名誉な使命でしょう。それはアロンとダビデの二つの立場を、私たち一人一人が与えられることを意味します。

旧約の物語は、逃亡奴隷の集団に過ぎなかった弱小民族に神の律法が与えられて、世界最高のダビデ王国が築かれ、その後、彼らが世界中の人々にイスラエルの神の偉大さを紹介する民となったという物語です。そして新約は、「この世の取るに足りない者や見下されている者……を神は選ばれ」（Iコリント1・28）、彼らをキリストに結びつく「王なる祭司」として世界に遣わし、この世界を神の平和（シャローム）で満たすという物語です。私たちは旧約の偉大さを知れば知るほど、新約における救いと使命の偉大さをより深く味わうことができるのです。

ですから、イエスはご自分によって神に近づく人々を完全に、永遠に救うことができる永遠の大祭司であり、私たちをご自身の「王なる祭司」としてくださることを、心からの感謝をもって受け止めましょう。救いの偉大さを覚えることと、新しい使命を覚えることはセットとなっています。そう理解することで救いにおける「選び」の意味が初めて正当化されます。

10　よりすぐれた契約の仲介者（7章26節―8章13節）

旧約、新約聖書という区分けは、福音がローマ帝国に広がり、同時に様々な誤った教えが生まれてきた紀元一八〇年頃に言われ始めたとも言われます。[53]事実、ヘブル8章13節だけを見ると「旧約聖書は古びている」とも誤解されかねません。しかし、パウロが伝道したギリシア北部のベレアの信徒に関しては、「この町のユダヤ人は、テサロニケにいる者たちよりも素直で、非常に熱心にみことばを受け入れ、はたしてそのとおりかどうか、毎日聖書を調べた」（使徒17・11）と描かれていましたが、彼らが調べたのは旧約聖書です。不思議にも、彼らは「素直」だったので、パウロの話を熱心に受け止めながら、それを鵜呑みにせずに、彼の話が旧約聖書と矛盾がないかを精査したことが称賛されているのです。

実は、「新しい契約」のことばは、すでに旧約聖書の中に繰り返し記されています。私自身も、旧約聖書を繰り返し読みながら、そこにある豊かさに気づき、深い感動を味わいました。たとえば、すでに申命記30章には、イスラエルの民が神のみことばを守ることに失敗し、外国に追いやられ、そこで「あなたが我に返り（共同訳「その言葉を思い起こし」）」、主に立ち返るなら、主はあなたの「心に割礼を施し」、「心を尽くし、いのちを尽くして」主を愛するようにと造り変え「あなたが生きるようにされる」と記されていました（1―6節）。

これは新約の最も有名な話、放蕩息子が外国で飢え死にしそうになり、「我に返って」、父のところに帰ったとき、父親の側から放蕩息子に駆け寄って、「この息子は、死んでいたのに生き返った」と言ったことと同じです（ルカ15・24、32）。また聖霊降臨の話も、主ご自身が民の「心に割礼を施し……生きるようにされる」と先に記されていることの成就です。パウロも、「御霊による心の割礼」（ローマ2・29）と言ったとき、この申命記を味わっていたことでしょう。「新しい契約」は、すでにモーセ五書に記されています！

1　イエスはただ一度ですべてを……成し遂げられた

7章26節では、前節の「とりなし」の働きを受けて、「それは、このような大祭司こそ、私たちにふさわしい方だからです」と記されながら、その方に関して、「その方は、きよく、悪もなく、汚れもなく、罪人から引き離され、諸々の天よりも高く上げられた方です」と描かれます。つまり、私たちを「完全（永遠）に救う」ことができ、私たちのために「とりなしておられる」大祭司は、レビ人の大祭司とは全く次元の違う方であると述べられているのです。先の4章15節では、「この方はすべての点において、同じように試みにあわれた」と私たち罪人との同質性が強調されていました。しかし、ここではイエスが私たちを支配する罪の性質とは無縁な方で、復活によって罪人の世界から引き離され、もろもろの天よりも高くされた偉大な、永遠の大祭司なので私たちを完全に救うことができるという点が強調されています。

続けて「この方には毎日の必要はありません」と記され、「大祭司たちのように最初は自分の罪のためにいけにえを献げ、続けて、民のためにということの」と説明されます（7・27）。さらにその理由が、「なぜなら、この方はご自身を献げることによって、ただ一度ですべてを、成し遂げられたからです」と記されます。なお、「ただ一度ですべてを」とは、英語の多くの訳では once for all と訳される特別な言葉が用いられています。

そして「律法は、人間たちを大祭司に立て、彼らは弱さを持っています。しかし、誓いのことば、それは律法の後ですが御子を立てます。彼は永遠に完全にされた方です」と記されます（7・28）。律法に記された大祭司は弱さを担って罪を犯すため、民のためのいけにえを献げる前に、まず自分自身の罪のためのいけにえを献げる必要がありました。しかし、イエスは、「きよく、悪もなく、汚れもない」方であったので、ご自身を完全ないけにえとして献げることができ、それによって完全な贖いを成し遂げることができたのです。

ここでの「誓いのことば」とは、21節にあった神ご自身の誓いで、イエスが特別に大祭司とされたことばかりか、同時に、復活したことによって永遠に完全にされたことをも指します。しばしば誤解されますが、イエスは十字架でご自身をいけにえとして献げられましたが、彼は復活することで初めて永遠の祭司とされたのであり、その結果、ご自身の血を天の聖所に持って入ることができたのです。[54]

律法で規定された大祭司は、年に一度、民全体の罪のための贖いをする際に、まず自分たちの罪のために屠った雄牛の血を至聖所の宥めの蓋に持って入り、その後で、民全体のために雄やぎの血を至聖所の宥めの蓋のところに持って入りました（レビ16・14、15）。それによって、聖所の贖いが成し遂げられました。しかも、全焼のいけにえに関しては、毎日絶やすことなく、一歳の雄の子羊を朝と夕暮れに一匹ずつ献げる必要がありました（出エジプト29・38、39）。それに対して、イエスはご自身を献げることによって「ただ一度ですべて」のいけにえの必要を満たしてくださいました。これがどれだけ大きなことだったかを私たちは忘れてはなりません。私たちはもう、神との交わりを保つために、動物を犠牲にする必要がなくなったのです。

2　もし初めのものに欠けがなければ……彼らの先祖と結んだ契約

8章1、2節では、「以上述べてきたことの要点は、私たちはこのような大祭司を持っているということです。この方は、天におられる大いなる方の御座の右に座し、聖所で仕えておられます。そこはまことの幕屋で、主がお建てになられたもので、人間が建てたものではありません」と記されます。つまり、今、死の力を滅ぼし、天に昇られたイエスは大祭司として、「天」の「聖所で仕えておられる」というのです。

その上で、「大祭司はみな、ささげ物といけにえを献げるために任命されています。それゆえこの方にも、何か献げる物を持っている必要があります」と記されます（8・3）。その前提には、「イエスは自分自身を献げた」（7・27）ことがありますが、後に「年に一度、大祭司だけが……血を携えて入る……キリストは……人の手で造ったものではない……もっと完全な幕屋を通り……ご自分の血によって、ただ一度だけ聖所に入り、永遠の贖いを成し遂げられました」（9・7、11、12）と記されていることからすると、イエスにとっての「何か献げる物」とは、「ご自分の血」であったということになります。ただ、ここではその説明に入る前に、イエスが「天の聖所で仕えておられる」ということの意味が説明されていきます。

そこではまず「もしこの方が地上におられるなら、決して、祭司ではあり得ません。それは、律法に従ってささげ物をする人々がいるからです」（8・4）と現在形で記されています。そこにはイエスが今、天の聖所で仕えておられるということが前提とされています。そして「この人々は天にあるものの写し（コピー、スケッチ）と影（shadow）に仕えています。それはモーセが幕屋を建てようとしたときに、指示されたとおりのものです。神は、『よく見て、山であなたに示された型どおりに、すべてを作りなさい』と言われました」と記されます（8・5）。これは出エジプト記25章40節からの引用ですが、そこでは最初に「見なさい」という命令形が用いられ、「あなたに見せられたイメージ（型）」をと記されます（25・9参照）。また、「山であなたに示された（見せられた）とおりに」とは出エジプト記27章8節でも繰り返されている表現です。そこからモーセは実際にシナイ山で天の聖所を見せてもらったという解釈が成り立ちます。つまり、神が天の聖所のイメージ（型）をシナイ山でモーセに示して、それが地上の幕屋になったと言われているのです。[55]

8章6―8節は原文の語順で、「しかし、今、この方は、はるかにまさった務めを得ておられます。それであればこそ、彼はさらにすぐれた契約の仲介者なのです。それはさらにすぐれた約束に基づいています。もし初めのものに欠けがなければ、第二のものが求められる余地はなかったでしょう。しかし、神は彼らの欠けを見出して、こう言われました」と記されます。

新改訳でも共同訳でも「契約」ということばが何度も繰り返されますが、厳密には「契約」は6節で一度だけ用いられ、「はるかにまさった」とか「さらにすぐれた」という比較のことばが強調されながら「さらにすぐれた契約の仲介者」という表現に読者の目が向けられます。7節の原文でも「契約」ということばは記されず、また8節の初めにも「人々」ということばはなく、最初のものの「欠け」のゆえに第二のものが求められるというテーマが強調され、8

節後半でエレミヤ書から引用の「新しい契約」に目が向けられます。

8章8―12節はエレミヤ31章31―34節のギリシャ語七十人訳をほぼそのまま引用します。これは新約聖書中、最も長い旧約の引用です。それは「見よ、その時代が来る」から始まりますが、31章の初めでは、神がエルサレムを滅ぼし、イスラエルの民を遠いバビロンに追いやったあとの民の回復の希望が記されます。

そこでは、「主（ヤハウェ）は遠くから」、バビロンにいるイスラエルの民に「現れ」、「永遠の愛をもって、わたしはあなたを愛した。それゆえ、わたしはあなたに真実の愛（ヘセド）を尽くし続けた。おとめイスラエルよ。再びわたしはあなたを建て直し、あなたは建て直される。再びあなたはタンバリンで身を飾り、喜び踊る者たちの輪に入る」（3、4節）と約束されたという、神の真実の愛（ヘセド）の中でのイスラエルの回復が記されます。

さらにその15節では「ラマで声が聞こえる。嘆きとむせび泣きが」と記され、これはイエスの誕生後にヘロデ大王がベツレヘムの二歳以下の男の子をすべて殺させたという悲劇との関連でマタイ2章18節に引用されます。それも新しい時代の到来に伴う産みの苦しみとも言えますが、そこではキリストにあって「新しい時代が到来する」と示唆されているのです。

そして本書で、「そのとき、わたしは……新しい契約を実現させる」と記されます（8・8）。これはエレミヤ書では「新しい契約を結ぶ」と記されていたものを、著者が強調したことばです。さらに続けて「それはわたしが彼らの先祖と結んだ契約のようなものではない」と記されながら、シナイ山で結ばれた契約のことが「彼らの先祖の手を握ってエジプトの地から導き出した日のもの」と説明されます（8・9）。

それ以降の文章には、ヘブル語聖書との違いが若干あります。第一にヘブル語のほうでは「彼らはわたしの契約を破った、わたしは彼らの主であったのに」と記されていることが、ギリシャ語七十人訳では、「彼らはわたしの契約にとどまらなかったので、わたしも彼らを顧みなかった」と記されています。ヘブル語のほうでは神とイスラエルの民の契約関係に目が向けられながら、それを彼らが破ったという罪が強調されます。一方で、ギリシャ語のほうでは神が彼らを「顧みなかった」ことが強調され、最初の契約の「欠け」に目が向けられます。その「欠け」とは、神は彼らが「初めの契約にとどまる」ことができないと知っていたはずであったにもかかわらず、それでもそうなったときにあえて「顧みなかった」と描かれていると解釈できることです[56]。確かに、神は多くの預言者を送って回心を促しましたが、それが彼らの心に届かないことをもあらかじめ知っておられたと考えられるからです。

3　わたしの律法を彼らの思いの中に置き、彼らの心に書き記す

8章10節では、「これは契約である」から始まり、「これらの日の後に、わたしが結ぶもの

は」と記されます。その上で、「新しい契約」のことが「わたしの律法（御教え）を彼らの思いの中に置き、彼らの心にこれらを書き記す」と紹介されます。

ヘブル語聖書で「わたしの律法を彼らのただ中に置き、彼らの心に書き記す」とあった表現が、ギリシャ語七十人訳では「わたしの律法を彼らの思いの中に置き、彼らの心に書き記す」と記されます。「心の中に書き記す」という画期的なことは同じですが、それ以前に七十人訳のほうでは、「思いの中に置く」と、主の律法（トーラー〔御教え〕）が人々の心の奥底に根付くという面が強調されています。ここでもシナイ契約にあった「欠け」が示唆されています。それは、以前の契約が、彼らの頭の上を通り過ぎて行ってしまい、「彼らの思いの中に」とどまらなかったというニュアンスが表現されているとも言えましょう。

コリント人への手紙第二3章3節では、パウロはこれを前提に、「あなたがたが……キリストの手紙であることは、明らかです。それは墨によってではなく生ける神の御霊によって、石の板にではなく人の心の板に書き記されたものです」と大胆に記しています。ヘブル書の著者にとってもパウロにとっても、このエレミヤ31章に預言されていた「新しい契約」がどれほど大きな意味を持っていたかが明らかです。それは旧約聖書の中にある新約の福音です。

なお、そこでは、「律法の文字」が変わったのではなく、与えられ方が変わったということが強調されています。それをパウロは、「文字は殺し、御霊は生かすから」（Ⅱコリント3・6）

と解説しました。それは律法が、石の板に記されたさばきの基準としてではなく、人間の思いの中に置かれた、人々の心を内側から動かす教えとなったという意味です。新約の時代に与えられた聖霊がそれを可能にしました。[57]

そして、その律法（トーラー〈御教え〉）が実現する新たな関係が、「わたしは彼らの神となり、彼らはわたしの民となる」と表現されます（8・10）。これはイザヤ65章17節以降の「新しい天と新しい地」での描写では、「彼らが呼ばないうちに、わたしは答え、彼らがまだ語っているうちに、わたしは聞く」と描かれていました。また黙示録21章3節では、その交わりが全世界の民に広げられて、「見よ。神の幕屋が人々とともにある。神は人々とともに住み、人々は神の民となる。神ご自身が彼らの神として、ともにおられる」と記されることになります。

そのときに実現することが、「彼らは教えることがない、それぞれの仲間にも、兄弟に対しても、『主を知れ』と言うことによって」と描かれます（8・11）。この「知れ」とは単なる知識ではなく、「愛せよ」という意味が込められていると考えられます。これはイエスが律法学者から「すべての中で、どれが第一の戒めですか」と聞かれた際（マルコ12・28）、「聞け（教えを受けよ）、イスラエルよ。主（ヤハウェ）は私たちの神。主（ヤハウェ）は唯一である。あなたは心を尽くし、いのちを尽くし、力を尽くして、あなたの神、主（ヤハウェ）を愛しなさい」（申命記6・4、5、カッコ内筆者）と引用されたことに通じます。

そこでは続けて「これをあなたの子どもたちによく教え込みなさい」（同7節）と記されていましたが、そのような必要がなくなる時が来ることがここでは、「彼らがみな、小さい者から大きい者まで、わたしを知るようになるからだ」（8・11）と説明されます。これは一人ひとりが、教えられることなく、自分の真心から、神を愛するようになることです。

私たちの神への愛は、いまだなお成長途上ですが、共通するのは、それぞれが何ら洗脳的に教えられることも、強制されることもなく、あるときふと、イエスの十字架の愛を知り、目に見えない創造主に向かって、「お父様！」と呼びかけ、信頼できるようになったという体験です。ここに聖霊のみわざの核心があります。それは「聖霊によるのでなければ、だれも『イエスは主です』と言うことはできません」と記されているとおりです（Ｉコリント12・3）。

さらにここでは、神ご自身の約束として、「わたしが彼らの不義にあわれみをかけ、もはや彼らの罪を思い起こさないからだ」（8・12）と記されます。これはアブラハム契約の原点、「地のすべての部族は、あなたによって祝福される」（創世記12・3）という、全世界の民族の祝福がイスラエルを通して実現されることの始まりです。

そのため、パウロは彼らの罪に関して、「キリストは、ご自分が私たち（イスラエル）のためにのろわれた者となることで、私たち（イスラエル）を律法ののろいから贖い出してくださいました」とまず記しています。そして、その上でその目的を、「それは、アブラハムへの祝福が、キリスト・イエスによって異邦人に及び、私たちが信仰によって約束の御霊を受けるようになるためでした」と描いていました（ガラテヤ3・13、14、カッコ内筆者）。

そして8章13節は、「神は『新しい』と呼ぶことで初めのものを古いものとされました。年を経て古びたものは、間もなく消え行くものです」と訳すことができます。これは決して旧約の教えがもう必要ないというのではなく、契約が石の板に記されるというシナイ契約の形が消えたことを意味します。事実、バビロン捕囚以来、十のことばが刻まれた「石の板」は、「契約の箱」とともに行方不明になっています。そして律法によれば、いけにえは常に、「契約の箱」の前で献げられるものでした。つまりここでは、そのシナイ契約に規定されていた礼拝の形が消えたということが描かれているに過ぎないのです。なぜなら、この文脈の中心は、祭司職の変化にあるからです。私たちにとっては「いけにえを献げない」ことは当たり前でも、この手紙を読んだヘブル人にとっては自分たちの世界観が根本から変えられるような出来事だったということを思い起こさなければ、ここの意味は理解できません。

「新しい契約」とは、神が「わたしの律法を彼らの思いの中に置き、彼らの心に書き記す」と言われたことでした。旧約の文言が「古く」なったのではなく、キリストが完全な大祭司として、神と人とを隔てる幕を取り去り、ご自身の御霊を私たちの心の中に送られたということに

「新しさ」の基本があります。私たちはイエスの御名によって、恐れることなく、大胆に創造主の御前に立つことが許されました。これこそ「新しい契約」の核心です。
それは聖霊のみわざです。その恵みをパウロは、「主は御霊です。そして、主の御霊がおられるところには自由があります。私たちはみな、顔の覆いを除かれて、主の栄光を鏡に映すように見ながら、栄光から栄光へと、主と同じかたちに姿を変えられていきます。これはまさに、御霊なる主の働きによるのです」（Ⅱコリント3・17、18、新改訳欄外注参照）と記します。[58]
私たちはすでに「キリストの手紙」とされ、「栄光から栄光へと」変えられる途上にあります。これこそ旧約と新約の決定的な違いです。しかし、それはすでに申命記30章で、シナイ契約が振り返られる中に明記されていたことでした。キリストはその意味で、「わたし〔は〕律法……を……成就するために来た」と言われたのです（マタイ5・17）。旧約の大祭司は、毎日いけにえを献げる必要がありましたが、イエスは「ただ一度で、そのことを成し遂げられた」からです。

11　キリストの血が、良心をきよめる（9章1―14節）

人生の中で、自分で自分を赦すことができないと思うほどの大きな罪を犯すことがあるかもしれません。そこで、神と教会に対して「会わせる顔がない……」と思い、激しい痛みを味わいながら「これは自業自得だから……」と、真正面から神に訴えられない気持ちになることもあるでしょう。それは、心の奥底の「良心」が機能しているしるしとも言えますが、同時にそれは、「自分を神」として、神の救いを退けようとする「良心の誤作動」の現れとも言えます。

旧約においては、神ご自身が汚れたイスラエルの民のただ中に住み、そして、新約においては、神がイエスを通して、ご自身との交わりを回復させてくださいました。「良心のきよめ」という観点から「キリストの血」の意味を考え直してみましょう。

1　さて、初めのものも礼拝の規定と地上の聖所を持っていました

9章1節では、「さて、初めのものも礼拝の規定と地上の聖所を持っていました」と記され

ます。厳密には、前節同様「契約」ということばは記されませんが、文脈からするならば8章9節での神がイスラエルの民とシナイ山で結んだ契約を指すことは明らかです。これは先に「初めのものを古いものとされました。年を経て古びたものは、間もなく消え行く」（8・13）と記されていたこととの関係で、「初め」の「礼拝の規定と地上の聖所」という、ある意味、命がけで守られてきたものが、「新しい契約」（8・8、13）の登場によって不必要になったことを指します。それは、「新しい」ものが「古い」ものの必要をすべて満たしているからです。ただそこで忘れてはならないことは、「古いもの」に示されていた神のあわれみを知ることによって、かえって「新しい契約」の画期的な面が明らかになることです。

礼拝規定といえばレビ記ですが、その冒頭には「主（ヤハウェ）はモーセを呼び、会見の天幕から彼に告げられた」と記されます。これはその前にモーセが主の御声を聞くために標高二千二百四十四メートルもあるシナイ山に登頂する必要があったことと対照的です。かつてシナイ山に神が降りて来られたときの様子が、「雷鳴と稲妻と厚い雲が山の上にあって、角笛の音が非常に高く鳴り響いたので、宿営の中の民はみな震え上がった。……シナイ山は全山が煙っていた。主（ヤハウェ）が火の中にあって、山の上に降りて来られたからである。煙は、かまどの煙のように立ち上り、山全体が激しく震えた」（出エジプト19・16－18）と描かれていました。つまり、肉なる人間が、聖なる神に近づくことなど、ありえないことでした。ところがその栄光に満ちた神が、イスラエルの民の真ん中に住んでくださるというのです。それ自体が圧倒的な恵みでした。ただし、神がご自身の栄光を隠され、汚れた民の間に遜って住まわれようとするときに、彼らの心と体全体で「神を恐れる」ということを覚えさせる必要がありました。すべての礼拝規定は、「神を恐れる」ことを民の心の底に刻ませるための実物教育とも言えましょう。それは、聖なる主が汚れた民を滅ぼさずに済むためのあわれみの道でもありました。

ここでは、続けて「それは、幕屋が初めの部分に設けられ、そこに燭台と机と臨在のパンがあり、聖所と呼ばれました」（9・2）と記されます。新改訳や共同訳で「第一の」と記されている部分には、先の「初めのもの（契約）」と呼んだときと同じことばが用いられています。そこにあった「燭台」は、祭司が徹夜で見守る中、夜通し火がともされ、神こそが真の「光」であることを覚えさせました。また「机と臨在のパン」は、「安息日ごとに、これを主（ヤハウェ）の前に絶えず整えておく」（レビ24・8）ことが命じられ、主こそがパンの源であることを覚えさせる意味があったと思われます。そして、その幕屋の「初めの部分」は祭司が毎日仕える「聖所」と呼ばれました。

さらに「また第二の垂れ幕のうしろには至聖所と呼ばれる幕屋があり」（9・3）と記されますが、ここでは「初めの」との対比で「第二の垂れ幕」ということばが使われ、それで仕切られた場所が「聖なるもののなかの聖なるもの」という原語で「至聖所」と訳されます。そして、さらに「そこには金の香壇と、全面を金で覆われた契約の箱があり、その中にはマナの入った金の壺、芽を出したアロンの杖、契約の板が入れられていました」（９・４）と描かれます。

この「金の香壇」は、至聖所の幕の手前の聖所に置かれていたはずですから、この描写は不思議です。これは「香壇」が聖所に置かれながら、至聖所の一部として機能していたことを意味します。さらにこれは、「主（ヤハウェ）の前の常供の香のささげ物」とも呼ばれ（出エジプト30・８）、聖所の最奥の部分として、一般の祭司たちに「主を恐れる」ことを教えたからかもしれません。レビ記10章ではアロンの二人の息子が「異なる火を主（ヤハウェ）の前に献げた」ために、火が主の前から出て焼き尽くされたと描かれています。

また「マナの入った金の壺」も「芽を出したアロンの杖」も本来、契約の箱の前に置かれていたはずですが（出エジプト16・33、34、民数17・10）、ここでは契約の箱の中に置かれたかのように記されます。ただし、列王記第一８章９節などでの「箱の中には、二枚の石の板のほかには何も入っていなかった」という記述に、それ以前は他の物が入っていたという示唆があるという解釈もあります。しかし、これも「壺」と「杖」を「契約の箱」と一体に見たという意味とも理解できるかもしれません。またここでは「契約の箱」は「全面」が「金で覆われていた」という荘厳さが強調されます。

さらに「またその上では、栄光のケルビムが『宥めの蓋』をおおうようになっていました」

（9・5）と描かれます。「宥めの蓋」はしばしば「mercy seat（あわれみの座）」とも訳されます。主はモーセに「わたしはそこであなたと会見し、イスラエルの子らに向けてあなたに与える命令を、その『宥めの蓋』の上から、あかしの箱の上の二つのケルビムの間から、ことごとくあなたに語る」（出エジプト25・22）と言われました。それはイスラエルの民の「罪を赦す」とともに、神がモーセに親しく語る場でもありました。

なお、ローマ人への手紙3章25節では同じことばを用いて、「神はこの方を……宥めの蓋として公に示されました」と記されています（新改訳欄外注別訳[59]）。そのように訳すと、「主（ヤハウェ）は、人が自分の友と語るように、顔と顔とを合わせてモーセと語られた」（出エジプト33・11）のと同じように、主はキリストを通して私たちと語り合う関係を築くために、イエスはご自分の血を献げてくださったという神秘が明らかになります。

その上で、9章1―5節をまとめるように「これらについて、今は個別に述べるときではありません」と記されます。それはこれらがこの書の読者には十分に知られていることなので、あえてこれ以上説明を要しないという意味とともに、これらの様々な規定が、キリストが大祭司としていけにえを完成してくださったことによって不必要になったということをも示唆しているとも言えます。バビロン捕囚以降「契約の箱」は消えてしまい、イエスの時代にあったエルサレム神殿の「至聖所」には何も入っていませんでした。契約の箱が置かれていない神殿を、真の神殿と呼ぶことができるのかは、大きな疑問です。当時のユダヤ人たちは、神の臨在のない神殿に向かっていけにえをささげていたということをこの書は示唆しているとも言えましょう。それが「年を経て古びたものは、間もなく消え行くものです」と描かれています。

イエスは安息日のことで当時のパリサイ人から批判を受けた際、ご自分のことを示唆しながら、「ここに宮よりも大いなるものがあります」と、ご自分がエルサレム神殿より偉大な存在であると言われました（マタイ12・6）。私たちは幕屋と神殿の偉大さを認識して初めて、それにまさるイエスの偉大さを理解できます。ですから、旧約の恵みの偉大さを分かる程度において、イエスの偉大さが分かるようになるという関係があることを決して忘れてはなりません。

2　それらは礼拝する者の良心を完全にすることはできません

9章6、7節では「さてこれらの物が以上のように整えられたうえで、祭司たちはいつも初めの幕屋に入って、礼拝儀式を執行します。しかし、第二の幕屋には年に一度、大祭司だけが入ります。そのとき、血を携えずに、そこに入るようなことはありません。それは、自分のため、また民が知らずに犯した罪のために献げるためです」と記されています。

ここでは「初めの幕屋」としての「聖所」で、燭台の火を灯し、また香をたくなどの礼拝儀式が毎日行われることとの比較で、「第二の幕屋」である至聖所には、「年に一度、大祭司だけが入る」という大きな対比が描かれます。そして、至聖所に入るための必須条件として、「血を携える」ということがあり、その血は、まず大祭司自身の罪のためと「民が知らずに犯した罪」のためでした。つまり、意図的に犯した罪のための赦しの道は示されていなかったのです。事実、10章28節では「モーセの律法を拒否する者は、二人または三人の証人のことばに基づいて、あわれみを受けることなく死ぬことになります」と厳しく記されています。ここでは、神の臨在がある至聖所への道がいかに狭いかが強調されています。

その意味が「これによって聖霊は説明しています。聖所への道が明らかにされることがないことを、初めの幕屋が存続している限り……」と記されます（9・8）。「初めの幕屋」とは先の「初めのもの（契約）」に対応します。初めの契約が消えていくことと初めの幕屋が不要になることがセットに描かれ、真の意味での「聖所への道」は初めの幕屋の礼拝儀式を通してかえって塞がれていると説明されます。実際、祭司たちは夜通し燭台の火を守る奉仕や朝と夕に香をたく奉仕に集中しながら、至聖所への道が塞がれていることを強く意識したことでしょう。

さらに私たちへの意味が、「これらは今のときに向けての比喩です。それにしたがって、ささげ物といけにえが献げられましたが、それらは礼拝する者の良心を完全にすることはできません。それらは、ただ食物と飲み物と様々なバプテスマに関するもので、それは肉の規定であり、改革の時（新しい秩序が立てられる時、まっすぐにされる時）まで課せられているものです」と記されます（9・9、10）。

旧約の礼拝儀式は、神を恐れることを覚える規定、また、聖なる神に近づいて死ぬことがないための規定であり、それは神が民の真ん中に住んでくださるために必要なことでした。しかし、それは私たちが心の底から積極的に「神に仕えたい」「神のみこころを自分の思いとして生きたい」という、心の自由を生むことはできませんでした。そのことが、「それらは礼拝する者の良心を完全にすることはできません」（9・9）と描かれていました。

「良心」と訳されることばは英語で「conscience」と記されます。そこには「ともに知る」という基本的な意味があり、私たちの心の奥底で神とともに自分自身を見分ける「内奥の意識」とも呼べるものです。

マルティン・ルターは、幕屋の構造と人間の身体と心の関係を次のように比べます。いけにえを燃やす幕屋の外は、人間の身体に対応し、すべての人に見られます。祭司が仕える「初めの幕屋」は私たちのたましいに対応し、明確に自覚できる意識の部分です。そこでは常に燭台に燈明があり私たちの理解、識別、知識、認識のある部分を照らしています。幕屋の至聖所には何の光もなく、暗い場所で、そこに神が住むと言われていました。[60] 信仰を生み出すのは、人が見ず、感じず、理解できない、そのたましいの内奥の部分で、そこが良心の座と言える部分です。それは積極的に何が正しく何が間違っているかを意識するというよりも、悪い行いをしたときに自責の念に駆られるように機能します。

このたましいの内奥において、理性を超えて目に見えない神を信じ、神のみこころを自分の意思としたいというような心の作用が起きます。それは、このたましいの内奥、説明できない人間の霊の部分に、神の霊が宿ることで可能になるのです。先にあった「心の中に神の律法が書き記される」（8・10）とは、それを指します。それでここでは、その「良心」の部分は「ささげ物といけにえを献げるという礼拝」によって「完全にされる」ことはないと強調されます。

3　キリストの血は……私たちの良心をきよめないわけがありましょうか

9章11、12節は、「しかし、キリストが現れてくださり、それは実現しようとしているすばらしいことの大祭司としてですが、もっと偉大な、もっと完全な幕屋を通して――人の手によるものでない、すなわちこの被造世界のものではないもので――雄やぎと子牛の血によってではなく、ご自分の血によって、ただ一度だけ聖所に入られたのです。それは、永遠の贖いを成し遂げるためです」と訳すことができます。

この中心構文は、「キリストが現れ……ご自分の血によって、ただ一度だけ聖所に入られたのです」にあります。なお、キリストは復活した後で初めて、大祭司とされたので（5・8―10、8・4）、「実現しようとしているすばらしいことの大祭司」と描かれます。

ここでキリストが天に昇られ、神の右の座に着く直前のことが、「もっと偉大な、もっと完全な幕屋を通して」と描かれます。地上の幕屋は、「天にあるものの写しと影」（8・5）で、天にも同じような「初めの幕屋」の部分があり、それは「この被造世界のものではない」のですが、そこを通って、主は天の至聖所としての神の右の座に着かれたというのです。

その際、地上の祭司は「雄やぎと子牛（ヘブル語聖書では雄牛）」の血を携えて、年に一度だけではあっても繰り返し毎年聖所に入りますが、主はご自分の血を携えて、「ただ一度だけ聖所に入られた」と描かれます。そこには「永遠の贖いを成し遂げる」という途方もない救いのみわざがありました。それによって私たちはもう、神に近づくために、動物の血を流すという必要が一切なくなったのです。

さらに「もし、雄やぎと雄牛の血や、若い牝牛の灰が汚れた人々に降りかけられることが、からだをきよいものへと聖別するのであれば、まして、キリストの血はどれだけまさっていることでしょう、それは、とこしえの御霊によって、傷のないご自分をお献げになったことによるもので、私たちの良心をきよめないわけがありましょうか。それは死んだ行いから離れさせ、生ける神に仕える者にすることです」と記されます（9・13、14）。

ここでは「雄やぎと雄牛の血」また「若い牝牛の灰」には、「からだをきよいものへと聖別する」働きがあることを前提として、「キリストの血」が「私たちの良心をきよめないわけがない」と断言されます。それは、旧約のきよめの効力のすばらしさを前提に、キリストの血の偉大さを示すものです。[61]

レビ記では、「自分の身を聖別し、聖なる者とならなければならない」（11・44）と記されます。その際、「死」はアダムの罪から始まった「汚れ」と見られます。それで、死体に触れた者が宿営の中に戻るには、「きよめのいけにえ」が必要のはずでしたが、死人が多すぎたので、より安価な方法が示されました。そのため「赤い雌牛」（民数19・2）を宿営の外で屠らせ、「杉の木とヒソプと緋色の撚り糸を取り、雌牛が焼かれている中に投げ入れ」（同19・6）、特別な「灰」を作らせ、それを集めて「汚れを除く水」を用意させました。

そして不思議にも、「ヒソプを取ってこの水に浸し……汚れた者に……振りかけ」ることで、「その人は……きよくなる」という一週間のプロセスが指定されました（民数19・18―19）。ここには、主ご自身が「汚れた人」をご自分が真ん中に住む宿営に招き入れたいと熱く願われた思いが込められています。それは主が「雌牛の灰」を用いてでも、人の「からだをきよいものへと聖別する」道を開かれたからです。

それに比べ、「まして、キリストの血はどれだけまさっているでしょう」と言われながら、その血が「とこしえの御霊によって、傷のないご自分をお献げになったことによるもの」と説明され、それがさらに「キリストの血」は「私たちの良心をきよめないわけがありましょうか」と断言され、それによって必然的に起こる変化が、「それは死んだ行いから離れさせ、生ける神に仕える者にする」と描かれます（9・14）。

私たちがキリストのからだである教会に仕えることができるのは、「キリストの血」によって「良心（心の内奥の意識）」が「きよめられた」結果であることを忘れてはなりません。キリストの血は私たちの心に「いのち」を生み出すのです。[62]

仏教の経典に、「阿闍世（あじゃせ）」という性格が邪悪で、父の王を殺して王になった者の「救い」の記事があります。彼は父を殺した後、後悔の焔が燃え上がり、その熱で身体中に出来物が生じ、その悪臭と不潔さは人を寄せ付けないほどになります。彼はそこで、「私は今すでに現世で報いを受けた。地獄の報いも間近いだろう」と絶望します。そこに仏弟子の一人が現れて、阿闍世王は、自分の罪に対し慚愧（ざんき）の念を深く持って苦しんでいるからこそ、救いの望みがあると語り、彼を仏陀自身に会わせます。彼は仏からの光で身体がきよくされ、その説法で心が癒やされ、多くの人々への救いの道を開きます。[63]

これはその五百年前の詩篇38篇や51篇に記されたダビデの記事に似て、「慚愧の念」また「良心の呵責」が病を生み出すと同時に、救いの原因になっています。つまり、人の「良心」には、悪行を避けさせ、善行を求めさせるという不思議な機能があるのです。それは「神のかたち」に創造されているすべての人間に備わっています。そして、そこからすべての宗教的な救いの物語が生まれます。

旧約のいけにえの儀式にも、人々の良心をきよめる働きが確かにありました。しかし、そこには限界がありました。なぜなら、そこには意図的に犯した罪の赦しの道はなかったからです。しかも、神との生きた交わりは、いけにえの動物の血では生み出されませんでした。アダムの罪を逆転させるほどの神との生きた交わりの回復は、神の御子自身の「血」によって初めて可能になりました。私たちの信仰以前に、「キリストの血」が心の内奥の「良心をきよめ」、「死んだ行いから離れさせ、生ける神に仕える者にする」ことができるのです。まさに、いのちに満ちた「キリストの血」こそ、神の救いのみわざの原動力なのです。

宗教改革者マルティン・ルターは、生真面目人間のフィリップ・メランヒトンに向けて、「神は架空の罪を犯した者を赦し給うのではない。罪人であれ、そして大胆に罪を犯せ。しかし、罪と死と世界との勝利者であるキリストをさらに大胆に信じ、かつ喜び給え。われわれがわれわれであるかぎり、罪は犯されるに違いなかろう。この生は義の住家ではなく、ペテロと同様に、われわれは、義が住まう新しい天と新しい地とを待ち望んでいる。世の罪を除く小羊を神の栄光の富によって知ったことで、十分なのだ。……雄々しく祈り給え。君は最も断固たる罪人なのだから」という驚くべき逆説を書きました。[64]

郵便はがき

恐縮ですが
切手を
おはりください

164-0001

東京都中野区中野 2-1-5

いのちのことば社

出版部行

ホームページアドレス　https://www.wlpm.or.jp/

お名前	フリガナ	性別	年齢	ご職業
		男・女		

ご住所	〒	Tel.　　　（　　　　）

所属（教団）教会名	牧師　伝道師　役員 神学生　ＣＳ教師　信徒　求道中 その他 該当の欄を○で囲んで下さい。

WEBで簡単「愛読者フォーム」はこちらから!

https://www.wlpm.or.jp/pub/rd

簡単な入力で書籍へのご感想を投稿いただけます。

新刊・イベント情報を受け取れる、メールマガジンのご登録もしていただけます!

ご記入いただきました情報は、貴重なご意見として、主に今後の出版計画の参考にさせていただきます。その他、「いのちのことば社個人情報保護方針（https://www.wlpm.or.jp/about/privacy_p/）」に基づく範囲内で、各案内の発送などに利用させていただくことがあります。

いのちのことば社＊愛読者カード

本書をお買い上げいただき、ありがとうございました。
今後の出版企画の参考にさせていただきますので、
お手数ですが、ご記入の上、ご投函をお願いいたします。

書名

お買い上げの書店名

町
市　　　　　　　　　　　　書店

この本を何でお知りになりましたか。

1. 広告　いのちのことば、百万人の福音、クリスチャン新聞、成長、マナ、信徒の友、キリスト新聞、その他（　　　　　　　）
2. 書店で見て　3. 小社ホームページを見て　4. SNS（　　　　　）
5. 図書目録、パンフレットを見て　6. 人にすすめられて
7. 書評を見て（　　　　　　　　）　8. プレゼントされた
9. その他（　　　　　　　　　）

この本についてのご感想。今後の小社出版物についてのご希望。

◆小社ホームページ、各種広告媒体などでご意見を匿名にて掲載させていただく場合がございます。

◆愛読者カードをお送り下さったことは（　ある　初めて　）
ご協力を感謝いたします。

メランヒトンは、罪から自由になれない自分を責めていたのだと思われます。それに対して、ルターは、何よりもキリストの十字架の血の贖いの力に目を向けるように、彼の心の目をイエスに向けさせたのです。「雌牛の灰」にからだを聖別させる力を与えた神は、キリストの血によって私たちの「良心」をきよめてくださいます。自分で自分をきよめられるぐらいなら、イエスが十字架にかかる必要はなかったのです。主の十字架の血を仰ぎ見ましょう。

12　新しい契約を実現したキリストの血（9章15―28節）

昔の人々は、自分の聖書をじっくり読むなどということはできませんでした。私の父も聖書をほとんど読むこともなく信仰告白に導かれました。それは前の旭川めぐみ教会の辺堂一博牧師が何度も父を訪ね、簡潔に福音を語ってくださったおかげです。そのようなときに用いられるのが、「血を注ぐことなしには、赦し（解放）は実現しません」（9・22）とか、「人間には、一度死ぬことと死後にさばきを受けることが定まっている」（9・27）というみことばです。また、死の恐怖におびえる人には、2章14、15節の、神の子イエスが血と肉を持つからだとなれたのは、「死の力を持つ者、すなわち悪魔を、無力化するためであり、また、死の恐怖によって一生涯奴隷となっていた人々を解放するためでした」というみことばが有効です。

ヘブル書は難解な書です。しかし、これほどにキリストの十字架の血の力を簡潔に現している書もないとも言えましょう。神の救いの計画を理解するのには多くの学びが必要ですが、単純に神の救いを語ることもできるのです。大切なのは、人々の心の奥底の叫びを聞き、それに合った、みことばを示すことができることです。

１　キリストの死によって、約束された永遠の資産を受け継ぐ

９章15節では先の流れを受けて、「そのことのゆえに、この方は新しい契約の仲介者です」とまず宣言されます。その上で、「それはこの方の死が起きることで、初めの契約のときの違反からの贖いが実現し、召された者たちが、約束された永遠の資産を受け継ぐことになったからです」と記されます。

それは「初めの契約」がイスラエルの民の「違反」によって「のろい」をもたらしたことに対して、彼らをその「のろい」の捕囚状態から「贖い」、アブラハムに約束された「永遠の資産を受け継ぐ」ことができる状態へと回復することを意味します。

そして、９章16、17節では「資産」を相続するという観点から、多くの翻訳での「遺言」という話につながります。[65] ただし「契約」も「遺言」も、同じギリシャ語のディアセーケーの翻訳です。ここで著者は同じ単語を二つの意味で使っていますので、「遺言」と訳すほうが日本語としては自然ですが、そうすると文脈の流れが分からなくなります。とにかく「初めの契約」ということばを受けて、「遺産」の相続の話へと展開しているのです。ちなみに英語の Testament の中心的な意味は「遺言」ですが、そこには「契約」という意味もあるので、旧約

聖書が the Old Testament、また新約聖書が the New Testament と表現されることになります。

ですからここは、「契約（遺産）の場合、契約者（遺言者）の死が持ち出される必要があります。なぜなら、契約（遺言）は、死ぬことによって有効になるのであって、契約者（遺言者）が生きている間は、効力を発揮できないからです」（9・16、17）と訳すべきでしょう。

ただ「遺言」の場合は、財産の相続は遺言者が「死ぬ」ことで有効になりますが、「契約」の場合は、「契約者」が生きているときから「有効」なので「契約」という訳には確かに限界もあります。

どちらにしても著者がここで強調するのは、「新しい契約」が「契約者」であるキリストご自身の「死」をもって初めて「有効になり」、キリストにつながる者が「約束された永遠の資産を受け継ぐ」ことが確定したということです。神はアブラハムとその子孫に現在のイスラエル国家の支配地を「約束の地」として「相続する」と保証されました。それはイスラエルの民にとって実感をもって迫って来る約束です。私も父の死に伴い、今後の土地のことで母や姉妹と話し合いました。農地の大規模化と跡継ぎの不足で、実勢価格では二束三文の価値しかありませんが、父が馬橇（ばそり）とスコップ一つで土を入れ変えた土地には愛着を感じます。

イスラエルの民にとっては土地の相続がその家族の生死を決めるほどの大きな意味がありました。それと同じことばを用いて私たちにも、キリストの死に伴う遺産相続のことが話題とされているのです。

ローマ人への手紙では「世界の相続人となるという約束が、アブラハム……の子孫に与えられた」（4・13）と記されますが、私たち異邦人もキリストにあってユダヤ人と同じアブラハムの子孫とされ、「神の子ども」とされています。その上で、「子どもであるなら、相続人でもあります。私たちはキリストと、栄光をともに受けるために苦難をともにしているのですから、神の相続人であり、キリストとともに共同相続人なのです」（ローマ8・17）と記されています。

私たちがキリストの血によって贖われたのは、キリストとともに世界を治めるためです（黙示5・9、10）。私たちはすでに世界全体の相続人とされ、キリストの再臨の時には「世々限りなく王として治める」（黙示22・5）と約束されています。

全世界は私たちの罪のために血を流されたキリストのものであり、私たちはその相続人となっています。それを心の底から味わうなら、この世の財産への囚われから自由になることができます。そのことがさらに、「私たちすべてのために、ご自分の御子さえも惜しむことなく死に渡された神が、どうして、御子とともにすべてのものを、私たちに恵んでくださらないことがあるでしょうか」（ローマ8・32）と記されます。キリストの死によって実現した相続の豊かさを味わいましょう！

2　これは、契約の血である

それを前提に9章18節は、シナイ契約のことを振り返りながら、「それと同じように、初めのもの（契約）も、血を抜きにして成立したのではありません」と記されます。そして続けて、出エジプト記24章に描かれた、主（ヤハウェ）が「イスラエルの長老七十人」と結ばれた「契約」の場面を思い起こさせることが、「それは、律法にしたがってすべての戒めが、モーセによって民に語られた上で、子牛と雄やぎの血を取って――水と緋色の羊の毛とヒソプとともにですが――契約の書と民全体に振りかけたからです。そして、『これは、契約の血である。神があなたがたに命じられたところの』と言いながら」と記されています（9・19、20）。

この最後の文章は出エジプト記24章8節からの自由な引用ですが、「契約の血」ということばがどちらでも最初に登場します。そこには、イエスが最後の晩餐で、杯を指して、「これは、わたしの契約の血です。罪の赦しのために多くの人のために流されるものです」（マタイ26・28、私訳）と言われたことを思い起こさせる意味もあると言えましょう。モーセが「見よ」と言ったことばが、イエスが晩餐で「これは」と言われたことばに変えられています。イエスは、その際、翌日に十字架にかけられ「血を流す」ことを示唆しておられました。

なおヘブル書のギリシャ語で「子牛」と記されたのは、原典のヘブル語聖書での「雄牛」に相当し、それがここでの契約を結ぶ儀式で、「血」を「民に振りかける」ために用いられました。またそれは「祭司」の「罪のきよめ」、また「祭壇の聖別」のためにも用いられました（レビ8・14、15）。それとセットに記される「雄やぎの血」に関しては、記述が欠けている写本も多数あります。それは幕屋の「至聖所」の「きよめ」に用いられるものですが、それがあえてここに記されることで「血によるきよめ」の効力に目が向けられることになります。また「水と緋色の羊の毛とヒソプとともに」ということばは出エジプト記には登場しませんが、実際に「血を振りかける」ためには、それらの材料が必要であったという意味だと思われます。

そして9章21節ではさらに、「また彼は、幕屋と礼拝に用いるすべての用具にも、同じように、血を振りかけました」と記されます。厳密には、血できよめられるのは、「祭壇」と「祭司」と、至聖所の「宥めの蓋」だけのはずで、他の器具は、聖別のための特別な油が用いられていたはずです。しかしここでは、幕屋礼拝における最も大切ないけにえを献げる祭壇と至聖所との「きよめ」に読者の目が向けられるために、このように記されていると言えましょう。

そしてこれらをまとめるように、「そして、ほとんどすべてのものは血によってきよめられるのです、律法に従えばですが。血を注ぐことなしには、赦し（解放）は実現しません」（9・22）と記されます。[66]「ほとんどすべて」と記されるのは、山鳩や家鳩のひなといういけにえさえも準備できないような「貧しい人々」は「十分の一エパ（二・三リットル）の小麦粉を罪のためのきよめにささげ物として持って行く」こともできたからです（レビ5・11）。

なお「血」による「きよめ」の効力に関しては、レビ記17章11節で主（ヤハウェ）は「実に、肉のいのちは血の中にある。わたしは、祭壇の上であなたがたのたましいのために宥め（贖い）を行うよう、これをあなたがたに与えた。いのちとして宥め（贖い）を行うのは血である」と宣言しておられます。なお、9章22節の最後は「罪の赦し」と訳されることがありますが、厳密には「罪の」ということばは原文にはなく、「赦し」とだけ記されています。このことばは、捕らわれている状態からの「解放」という意味でも用いられます（ルカ4・18）。それは9章14節で「キリストの血」が「良心のきよめ」に結びつけられ「それは死んだ行いから離れさせ、生ける神に仕える者にする」と記されていたことを思い起こさせる表現とも言えましょう。とにかく「血」は「いのち」の象徴であり、「血」によって、神との生きた交わりが回復されることこそが大切なのです。

興味深いのは、出エジプト記24章では、神とイスラエルの民との「契約」が正式に成立したことを確認したあとで、それを祝うように、「長老七十人」は「イスラエルの神を見た。御足の下にはサファイアの敷石のようなものがあり、透き通っていて大空そのもののようであった。……彼らは神ご自身を見て、食べたり飲んだりした」と、神との親しい交わりが描かれていることです（9―11節）。そしてその後、「モーセは雲の中に入って行き、山に登った。そして、モーセは四十日四十夜、山にいた」と描かれます（18節）。

それに先立って、「モーセは主（ヤハウェ）のすべてのことばを書き記し」、それを「民に読んで聞かせ」、彼らは「主（ヤハウェ）の言われたことはすべて行います。聞き従います」と応答したのですが（4、7節）、モーセが山に登ったのは、彼らが神と結んだ「契約」のことばを、「石の板」として受け取るためでもありました。

しかし、このときモーセが、あまりにも長く山から下りて来ないので、民はアロンに強く迫り、金で「鋳物の子牛」を造って、これにいけにえをささげ、「民は、座っては食べたり飲んだりし、立っては戯れ」ました（32・6）。これは、偶像の神との契約の儀式のようなものです。主（ヤハウェ）を仰ぎ見ての聖なる食事をした後に、金の子牛の前で同じように食事をするというのは、信じがたいほど愚かな行為です。そして、イスラエルの民はこのときの罪をモーセのとりなしによって赦していただくことができましたが、同じようなことをその後も何度も続け、ついに、自分たちの身に「のろい」を招き、国を失ってしまうことになりました。

そこに「初めの契約」の限界が現されています。それはまさに「それらは礼拝する人の良心を完全にすることはできません」（ヘブル９・９）と解説されていたとおりです。しかし、イエスの「契約の血」は、「私たちの良心をきよめる」（９・14）ことができます。私たちは今、強制されることもなく、自由の御霊を受けて、「生ける神に仕える」者とされているのです。

3　キリストもまた、ただ一度……ご自分を献げてくださいました

9章23節は、「それゆえ、必要があります」ということばから始まり、それが「天にあるものの写しは、これらのものによってきよめられることの（必要が）」と記され、さらに、「天にある本体は、それ以上にすぐれたいけにえによって（きよめられる必要があります）」と記されます。

つまり、「きよめられる必要」が、「天にあるものの写し」である地上の聖所ばかりか、「天にある本体」の聖所にも及ぶというのです。[67] それは、私たち罪人である人間が天の聖所を汚してしまうことが明らかだからです。イスラエルの民が年に一度、地上の聖所をきよめる必要があったのは、民の罪によって汚され、そこに聖なる神が臨在できなくなる恐れがあったからです。同じように、天の聖所で神と人とがともに住むためには、そこがキリストの血によって繰り返しきよめられている必要があるようにも思えます。ただそれは、私たちが天の聖所に入る前に、キリストが「ただ一度」、ご自身の血を携えて、そこを「きよめる」ことで必要が満たされるというのが、これらから記されることの画期的な意味を現します。

続けて、「キリストは人の手で造られた聖所に入られたのではありません。それは本物の模型に過ぎないからですが、天そのものに（入られたの）です。そして今、私たちのために神の

御顔の前に現れておられます」（９・24）と記されます。

つまり、イエスは私たちの代表者として天の聖所に入られ、神の御顔を直接仰ぎ見ておられるのです。それは「私たちの先駆けとしてそこに入られた」（６・20）とあったように、私たちもやがて「神の御顔を仰ぎ見る」（黙示22・４）ことになるからです。

そして、「この方はご自分を何度も献げるようなことはしません。それは年ごとに自分のものではない血を携えて聖所に入る大祭司とは違います」（９・25）と記されます。大祭司は、毎年の大贖罪の日に、自分たち自身の罪のためには「雄牛の血」を至聖所の持って入る必要があり、また、民全体の罪のためには「雄やぎの血」を携えて入る必要がありました。

不思議なのは、続けて「もしそうだとしたら、何度も苦難を受ける必要があったことでしょう。世界の基が据えられたときから」と記されていることです（９・26）。モフィットは「この議論の前提には、イエスは死んで、死に支配されることのない身体へとよみがえったので、もう何度も苦しむことができなくなった、というイエスの復活がある」と記しています。[68]

そこではさらに、「しかし、今や、この方はただ一度だけ、世々の終わり（完成の時）に、ご自身が罪を取り除くためのいけにえになるために、現れてくださいました」（９・26）と記されます。イスラエルの大祭司が幕屋の至聖所に血を携えて入ったのは、民の度重なる罪によって反故にされる初めの「契約を更新する」ような意味がありました。それは、神が民のただ中に住み続けることができるためでした。しかし、イエスは「ただ一度だけ聖所に入り、永遠の贖いを成し遂げられた」（9・12）と記されていたのです。キリストの十字架の死と天の聖所に入ることとの間に私たちはキリストの復活を忘れずに入れて理解する必要があります。

そしてこれらの結論として、「そして人間には、ただ一度死ぬことと、その後、さばきを受けることが定まっているように、キリストもまた、ただ一度、多くの人の罪を負うためにご自分を献げてくださいました。そして二度目は、罪とは別に、現れてくださいます。それはご自分を待ち望んでいる人々の救いのためです」（9・27、28）と記されています。

最初の「人間には、ただ一度死ぬことと、その後、さばきを受けることが定まっている」とは、いつも心に留めるべき厳粛な霊的な現実です。私の父も聖書はほとんど理解はできませんでしたが、先の辺堂先生からそのことを迫られ、イエス・キリストにある救いを求めるようになったのだと思われます。堅実な人ではありましたが、妻や娘たちから、その自己中心性と家族の心の痛みを理解しようとしなかったことを繰り返し責められ、それなりに自分の罪を自覚していたからです。

さらにここでの「多くの人の罪を負う」（9・28）という表現の背後には、イザヤ53章12節の「彼は多くの人の罪を負い、背いた者たちのために、とりなしをする」という主（ヤハウェ）のしもべの働きがあります。しかもその直前では「彼が自分のいのちを代償のささげ物とするなら、末永く子孫を見ることができ、主（ヤハウェ）のみこころは彼によって成し遂げられる。……わたしの正しいしもべは、その知識によって多くの人を義とし、彼らの咎を負う。……彼が自分のいのちを死に明け渡し、背いた人たちとともに数えられたからである」（53・10―12）と記されます。旧約でこのイザヤ書ほどに、キリストの苦しみが私たちの救いに結びつけられる箇所はありません。イエスはこのみことばを味わいながら十字架に向かわれたのです。

それにしても興味深いのは、9章26―28節では、「ただ一度」ということばが三度も繰り返されることです。それは、キリストが「ただ一度」ご自身をいけにえとしてくださったこと、また私たち人間が「ただ一度死ぬ」こと、またキリストが「ただ一度」、ご自分を献げてくださったということです。そこには、私たちが「ただ一度死ぬ」ということが、キリストの尊い犠牲によって包まれているという響きがあります。キリストのうちに生かされている者は、自分の死と死後のさばきを恐れる必要がないのです。

しかも、キリストが二度目に「現れる」ときは、私たちの「救い」を完成してくださるときです。それは私たちが「神の安息に入る」（4・13）ことであり、「幕の内側まで入って」（6・19）顔と顔を合わせて神を仰ぎ見るときです。されにそれは、「私たちの卑しいからだ」が、キリストの「栄光に輝くからだと同じ姿に変えられる」ときでもあります（ピリピ3・21）。

あなたは最終的な「救い」を、地獄に落ちずに天国に憩うことに限定して考えてはいないでしょうか。先の7章25節では、「したがってイエスは、人々を完全に(永遠に)救うことがおできになります、ご自分によって神に近づく人々を。それはこの方がいつも生きていて、彼らのためにとりなしをしておられるからです」と記されていましたが、私たちの「救い」を完成してくださるイエスの「とりなし」の偉大さを、今ここで覚えるべきでしょう。

「人間には、ただ一度死ぬことと、その後、さばきを受けることが定まっている」とは、永遠の「救い」か「滅び」かを決めるみことばです。しかし、その「ただ一度の死」を、キリストの「ただ一度の死」が愛をもって包んでいてくださいます。そして、「イエスは、私たちのために先駆けとして」「天の聖所に入り」、神の右の座で「とりなし」をしていてくださいます。私たちに求められるのは、ただ、イエスの御名によって祈ることとです。どれだけ立派に見える人でも、恩知らずな者は人間として失格なのと同じように、私たちの「罪の赦し」のために、血を流してくださった方に感謝することなしに「救い」はありません。

13　主の復活が、私たちを聖なるものとする（10章1―18節）

「罪の赦し」は「何のため？」と聞かれたら、あなたはどのように答えるでしょう。福音は確かに天国行きを保証する恵みですが、それ以前に、日々の仕事や家庭生活、教会や他の人間関係を変革（transform）する力があります。今回の箇所には、驚くことに、キリストの受肉、十字架、復活、昇天、とりなし、再臨のすべてが含まれていますが、その核心にあるのは、復活の力が聖霊によって私たちの内に働くということです。私たちはすでに「聖なるものとされ」、さらに栄光の姿へと「完成される」ことが保証された存在です。自分の罪の赦しの確信を深めること以上に、キリストにある自由で大胆な生き方へと羽ばたいていきたいものです。

1　「罪の良心」から解放された、生ける神に仕える「良心」

9章の結論では「キリスト」の再臨によって起きる最終的な「救い」が描かれていましたが、それを前提に10章1節では、「それは、来たるべき良いものの影を、律法が持っているものの、実際のかたち（イメージ）ではないからです。それ（律法）は、年ごとに絶えず献げられる同じいけにえによって、（神に）近づく人々を完全にすることはできません」と記されます。

ここでは、「律法」には、「良いもの」を指し示す「影」があると、まずその存在意義が述べられていることを忘れてはなりません。その上で、それは「実際のかたち」ではないと論じられ、それは神を待ち望んでいる者たちに真の「救い」をもたらすことはできないと記されているのです。たとえばレビ記の規定は、「聖なる神が、汚れた民の真ん中に、どうしたら住み続けられるのか」というテーマで描かれているとも言えます。つまり、それは、罪と汚れにまみれた私たちが、自分自身の御利益（ごりやく）のために神を利用するという発想から離れ、「聖なる神を恐れつつ、なお神に近づく」という道が開かれることです。そこに圧倒的な神のあわれみを見ることができます。しかし、それが「神に近づく人々を完全にすることはできません」と言われるのは、私たちの心を内側から完全に造り変えることはできないという意味です。

そして「そうであったのなら、いけにえを献げることは終わったはずです。それは、礼拝する人たちが一度できよめられ、もはや罪の意識（罪の良心）を持つようにはならなかったはずだからです」（10・2）と記されます。ここに矛盾が見られます。なぜなら、「罪の意識」を持つことは良いことで、それによって「良心」の機能が敏感にされ、小さな罪をも避けることができるはずだからです。しかし、この「意識」とは「良心」と同じ原文で、「罪の良心」または「罪に囚われた良心」と訳すこともできます。9章14節では「キリストの血が私たちの良心をきよめる」ことができると断言され、それが「死んだ行いから離れさせ、生ける神に仕える者にする」と記されていました。つまりここでは、私たちの心の内奥の「良心」の働きが、なお「罪」の支配から解放されてはいないので、現実には「いけにえを献げる」という「礼拝」を続ける必要があったと述べられているのです。問われるのは「良心のきよめ」です。

それればかりか皮肉にも、「それによって罪の記憶が年ごとにあるのです。雄牛と雄やぎの血は、罪を除くことはできないからです」（10・3、4）と記されます。ここでは「罪の良心」「罪の記憶」「罪を取り除く」ということばが繰り返されます。しばしば、福音的な教会の中では、「あなたがどれだけひどい罪人であったかを意識できればできるほど、キリストの十字架の贖いの恵みが理解できるようになる」と指導されました。それは正しいことでしょうが、「罪意識を深める」ことが、心理学的には「落ちこぼれ意識を深める」ということになりかねません。

たとえば現実には、その人の傷つきやすい鋭い感性、人の痛みに共感できる優しさ、いつも完全を目指す前向きな心の方向が、激しい競争社会に適応できないために、挫折を繰り返し、自己嫌悪に苛まれ、結果的に人々の期待を裏切る生き方に堕落したということなのかもしれません。真の問題は、社会の悪との適度な距離感を保つ知恵の不足にあるかもしれないのです。

そのような人が仮に、神の赦しを儀式的に体験できたとしても、「神のかたち」に創造された自分の個性全体を受け入れるということができていないために、「死んだ行いから離れ、生ける神に仕える」という「良心のきよめ」にまでは至りません。

旧約聖書でも、繰り返し「いけにえを献げる」ことの限界が語られてきました。たとえば、サムエルは、サウルがいけにえで自分を正当化したことに対し、「主（ヤハウェ）は、全焼のささげ物やいけにえを、主（ヤハウェ）の御声に聞き従うことほどに喜ばれるだろうか。見よ。聞き従うことは、いけにえにまさり、耳を傾けることは、雄羊の脂肪にまさる」（Iサムエル15・22）と言っています。

また預言者ホセアは神のことばを、「わたしが喜びとするのは真実の愛（ヘセド）。いけにえではない。全焼のささげ物よりむしろ、神を知ることである」（6・6、カッコ内筆者）と簡潔に記しています。イエスの時代のパリサイ人は社会的には尊敬されている人々で、イエスが取税人や罪人たちの仲間となって一緒に食事を楽しんでいる姿を真っ向から非難しましたが、その彼らに向かってイエスは、このホセアのことばを引用しながら、「『わたしが喜びとするのは真実の愛。いけにえではない』とはどういう意味か、行って学びなさい。わたしが来たのは、正しい人を招くためではなく、罪人を招くためです」と言われました（マタイ9・10―13）。

実は、パリサイ人は当時のユダヤ人社会では模範的な市民でした。また「いけにえを献げる」ことも最高の善行と見られました。しかし、イエスは彼らの心が「神が何を喜ばれるか、何を望んでおられるのか」ということに向かってはいないと指摘されたのです。パリサイ人は、自分が律法に反することを行ってはいないかという「罪意識」にはきわめて敏感でした。それは「罪の良心」ではありますが、「良心のきよめ」には至っていません。

今も、多くの信仰者が、人々の期待に沿った生き方ができることが証しになるという意識に囚われ、自分を殺しながら生きています。しかし、神が求めておられるのは、あなたの「神のかたち」としての個性や感性全体を感謝して受け入れ、もっと大胆にそれを生かして神と人に仕えることです。それは時に、社会の期待に反することかもしれませんが、そこにこそ、人々の常識が神のみこころから外れていることを指摘する力があります。神は、私たちに「地の塩」「世の光」として生きることを求めておられます。何の間違いも犯さない人畜無害な存在だけれども、「その人がいてもいなくても同じ」というのではなく、数限りない間違いを犯したとしても、その存在が少しでも社会を変える力になれればよいと言えましょう。

2　あなたは……わたしに　からだを備えてくださいました

そして10章5節では、「ですからこの方は、この世界に来て言われます」と記されながら、5－7節で詩篇40篇の6－8節のことばが引用されます。そこにはヘブル語原文と微妙に違っている部分がありますが、著者は詩篇40篇の全体の文脈を意識しているという、その大枠を何よりも覚えるべきでしょう。その2節では、「滅びの穴から　泥沼から　主は私を引き上げてくださった。……主はこの口に授けてくださった。新しい歌を　私たちの神への賛美を」と記されます。これは私たちの「心の復活」を指し示すことばと言えましょう。

ある米国在住のご夫妻の息子さんが、以前、奥さんから離婚を迫られた日、自殺未遂を起こしました。原因は、彼が自分の感情をコントロールできず、妻と息子に暴力を働いたことのようです。その彼が長いうつ状態からようやく抜け出し、両親や姉妹たちに心からの感謝を表し、教会で赤裸々な次のようなお証しをしました。

「皆様に伝えたいことは一つです。どんなに人生を間違えても、どんなに道を踏み外しても、どんなに人を苦しめ、傷つけたとしても、また、どんなに自分の人生と周りの人の人生が台無しになったとしても、神様は貴方を待っています。待ち続けています。失敗したら終わりだと勘違いしないでください。貴方と一緒にその間違いだらけの人生を取り出し、神の光の中で一緒にそれを眺め、神様が共に歩んでくださるからです。もし、この世での時間が残されていなくても、天の御国では、貴方がこれまで見過ごした楽しさ、世界の美しさ、愛で築き上げられる友情の嬉しさを永遠に喜ぶことができるようになります。これは貴方が正しい生き方をしようが、間違った生き方をしていようが、今生きている限り、手遅れでは絶対ありません」

それはまさにこの詩篇のみことばの真実の証しです。お母様もそれを心から喜び、「今彼が生きているのはただ神様の恵みだと思います」と、書いてきてくださいました。

ここで詩篇40篇が引用されるのは、ここにイエスご自分のことが証しされていたからです。その観点からすると、この詩篇の２、３節はキリストの復活を指しているということが明らかですが、それ以前に、イエスが「滅びの穴……泥沼」に沈んでいる人間とご自分を一体化するために人となったということが分かります。それでこの詩篇がギリシャ語に訳されて引用されたとき、「いけにえやささげ物を、あなたはお望みにならないで、わたしに、からだを備えてくださいました」（10・5）と、キリストの受肉を示唆する引用になったのだと思われます。

この詩篇のヘブル語写本でも、ギリシャ語七十人訳でも、「あなたは私の耳を開いてくださいました」と記されますが、その背後にイザヤ50章４－６節での「苦難のしもべ」の描写があると思われます。[69] そこで、「主ヤハウェは……朝ごとに私を呼び覚まし、私の耳を呼び覚まして、私が弟子のように聞くようにされる。主ヤハウェは私の耳を開いてくださった。私は逆らわず、うしろに退きもせず、打つ者に背中を任せ、ひげを抜く者に頬を任せ、侮辱されても、唾をかけられても、顔を隠さなかった」と記されています。まさにそこには主（ヤハウェ）が苦難のしもべの「耳を呼び覚まし」「耳を開」いて優しく語りかけ、人々の侮辱や嘲りに耐えられるようにしてくださった様子が描かれています。つまり、永遠の神の御子が私たちと同じ「からだを備えられた」ことの神秘は、何よりもイエスご自身が、主（ヤハウェ）によって

「耳を呼び覚まされ」「耳を開かれる」生き方に現されているのです。

さらにこの10章6、7節では詩篇40篇からの引用が、「全焼のささげ物を、お喜びになられませんでした。『ご覧ください。わたしは来ております。巻物の書にわたしのことが書いてあります。それは、神よ、あなたのみこころを行うためです』」と記されます。それは「神のかたち」としてのあるべき姿とも解釈できます。しかしこれをキリストご自身が味わい、従われたみことばとして理解することもできます。それはイザヤ書に描かれた「苦難のしもべ」の生き方です。それこそが、神に喜ばれる生き方を示していました。

イザヤ書の始まりの1章11―17節で、主（ヤハウェ）は、「わたしは、雄羊の全焼のささげ物や、肥えた家畜の脂肪に飽きた。雄牛、子羊、雄やぎの血も喜ばない。……もう、むなしいささげ物を携えて来るな。……あなたがたの新月の祭りや例祭を、わたしの心は憎む。それはわたしの重荷となり、それを担うのに疲れ果てた。……善をなすことを習い、公正を求め、虐げる者を正し、みなし子を正しくさばき、やもめを弁護せよ」と記され、それこそが「苦難のしもべ」の生き方につながります。それはこの世界の痛みや悲しみを自分のものとし、それを担っていく生き方でした。つまり、「いけにえやささげ物」を規定した旧約聖書自体の中に、その限界が記されていたのです。そしてこの書では、そのようなみことばを前提とした上で、10章8節で「ささげ物」が四つの枠にまとめられながら、「いけにえや、ささげ物、全焼のささげ物、罪のための物」に関して、神に向かい、「あなたはそれを望むことも、喜ぶこともなかった、それは律法にしたがって献げられているにもかかわらず」と記されています。これはイスラエルの民にとっては衝撃的なことばですが、旧約にも描かれていたことでした。

さらに10章９節では詩篇40篇の核心が、キリストのことばとして、「ご覧ください。わたしは来ました。あなたのみこころ（ご意思）を行うために」と記されます。それは今述べたように、イザヤ40章以降の「苦難のしもべ」の生き方に明らかにされています。そしてさらにその意味が、「彼は最初のものを廃止されました。第二のものを立てるために」と記されます。それは、キリストが預言された「苦難のしもべ」の生き方を全うすることが、「最初のもの」と呼ばれるシナイ律法の「ささげ物」の規定を「廃止する」ことになったということです。

そして、「このみこころ（ご意思）にしたがって、私たちは聖なる者とされています」とまず力強く宣言され、「それは、イエス・キリストのからだが、ただ一度（once for all「一度ですべて」）献げられたことによるのです」と記されます（10・10）。ここでもモフィットは「多くの註解者はイエスのからだが献げられたのは『この世界』（10・５）での十字架の上であることが自明のことかのように解釈しているが、前後関係からするなら、ここは天においてイエスの復活のからだが神にささげられたと理解すべきである」という趣旨のことを多くの根拠を示して丁寧に解説しています[70]。事実、この箇所では「いけにえ」よりも「みこころを行う」ことが何よりも強調されているのですが、その文脈の中でイエスが十字架でご自分のからだを犠牲のいけにえとして献げたこと自体が神に喜ばれたという記述で終わるのは矛盾です。詩篇40篇全体がキリストの受肉と復活を示唆するように、この部分は、十字架を超えて、復活し、昇天したキリストのからだが天において父なる神に献げられたと解釈すべきでしょう。そのとき私たちもイエスに倣って栄光を受けるという希望を持つことができます。

しかも、ここではイエスのからだが天で「ただ一度、献げられた」ことによって、すでに「私たちは聖なる者とされている」という大胆な宣言がなされています（10・10）。まさに、キリストにつながる私たちはすでに「聖なるものとされている」のです。私たちは自分の罪深さを認識することは大切ですが、それだけでは、「神の赦し」を体験できるために何をしたらよいかということばかりに目が向かいます。それでは旧約に描かれた「いけにえ礼拝」の限界と同じ落とし穴にはまります。より大切なのは、自分が「復活のキリストと一体の者とされた」という健全な誇りを味わいながら、キリストの大使として、この世の痛みや悲しみが満ちる場所に遣わされて、そこで「生きる」ことなのです。

3　わたしは、わたしの律法を彼らの心に与え、彼らの思いに書き記す

10章11―12節では、「そして祭司はみな、毎日、礼拝の務めのために立っています。それは、

同じいけにえを繰り返し献げるためですが、それは決して、罪を除き去ることはできません。しかし、この方は、罪のための永遠の一つのいけにえを献げ、神の右の座に着かれました」と記されています。ここでは「祭司たちが立っている」ことと、キリストが「神の右の座に着かれた」ことの対比が強調されています。祭司たちが「立っている」のは、「いけにえ」が「罪を除き去ることはできない」ためであると解釈できます。

一方、キリストは「永遠の一つのいけにえを献げ」、満足して着座されました。そして、キリストが神の右の座で安心しておられる姿が、「あとは、敵がご自分の足台とされるのを待っておられます」と描かれます（10・13）。これは今まで何度も引用された詩篇110篇で、その冒頭で「主（ヤハウエ）」はキリストに、「あなたは、わたしの右の座に着いていなさい。わたしがあなたの敵をあなたの足台とするまで」と記されていました（１・13）。そこには、キリストが来たるべき神のみわざの完成を確信して、安心している様子が示唆されています。

そしてさらに、キリストの安心の意味が、「なぜなら、この方は一つのささげ物によって、聖なる者とされている人々を、永遠に完成されたからです」と記されています（10・14）。ここでの「完成された」とは、罪の赦し以上の意味で、キリストの十字架の血によって「聖なる者とされている人々」が、キリストの栄光のからだと同じ姿に変えられることを指します。

すでに述べたように、10節での「キリストのからだが献げられた」とか、12節の「一つのいけにえを献げた」とは、十字架を超えて、天の聖所でなされていることを指しています。イエスが大祭司となられたのは、復活の後のことだからです。それはキリストの復活は当然の前提とされています。それはキリストが「大祭司と呼ばれる」前に、「苦しみによって従順を学び、完全なものにされる（復活をも含む意味）」と記されているからです（5・8―10）。そして、イエスが「天の聖所」に携えて入ったのは「ご自身の血」そのものですが、その前に死人の中からよみがえっています。そして永遠に朽ちることのない復活のからだで、そのご自身の生き方すべてを表す「からだ」を、神に喜ばれる最高のいけにえとして献げておられるのです。そして、私たちキリストにつながる者は、キリストが復活したように栄光の復活が保証されています。なぜならイエスを復活させた御霊が私たちのうちに生きておられるからです。

なお先の詩篇40篇で続く9、10節には、「私は大いなる会衆の中で、義を喜び知らせます。ご覧ください。私は唇を押さえません……私は　あなたの義を心の中におおい隠さず　あなたの真実と……救いを言い表します。私は　あなたの恵みと……まことを　大いなる会衆に隠しません」と記されますが、これは復活のイエスが弟子たちに現れ、そこから全世界に神への賛美が広がったことを示唆します（詩篇22・21―31参照）。

ここでの「義」とは、「主に信頼」（4節）する歩みに、主がご自身の義をもって報いてくださることです。さらに、私たちを救われる主のご性質が、「あなたの義」「真実」「恵み（慈しみ、契約の愛）」「まこと（偽りのないこと）」と描かれます。つまり、引用された詩篇には主のしもベイエスの復活と同時に私たちの復活が示唆されているのです。それは、イエスの信頼に豊かに報いてくださった神が、あなたの信頼の歩みに報いてくださるからです。

さらに「聖霊もまた、私たちに証しして、まず、『これこそ、わたしが彼らと結ぶ契約である。それは、これらの日の後のことである。――主のことば――わたしは、わたしの律法を彼らの心に与え、彼らの思いに書き記す』と言われ、その後で、『彼らの罪と不法を、わたしはもはや、思い起こさない』と言われます」と記されます（10・15―17）。

これは8章8節以降で引用されたエレミヤ31章31―34節の核心部分です。そこではシナイ契約が「石の板」に記されたことに対し、「新しい契約」は、私たちの「心に与えられ」「思いに書き記される」ことで、心から主（ヤハウェ）を愛する者と変えられ、その結果、主（ヤハウェ）は、「罪と不法」を「もはや、思い起こさない」ことになるというのです。

それをまとめるように、「そして、これらに赦しがあるところでは、もう罪のためのささげ物はありません」（10・18）と断言されます。これは実は、当時のイスラエルの民にとっては奇想天外とも思われる発言です。しかし、エレミヤ31章に預言されたことがキリストにおいて実現した以上、旧約のいけにえ礼拝は、その目的を達成し、完全に終わりを告げたと解釈できます。なぜならそれらは、「神を恐れながら、神に近づく」ための規定に過ぎなかったからです。

それに対し、「新しい契約」は、聖霊ご自身が私たちの心の内側の「良心」の機能に働きかけ、心の内奥から神のみこころを行いたいという思いを生み出します。それは「罪の赦し」の先の、「神への愛」を生み出す聖霊のみわざです。

今、聖霊が私たちの内に生き、私たちを心の底から造り変え、神に自由に仕える喜びを与えてくださいます。単に「間違いを犯さない」「人の期待を裏切らない」というマイナスの発想ではなく、あなたの個性や感性のすべてが生かされる、「神と人とに仕える」という前向きな自由な生き方が、聖霊のみわざによって生み出されることになるのです。

「罪の赦し」は驚くべき恵みではありますが、神に仕える生き方の出発点に過ぎません。自分の罪や失敗を数え上げて自己嫌悪に陥る生き方を超え、この社会の現実の中でうまく機能できなかったあなたのユニークさが、キリストにあって生かされるという新しい道を探り求めるべきではないでしょうか。しかも、あなたは今すでに、キリストの栄光の姿にまで造り変えられる途上にあるのです。そのように創造主なる聖霊があなたを心の内側から造り変え、完成に導いてくださるという約束に信頼して歩むことこそ、神に喜ばれるものです。

14　恐れから生まれる希望（10章19－31節）

「永遠のいのち」とは、決して失われることがないはずです。ところが本書では、イエスを救い主として信じた者が、キリスト者の集まりから離れてしまうことに対する厳しいさばきの警告が何度も記されています。しかし、この警告を真剣に受け止める者こそが「永遠のいのち」にとどまることも明らかでしょう。二〇一九年春のことですが、トヨタの社長が、三十兆円という日本の国家予算の三分の一にも近い売り上げを達成しながら、現代の自動車産業は「勝つか負けるか」ではなく「死ぬか生きるかの」瀬戸際だと言っていました。そして、従業員みんなが、「大丈夫！」と思ったときに、「トヨタは死ぬ」という逆説を述べていました。[71]

確かに、過剰な恐怖を与えて、人々の危機意識を高め、それが過労死を生むという危険があるので、そのような発言には注意が必要ですが、「自分は大丈夫！」と思う人が「滅び」に向かうというのは永遠の真理とも言えましょう。「永遠のいのち」は、キリストにある交わりの中にあります。そして、その交わりを軽蔑する可能性は、すべての信仰者にあります。

信仰生活には、「健全な危機意識」が必要です。ですから、厳しい警告のことばには、神の燃えるような愛が隠されているのです。私たちは不安を感じるからこそ、真剣に神に祈るという面がありますが、その人は「永遠のいのち」の中に守られ続けます。不安こそは平安の母とも言えましょう。

1　真心から神に近づこうではありませんか。……励まし合いましょう

10章19―25節はギリシャ語では切れることのない一つの文章です。その中心的な勧めは、「真心から（神に）近づこうではありませんか」（22節）であり、またそれを補足するように「しっかりと希望を告白し続けようではありませんか」（23節）、「互いに注意を払おうではありませんか」（24節）という二つの勧めが続きます。そして、そのように大胆な三つの勧めができる根拠が、19節の原文の最初で、「持つことによって」と記されます。そしてそれが「聖所に入ることができる大胆さを（持つ）」と、21節の「偉大な大祭司を（持つ）」という二つの節につながります。つまり、私たちのために「新しい生ける道」（20節）がイエスの血によって開かれたということを前提に、どのような姿勢を「持つ」べきかが記されているのです。その際、まず19、20節に描かれた「新しい生ける道」が、旧約の幕屋礼拝との関係で、どれほど画期的なものかが理解される必要があります。なお、19―22節は以下のように訳すことができます。

「こういうわけで、兄弟たち、私たちは聖所に入るための大胆さを持っているのですから――それはイエスがご自身の血において、垂れ幕を通しての新しい生ける道を開いてくださったことによるもので、それこそはご自身の肉体によるものですが――、さらにまた、私たちは、神の家を治める偉大な大祭司を持っているのですから、真心から（神に）近づこうではありませんか。それは、心に血が振りかけられて悪い（誤作動する）良心がきよめられ、からだをきよい水で洗われたことによる、満たされた状態の信仰においてです」

旧約の幕屋礼拝では、大祭司が年に一度だけ、自分の罪のための雄牛の血と、民全体の罪のために雄やぎの血を携えて、垂れ幕を通して至聖所に入ることができましたが、新約の時代の私たちは、イエスの血において、大胆さをもって垂れ幕を通して至聖所に入ることができるというのです。その際、新改訳では「ご自分の肉体という垂れ幕を通して」、また共同訳では「垂れ幕、つまり、ご自分の肉を通って」と訳されますが、イエスの肉体を「垂れ幕」と解釈することには注意が必要かと思われます。

旧約では、聖所の垂れ幕を通ることとは、年に一度、大祭司だけに許されたことで、それ以外の時にそこを通ろうとする者は、死ぬしかありませんでした。しかし、イエスが十字架で死なれたとき、この垂れ幕は上から下まで真っ二つに裂けました（マタイ27・51）。

確かにイエスの肉体が「垂れ幕」であると解釈することは文法的に自然とも思えますが、現実的に、イエスの肉体を「垂れ幕」にたとえるのは、感覚的に無理と言わざるを得ません。それはイエスの死体を過度に象徴化する解釈で、ヘブル書の中にイエスの復活を読み取らない影響とも言えましょう。[72]それ以上に、私たちと同じ肉体となられたイエスが十字架にかけられ、三日目によみがえって、天の父なる神の右に着座されたという一連のことが、「天の聖所に入る」ことができるための「新しい生ける道を開く」ことになったと理解すべきでしょう。

また新改訳で「全き信仰をもって」(10・22)、また共同訳で「信頼しきって」と訳されていることばの解釈にも注意が必要です。私を含め多くの信仰者が自分の信仰の不完全さに悩んでいます。ここでの「……信仰をもって」とは、「満たされた状態の信仰をもって」とも訳せることばで、それは「心に血が振りかけられて悪い良心がきよめられ、からだをきよい水で洗われたこと」(10・22)の結果として生み出されるものです。

またさらに、新改訳の「邪悪な良心」とか、共同訳の「良心のとがめはなくなり」という訳も誤解を与えると思われます。もともと9章9節の解説と脚注61にも記したように英語のconscienceを「良心(良い心)」と訳したことに無理があり、ここの日本語が「悪い(邪悪な)良い心」などという訳にならざるを得なくなりました。これは神の基準に反したときに「心が痛む」という機能ですから、「悪い良心」と訳されることばは「誤作動する内奥の意識」という意味と言えましょう。それは神の基準を離れて行動しても心が痛まないばかりか、神に喜ばれる行動を意識もできない状態を指します。しかし、その「心に」「キリストの血が振りかけられ」ることで、本来の機能を取り戻すというのです。

また「からだがきよい水で洗われた」（10・22）とはバプテスマを指し、それが神のあわれみによって信仰を確固としたものにすると解釈できます。アブラハムの時代から、神は私たちの「信仰」を成長させることを何よりも大切にしてこられました。そして私たちの信仰は、神のみわざが私たちの心の内側に働いた結果に過ぎません。ですから大切なのは、自分の心を見て信仰の成長の程度を計り、信仰を励ます代わりに、神のみわざに目を留めることなのです。

10章23―25節は次のように記されます。「私たちはしっかりと希望を告白し続けようではありませんか、動揺することなく、約束してくださった方は真実な方ですから。また、私たちは互いに注意を払おう（思い巡らそう）ではありませんか、愛と善行を促すために、その際、ある人たちの習慣に倣って自分たちの集まりを捨てることなどなく、むしろ、励まし合いましょう、その日が近づいているのをあなたがたが見ているのですから、ますますそうしましょう」

この背後には、先に述べた、「イエスの血によって新しい生ける道が開かれたことで、私たちは聖所に入るための大胆さと、神の家を治める偉大な大祭司を持っている」（10・19―21）という前提があります。希望を告白すること、また互いに励まし合うということをやめてしまうという誘惑は、外部の迫害から生まれることではありません。しかし、それはイエスの血が天の聖所への道を開いてくださったという画期的な「救い」を軽蔑することにほかなりません。

ですからここでは第一に「しっかりと希望を告白し続けようではありませんか」(10・23)と勧められます。それに対する「動揺」が起こされることがあっても、大切なのは「約束してくださった方」の「真実」に立ち返ることです。「真実」ということばは「信仰」とも訳されることばです。私たちの信仰は、キリストの「真実(信仰)」に対する応答に過ぎません。

第二に、「私たちは互いに注意を払おう(思い巡らそう)ではありませんか」(10・24)と促され、その内容は「愛と善行を促す」ことです。ただそれは、日々の「愛と善行」という人間の側の応答の働きに関し「あなたは、それをしましたか」と「互いに注意し合う」という意味ではなく、「今ここで、何が必要とされているか」に関し、互いに知恵を出し合ってともに考えるという、喜びに満ちた、互いの積極性を刺激し合うような「思い巡らし」を意味します。

当時、ユダヤ人(ユダヤ教徒)はローマ帝国の中でも、自分たちの信仰を守る権利が特別に保障され、ローマの神々への礼拝を強要されることがありませんでした。しかし、キリスト信者の群れは、ユダヤ人からもローマ人からも異端視され、迫害されました。現実的には、キリスト者の交わりから距離を置くことで、いのちの危険を避けることができたのです。そのためここでは「ある人たちの習慣に倣って自分たちの集まりを捨てる」ことなどを「してはならない」と厳しく命じられます（10・25）。そうすることは、イエスの血によって開かれた「新しい生ける道」を無視することを意味するからです。

さらに「その日が近づいていることを見ている（分かっている）のですから、一緒に集まるように励まし合いましょう」（10・25）と強く勧められます。「その日が近づいている」という意味は、すぐ後の37―39節で説明されますが、ここでは簡潔に述べることで、それがイエスの救いを軽蔑するという恐ろしい罪になることが示唆されます。

私たちは確かに、それぞれ「ただ一人で生ける神の前に立つ」という信仰が求められますが、この世界には様々な誘惑が満ちています。一方で、人は常に、何らかの交わりのうちに生かされていますから、その交わりの中心に「神の家を治める偉大な大祭司」をともに「持っている」ことが何よりも大切とも言えます。信仰者が互いに希望を告白し合って、今ここで何が求められているかをともに思い巡らし、やがて実現する神の平和（シャローム）を今ここで体験し、ともに喜び励まし合うということは、私たちにとっての生きる力の源になります。

2　ただ、恐ろしいさばきの期待と……焼き尽くす恐ろしい火が残っています

10章26、27節は一つの文章で、前文を受けて、「それは、もし私たちが、真理の知識を受けた後にもかかわらず、意図的に罪を犯し続けるということがあるなら、罪のためのいけにえは

残ってはいないからです」と記されます。さらに最後の「残っています」という動詞を受けて、「ただ、恐ろしいさばきの期待と、逆らう者たちを焼き尽くす恐ろしい火が……」と記されます。つまり、神の赦しの可能性が「残っていない」一方で、ただ、神の恐ろしい火のさばきへの恐怖ばかりが「残っている」という対比が強調されているのです。

　これはイザヤ書26章11節の「そして今、火が敵を食い尽くすことになります」（七十人訳）からの引用で、その直後には、「主（ヤハウェ）よ。あなたは私たちのために平和を備えてくださいます」（26・12）という「救い」が語られます。それは神の民に約束されているものですが、ここではそれが逆転し、キリストにあって神の民とされたはずの人が、神の敵とされるというさばきの根拠として引用されます。それが、神の民が「真理の知識を受けた」という恵みを軽蔑したことへの報いなのです。

　さらに10章26節の原文の最初は「意図的に罪を犯し続けるなら」ということばから始まっていましたが、それに対するさばきは旧約聖書ではよく知られていることで、それが「モーセの律法を拒否する者は、あわれみを受けることなく、二人または三人の証言に基づいて、死ぬことになります」（10・28）という厳しいさばきへと結びつきます。たとえばレビ記4章2節では、「人が、主（ヤハウェ）がしてはならないと命じたすべてのことから離れて、気づかずに罪に陥り、その一つでも行ってしまった」ような場合の「罪のきよめのささげ物」のことは記されますが、意図的に律法に反抗した場合の「罪のきよめ」「罪の赦し」の道は記されません。
またこのことに関して民数記15章27節では「もし個人が気づかずに罪に陥ってしまったのなら、一歳の雄やぎ一匹を罪のきよめのためのささげ物として献げなければならない」と記されますが（傍点筆者）、その32―36節では「安息日に薪を集めている男が見つかった」ときに「その人を宿営の外に連れ出し、石で打ち殺した」という恐ろしいさばきが下されています。つまり、「逆らう者たちを焼き尽くす恐ろしい火」（10・27）という警告は何も新しいことではなく、旧約聖書に記された「いけにえ」の限界を示すことばでもあったのです。

それとの比較で、「まして、いかに重い処罰に値するかが分かるでしょう」（10・29）とまず宣言されながら、一度はキリストの弟子となりながら「自分たちの集まりを捨てる」（10・25）という行為が、「神の御子を踏みつけ、自分を聖なるものとした契約の血を汚れた（common〔普通の〕）ものと見なし、恵みの御霊を侮る者」と見られると記されます（10・29）。

ここではキリストにある救いを拒絶する罪が三つの観点から、どれほど恐ろしいことかが描かれています。第一は、イエスがご自身の肉体を十字架に差し出した恵みを、犯罪人としての死かのように踏みつけること、第二はイエスが新しい契約のために流された血を、普通のいけにえの動物の血程度にしか見ていないこと、第三には、「恵みの御霊を侮る」という「聖霊に対する冒瀆」であると戒められています。恵みが大きいだけ、それを軽蔑することは恐ろしい罪になるのです。

なお、イエスご自身も「人はどんな罪も冒瀆も赦していただけますが、御霊に対する冒瀆は赦されません。また、人の子に逆らうことばを口にする者でも赦されます。しかし、聖霊に逆らうことを言う者は、この世でも次に来る世でも赦されません」（マタイ12・31、32）と言われました。ただそこでは、旧約と違い、キリストにあっては「どんな罪も冒瀆も赦していただける」と、まず驚くべき「罪の赦し」の福音が宣言されていることを忘れてはなりません。しかしそのような圧倒的な赦しの恵みを前提としながらも、「聖霊に逆らう罪」だけは、「赦しようがない」と言われるのです。それは神の救いの御手を軽蔑し、払い退けることにほかならないからです。それは、神が備えてくださった救命ボートを退けて、「自分の力で泳いで向こう岸に渡ってみせる！」と息巻きながら、途中で力尽き、おぼれ死んでしまうことに似ています。

最初のエデンの園においては、自分が「意図的に」神のみことばに逆らうという罪を犯して死ぬべき者となったということが描かれています。しかし、今から始まっている「永遠のいのち」においては、神はキリストにおいて私たちを永遠に生かすために、「いのちの木の実を食べる特権」（黙示22・14）がすでに約束されています。

しかしそれを軽蔑する者は、天から降ってきた「新しいエルサレム」に至る門の「外にとどめられ」、「魔術を行う者、淫らなことを行う者、人を殺す者、偶像を拝む者、すべての偽りを好み、また行う者」（黙示22・15）の仲間として、厳しい神のさばきに服することになるとも記されています。その結果は、悪魔の仲間として天からの火で焼き尽くされるか、「火と硫黄の池に投げ込まれ……昼も夜も、世々限りなく苦しみを受ける」というさばきを受ける可能性へとつながります（黙示20・9、10）。そのことが先に「逆らう者たちを焼き尽くす激しい火」（10・27）として描かれていたのです。それこそが、神のあわれみを軽蔑する者に対するさばきです。新約にも、旧約にまさる厳しい神のさばきが警告されています。それは神の恵みを侮ったという罪が、追加条項として、さばきの理由になるからです。

3　落ちることは、恐ろしいことです、生ける神の手の中に

10章30節は、「私たちはこのように言われる方を知っているからです」とまず記され、その上で主のことばが、「復讐はわたしのもの、わたしが報復する」、さらにまた、「主はご自分の民をさばかれる」と引用されます。これは申命記32章35、36節からの引用ですが、ヘブル書が参照しているギリシャ語七十人訳では、「その復讐の日に、わたしが報復する」また、「主はご自分の民をさばかれ、ご自分のしもべをあわれまれる」と記されています。

つまりその前半では、イスラエルの民が神の救いのみわざを忘れ、軽蔑したことに対する「復讐」と「報復」が宣言される一方、その後半ではご自分の民の苦しみを見て「ご自分のし

もべをあわれみ」、ご自分の民を救うために「さばき」を下すと記されていたのです。それは申命記の文脈では、神の民を苦しめた異教徒の国に対する復讐と報復が描かれているからです。

旧約では、イスラエルの忘恩に対するさばきが警告されているとともに、イスラエルを滅ぼした「バビロン帝国に対するさばき」が宣告されます。後者は、神の民にとっての「救い」となるはずですが、残念ながらここでは、厳しいさばきがバビロン帝国に対するのと同じように、イエスの血を軽蔑した者に対して下されると描かれています。それは、一度は「真理の知識を受けた」者が、それに目を背けることが、「彼らは、自分で神の子をもう一度十字架にかけて、さらしものにする者たち」(6・6)という恐ろしい罪に見られるからです。

実際、しばしば、一度イエスを救い主として信じた背教者こそが、最も恐ろしい迫害者になります。江戸幕府下でキリシタン迫害を徹底的にした責任者は大目付(朝廷、大名までも監視する大監察官)井上政重ですが、彼は転びキリシタンであると言われます。[73]だからこそ彼らは宣教師の心理を理解し、英雄的な殉教の死を遂げられないように画策し、宣教師を転ばせることができたと言われることがあります。ですから、神の救いのご計画を知っていながら、それを軽蔑する者へのさばきが厳しくなるのは当然とも言えましょう。事実、パウロはコリント人への手紙第一の最後で、「主を愛さない者はみな、のろわれよ。主よ、来てください」と、祝福の祈りの前に記しています。新約においても、祝福と呪いはセットに記されているのです。

そしてこれらをまとめるように、「落ちることとは、恐ろしいことです、生ける神の手の中に」（10・31）と記されます。これは明らかに、神の厳しいさばきを指しますが、この書ではすでに2章2、3節で、神の救いのみわざとしてのモーセの律法を破ったことの悲劇を前提に、それよりも「さらにすばらしい救いを無視する」ことの恐ろしさが警告されていました。さらに6章7、8節でも、「土地は……耕す人たちに有益な作物を生み出すなら、神からの祝福にあずかります。しかし、茨やあざみを生えさせるなら、無用とされ、やがてのろわれ、最後は焼かれてしまいます」という悲惨が描かれていました。その「土地」とは、その少し前の4、5節に描かれた神からの恵みを無駄に受けた「見せかけの信者」のことを指します。

モーセは告別説教でイスラエルの民に、「私は、いのちと死、祝福とのろいをあなたの前に置く。あなたはいのちを選びなさい」と迫りましたが（申命記30・19）、彼らは「死」と「のろい」を選んでしまったというのが旧約のストーリーです。しかし、そこには同時に「新しい契約」が約束され、それは私たちが聖霊の働きによって、神を愛する者へと変えられることでした。私たちには「死」と「のろい」を選ぶ可能性は「もう、ありはしない！」と言いたいところですが、神のかたちに創造された人間の心は繊細で、傷つきやすいとともに、揺れやすいものです。「私は大丈夫！」と豪語する人は危ない人です。しかし、自分の心の弱さを自覚して

「不安」を覚え、イエスにすがる者は、永遠のいのちの祝福にあずかり続けます。

ジョン・ニュートン作詞の傑作Amazing Graceの二番では、「恵みこそが私の心に恐れることを教えてくれ、また恵みによって私の様々な恐れが和らげられた。何と貴く恵みが現れたことか、私が最初に信じた時に」と歌われています。

ジョンは、神をも恐れない奴隷売買に手を染めていましたが、沈みそうな船の中で、これらのヘブル書の警告のみことばが迫ってきて回心しました。ただし、皮肉にも、その後、奴隷船の船長に抜擢されてしまいます。そして彼が自分の罪の恐ろしさに気づいて、奴隷売買禁止法案に立ち上がるのは、はるか晩年になってのことでした。健全な神への「恐れ」が彼を導き続けることができたのは、「永遠のいのち」とは、三位一体の生ける神との交わり自体の中に、その関係の中に存在しているものだからです。

15　神の都に向かっている信仰者（10章32節―11章40節）

もしある人が、「信仰をもって、傘を持たずに出かけよう！」と言って、雨でずぶぬれになったとしたら、そんな風に「信仰」を使うのは愚かだとだれもがわかります。ところが意外にも、「信仰」という名のもとに根拠のない楽観主義が正当化されることがあります。しかし、聖書の「信仰」は、常に神の約束に結びついています。神の明確な約束のない所に「信仰」という概念は生まれません。信仰の核心とは、神の約束の実現を「待ち望む」ことです。

ただ、多くの人にとって最大のストレスは待たされることです。待たされると不安が募ります。その不安定な状況を打開し、自分で積極的に状況を支配しようと無謀な戦いを始めることさえあります。しかし、そこで何よりも大切なのは全能の神に向かって「祈る」ことです。この書では、キリストの模範が、「この方は、ご自身の肉体の日々において、祈りと願いとを、ご自分を死（の支配領域）から救い出す方に向かって、大きな叫び声と涙をもってささげられ、その敬虔のゆえに聞き入れられました」（5・7）と描かれていました。

つまり、信仰とは、物事に動じなくなるとか、いつも心が平安で満たされているということとは違い、不安の中にとどまり、祈り続けることを意味するのです。

1　思い起こしなさい……苦難との厳しい戦いに耐えた頃のことを

10章32節では、「しかし、思い起こしなさい、初めの日々を、あなたがたが光に照らされて後で苦難との厳しい戦いに耐えた頃のことを」と記されています。

イエスはユダヤ人から偽預言者と断罪されて十字架にかけられましたが、その弟子となることは「異端者」と見られることを意味しました。ですからユダヤ人クリスチャンは、だれよりも同胞のユダヤ人から激しく迫害されました。そして、彼らの中には苦しみに耐えられなくなって、もとの交わりに戻ろうとする者が出てきました。著者はそのような人に向かって、回心直後の忍耐を思い起こすように勧めています。「耐える」とは「忍耐」と同じことばです。そして、「忍耐」とは不安定な中に身を置き続けることを意味します。

その上で、当時の信仰者たちが置かれた状況が、「嘲られ、苦しめられる見せ物とされたこともあれば、このようなめにあった人々の仲間とされたこともありました。あなたがたは捕らえられている人々と苦しみをともに、自分の財産が奪われることさえ喜んで受け入れました。それは、自分たちがもっとすぐれた、いつまでも残る財産を持っていることを知っていたからです」（10・33、34）と描かれます。彼らは様々な迫害を受ける中で、互いの間の愛を成長させることができたばかりか、豊かな希望に満たされていました。

当時は、ローマ軍を力で打ち滅ぼして「神の国」を実現しようという運動が盛んで、本書が記された頃は、ユダヤ人の過激派の武力闘争が最盛期を迎え、その攻撃の矛先がクリスチャンにも向けられていたとも思われます。[74] そのような中で彼らは、イエスのことばを思い起こしていました。それは「悪い者に手向かってはいけません。あなたの右の頰を打つ者には左の頰も向けなさい。あなたを告訴して下着を取ろうとする者には、上着も取らせなさい」（マタイ5・39、40）というものです。それは非暴力、無抵抗というより、神ご自身が「神の国」を完成してくださるときを「待ち望み」ながら、日々を誠実に生きることの勧めでした。

事実、彼らが自分の財産が奪われることすら喜んで受け入れられたのは「もっとすぐれた、いつまでも残る財産を持っていることを知っていたので」（10・34）と説明されます。これこそ信仰の核心でしょう。彼らは目の前に神の豊かな報酬を見ていたからこそ、苦しみを受け止めることができたのです。これはたとえば、豪勢な夕食を前に、空腹を我慢することに似ています。「信仰」とは、不条理のただ中でも、霊の目をもって神の約束が実現しつつあるということを「見る」ことです。それにしても、私たちが時に自分の身を守ることに夢中になって、過剰防衛さえしてしまうことがあるのは、将来への不安があるからです。

しかし、神が私たちのために祝福に満ちた世界を用意しておられるという「確信」が強くなればなるほど、苦しみに耐える力が生まれてくるのです。人々が不安に耐えられるなら、世の中から戦いは格段に減ることでしょう。それを前提に、「ですから、あなたがたの確信を投げ捨ててはいけません。それ（その確信）には大きな報いがあります」（10・35）と記されます。「確信」とは先に「私たちは聖所に入るための大胆さを持っている」（10・19）と言われた「大胆さ」と同じ原語であり、ここでは、キリストのために不当な苦しみを引き受ける「大胆さ」を意味します。そして、そこには豊かな「報い」が約束されています。

しかもそれに続いて、「忍耐こそがあなたがたに必要なものだからです。それは、神のみこころを行い、約束のものを手に入れるためです」（10・36）と記されます。これこそこの書全体の核心の勧めと言えましょう。ただしそこには、神のみこころを行っていても、すぐに報酬が与えられるわけではないという前提があります。「忍耐」とは、もともと軍隊用語だったようで、敵の最前線にとどまり続けるというようなニュアンスで使われたと思われます。

この反対の意味が38節に記されている「恐れ退く」ことです。たとえば、最前線の砦に立てこもった軍隊は援軍の到着を今か今かと待っています。しかし、前線から退却してしまえば今までの苦労が一瞬のうちに水の泡になります。援軍の約束が実現するのを待ちながら、前線にとどまることができるためには、何よりも「忍耐」が問われています。

2　私たちは、恐れ退いて滅びる者ではなく、信じていのちを保つ者です

10章37、38節では「義人は信仰によって生きる」という福音の核心が、ハバクク2章4節から引用されます。これはパウロがローマ人への手紙1章17節、ガラテヤ人への手紙3章11節でも引用している「信仰義認」の教えの中心テキストです。

ただここではまず、イザヤ26章20節のギリシャ語七十人訳の「ほんのしばらく身を隠せ、主の憤りが過ぎ去るまで。それは、見よ、主が聖なる所からの怒りを地に住む人々にもたらされるから」という記述から、「ほんのしばらく」ということばのみが引用されます。それは10章29、30節に記されていた神のさばきを思い起こさせるみことばです。[75]

そしてハバクク2章3b節の七十人訳「来たるべき方が来られる。遅れることはない」とのみことばを合わせて、「なぜなら、ほんのしばらくすると、来たるべき方が来られ、遅れることはないのだから」（10・37）と記されます。つまり、まず背教者に対する厳しいさばきが示唆されながら、その間、信仰者はただ「身を隠して」、キリストの現れを待ち望むことが勧められているのです。それは、「その日が近づいていることを見ている（分かっている）のですから、一緒に集まるように励まし合いましょう」（10・25）と記されたことと同じです。

不思議なのはそれに続くハバクク2章4節の七十人訳で「もし、恐れ退くなら、わたしの心

は彼を喜ばない。義人は、わたしの真実（信仰）によって生きるのだから」と記されていることばが、ここでは「わたしの義人は信仰によって生きる、もし恐れ退くなら、わたしの心は彼を喜ばない」（10・38）と語順を変えられていることです。

七十人訳の文脈では、キリストの現れが「遅れることはない」ことの理由として、キリストは「恐れ退く」ことなく、神の真実に拠り頼んで生きると記されていたと解釈できます。しかし、このヘブル書では、キリストに倣う信仰者が、神にとっての「わたしの義人」と呼ばれ、その者に「恐れ退く」ことのないようにという警告が発せられているという形になっているのです。[76] それは、続く39節で、「しかし私たちは、恐れ退いて滅びる者ではなく、信じていのちを保つ者です」と記されることとの関係で語順が変えられたと理解できます。

さらに10章38、39節は、「信仰によって生きる」「恐れ退く」「恐れ退いて滅びる」「信じていのちを保つ」という交差の形が用いられています。実は「信仰によって生きた」方とはキリストご自身なのです。私たちは聖霊の力によってこの方の御跡を歩むことで「滅びる」代わりに「いのちを保つ」ことができるのです。私などはすぐに自分の信仰の不安定さに目が向かいますが、10章5―9節では、キリストこそが「神のみこころ」を生きるために私たちと同じからだになられたことが強調されていました。つまり、私がキリストに倣う以前にキリストが私たちと同じ弱い「からだ」となられ、歩むべき道を開いてくださったのです。

自分を見る代わりに、キリストの歩みを見続けることが何よりも大切です。10章37節でイザヤ書26章20節が最初に引用されたのは、そのためとも言えましょう。事実その直前のイザヤ26章19節では、「あなたの死人は生き返り、私の屍は、よみがえります。覚めよ、喜び歌え。土のちりの中にとどまる者よ」と明確な復活預言が記されます。その文脈では、死人の復活とは、神のさばきが世界の人々に明らかにされることとして描かれています。そして、キリストの復活こそが私たちの中に、目の前の苦難に立ち向かう「生きる」力を生み出すのです。

預言者ハバククの時代、エルサレムの中では、権力者や宗教指導者たちが弱い民に向かって暴虐と不法を行い、神の支配が見えなくなっていました。ハバククはそれを深く悲しみながらこの書の冒頭で、「いつまでですか、主（ヤハウェ）よ。私が叫び求めているのに、あなたが聞いてくださらないのは……なぜ、あなたは私に不法を見させ、苦悩を眺めておられるのですか」（1・2、3）と訴えています。そのような中で、神は「終わりの日の幻」をハバククに与えてくださいました。ただそれは、神がまずバビロンをさばくという、期待はずれの、遠回りの救いのさばき、その上で、自分の力を誇るバビロン帝国を用いてイスラエルの支配者たちをご計画でした。[77] これはたとえば今から七十五年前に、「大日本帝国が敗北して初めて、新しい日本が生まれる……」と語るようなものです。さしあたりは理解してもらえませんが、実際に悲劇が起きたとき、そのことばが人々に勇気を与えます。つまり、神はハバククを通して、エルサレム滅亡を経て神の民は生まれ変わることができるという希望を語ったのです。

ところで、「信仰によって生きる」の「信仰」とは、「真実」とも訳すことができます（ヘブル語の「アーメン」と同じ語源）。聖書のテーマは「神の真実」です。[78] 目の前にどれほどの苦しみや不条理があっても、神は必ずご自身に頼る者を救い出してくださいます。しかもそれは、しばしば、悲劇を通して、また何度も死ぬような目にあいながら、生かされているということを通して現されます。その意味で、一人ひとりが、人生のどこかでそのような「神の真実」を体験させていただいているのではないでしょうか。そして自分の人生に現された神の真実の原点に立ち返ることから、あきらめそうになったときの「忍耐」が生まれます。

私の中には、いつも漠然とした不安があります。それは幼児体験から来る神経症的な不安とも言えます。イエスを救い主として信じた後は、「信仰によって不安を克服しよう！」などと思い、かえって自分の不信仰に悩まされてきました。しかしあるときから、自分の不安定さの原因を遡(さかのぼ)るよりも、神がそのような苦しみのただ中で現していてくださった「真実」を見るようにと目が開かれました。苦しんだと同じ分だけ神によって守られていたのです。それは同時に、苦しんだと同じ分だけ「忍耐」が養われたとも言えます。

このヘブル書では、「信仰」とは、不動の心を持つというようなことではなく、何よりも「忍耐する」こととして描かれています。そして、不信仰とは、心が揺れることではなく、「恐れ退く」こととして描かれています。多くの人は「怖がりな心」を「不信仰な心」と混同しがちかもしれません。しかし、不信仰とは、目の前の危険を見て、持ち場を放棄し「恐れ退く」ことにほかなりません。心の底から怖がりながらも、「神様、助けてください！」と叫び、逃げずにとどまるという姿こそ、信仰の本質です。私は自分の心の不安定さをもてあますことが今もあります。しかし、神は、「不安」と「忍耐」をセットに与えていてくださいました。あなたの人生にも同じような恵みがあるのではないでしょうか。

3　信仰がなければ神に喜ばれることはできません

11章1節は、「信仰は望んでいることの実体であり、目に見えない事実の証明である」と訳すことができます。「信仰」とは「実体」も見えない夢の実現が可能だと「信じ込む」ことではありません。また聖書で「証明」もされない架空の「事実」を前提に、向こう見ずな冒険ができるようになることでもありません。それは、目に見える現実が、神の約束とあまりにも異なるように見える中でなお、神の約束が実現することを待ち望むことができる力です。また、目に見える悲惨な現実の背後に「神の真実」を認めることができることです。

続けて、「これ（信仰）によって、長老（先祖）たちは証しを得たのです」（11・2）と記され、その後11章全体で「信仰によって」という、旧約の時代の信仰の先輩の模範としての「証し」

が次々と描かれて行きます。なお、5章7―10節ばかりか10章36―39節にも示唆されていたように、イエスこそが信仰者の模範の頂点に立つ者として描かれていたということを私たちは忘れてはなりません。それを思いながら、私たちはこの箇所を読む必要があります。[79]

第一は、「信仰によって、私たちは、この世界が神のことばで造られたことを悟ります。すなわち、見えるものが目に見えるものからできたのではないことを」と描かれます。たとえば科学は「見えるもの」の成り立ちを分析しますが、この世界がなぜ存在し、どのような方向に向かっているかを説明することはできません。かつて小惑星探査機「はやぶさ」が小惑星イトカワから宇宙の塵のようなものを採取してきました。それは人間の身体を構成する原子と何らかの関連があるのでしょうが、それで人間の心やたましいの成り立ちを理解することはできません。人間が宇宙の塵に過ぎなかったら、どこにその尊厳の根拠があるのでしょう。ですから、二十世紀最高の科学者アインシュタインは、「Science without religion is lame, religion without science is blind（宗教なき科学は不十分であり、科学なき宗教は盲目である）」と語りました。[80] 信仰とは目に見える現実の背後にある霊的現実を見ることなのです。

なお、神のことば（キリスト）と聖霊による世界の創造に関しては、詩篇33篇6節において「主（ヤハウェ）のことばによって　天は造られた。天の万象もすべて、御口のいぶき（霊）によって」と記されています。それこそ三位一体の神の創造のみわざです。

第二に、「信仰によって、アベルはカインよりもすぐれたいけにえを神にささげました。それによって、彼が正しい人であることが証しされました。彼のささげ物の良さが神に証しされたからです。彼は死にましたが、それによって今も語っています」（11・4）と言われます。神は、目に見えるささげ物の背後にあるアベルの「信仰」または「真実」を喜ばれたのです。カインの不真実はその後の行動に現れています。信仰とは、神の真実に対する私たちの真実な応答です。そして、アベルの真実は今も私たちの模範です。

第三に、「信仰によって、エノクは死を見ることのないように移されました。彼は見えなくなったのです。それは神が彼を移されたからです。移される前から、彼のことは証しされていました、彼が神に喜ばれていたことが」（11・5）と記されます。ここで「移される」ということばが三度も繰り返されますが、エノクがそのような特別な恵みを受けることができたのは、「神に喜ばれていた」ことの結果であったというのです。

そしてそれらをまとめて「信仰がなくては、（神に）喜ばれることはできません。それは信じる必要があるからです、神に近づく者は、神がおられることと、神を探し求める者には報いてくださる方であることとを」と描かれます（11・6）。私たちはみな心のどこかで、「神に喜ばれること」を願ってはいないでしょうか。そのためには、神の存在を信じることと、日々の生活の中に神のご支配を探し求めることが必要です。

イエスは、「自分のいのちのことで心配したり……からだのことで心配したりするのはやめなさい」と言われながら、「まず神の国と神の義を探しなさい（英語は seek、日本語聖書では「求めなさい」）。そうすれば、これらのものはすべて、それに加えて与えられます。……探しなさい。そうすれば見出します」（6・33、7・7）と約束してくださいました。「神の国と神の義」は、空の鳥を見ることや、野の花がどうして育つかをよく考えることから発見できるというのです。事実、ハバクク書の最後では、不思議にも、イスラエルの畑に「実り」が見えなくなり、羊や牛が「いなくなる」という悲劇の中で、「私は主（ヤハウェ）にあって喜び躍り、わが救いの神にあって楽しもう」と告白するという逆説が記されます。

つまり、神に喜ばれる信仰とは、現実が人間的な期待に反すると思える中に神のご支配を認めることなのです。それはナチスドイツの強制収容所の中で、ユダヤ人たちが互いに "Trotzdem Ja zum Leben sagen"（それでも人生に「イエス（はい）」と言おう）と励まし合って歌ったことにも現されます。[81]

またアウシュビッツのガス室に送られるユダヤ人は「ハティクバ」（希望）を皆で歌い出し、ナチスの親衛隊に鞭打たれても続けました。それは十九世紀のウクライナで作られ、ユダヤ人が約束の地で自由に暮らす「希望」を歌ったもので、現代のイスラエル国歌になります。

心の奥底で、ユダヤ人のたましいが憧れている、
東の岸へと、その目がシオンへと向けられている、
私たちの希望（テイクバ）はまだ失われてはない
その希望（ハティクバ）とは二千年来のもの、
それは私たちの土地で自由な民となること
シオンとエルサレムの地において　　　（私訳）

それはエゼキエル37章11、12節で、イスラエルの民が「私たちの骨は干からび、望み（希望）は消え失せた」ということに対し、主（ヤハウェ）が、「わたしの民よ、見よ。わたしはあなたの墓を開き……イスラエルの地に連れて行く」と約束されたことをもとに、「私たちの希望は消え失せない」と歌ったものです。彼らは神の民の復活預言に信頼しながら、想像を絶する苦難の中で互いに希望を告白し、二千年ぶりに新しい国を誕生させました。現在のアラブ難民との関係を見ると複雑な気持ちを味わう人も多くいることでしょうが、キリスト者にとっての真の「希望」は、全世界が神の平和（シャローム）で満たされることです。

それをもとに私たちの教会のヴィジョンは「新しい創造をここで喜び、シャロームを待ち望む」とし、ロゴマークを、New Creation: hope for the Shalom としています。それは、キリスト

にある「新しい創造」によって、世界が平和の完成に向かっていることを信じ、それを喜び、その完成を待ち望むことです。

信仰とは、期待どおりに物事が進むという確信ではなく、不条理に満ちた現実に振り回されることなく、神の真実に信頼し、神の真実に応答して生きる、私たちの真実なのです。私たちの目には、「神がおられるならどうしてこんな悲惨が……」と思うようなことがしばしば起きますが、神の御子は、人生の悲惨と不条理とを身をもって味わうために人となり、この世の不条理を正す前に、不条理な死を引き受けられたということを忘れてはなりません。

そのような神の御子の受肉と十字架の神秘は、不条理のただ中に身を置きながら、神を「待ち望む」という中でこそ理解できるものです。それを通して私たちは自分の願望から自由になることができ、自分の願望を押し通そうとして戦う必要がなくなります。そして、そこに平和（シャローム）が生まれます。そればかりか、日々の生活の中に、神が与えてくださっている様々な恵みを天国の前味として発見することができるようになります。このように「忍耐」して神の救いを「待ち望む」ことは、「今を生きる」ことでもあります。

16　神の都を待ち望む信仰（11章7―22節）

　この世界の歴史は「園（garden）」から始まって「都（city）」で終わると言われます。[82] 都市の建設には人間の知恵と力と富が費やされ、そこには貧富の格差が生まれ、うらぶれた場も生まれますが、神はそのような人間の営みを軽蔑することなく、私たちに聖霊を与え、内側から造り変えてくださいます。そして、神は、人間の罪の性質が最も醜く現れる都市をも、内側から造り変えてくださいます。この矛盾に満ちた都市が、「いのちの水の川が流れる」、「神の都」へと造り変えられるのです。私たちは都市の文化を築く人間の営みを軽蔑する必要はありません。そこには「神の都」の完成のつぼみを見ることができるからです。

1　信仰によって、アブラハムは召しを受けたときに従いました

　11章7節は「信仰によって、ノアはまだ見ていないことについてのお告げを受けたとき、恐れをもって家族を救うための箱舟を造り、それによって世界を罪に定め、その信仰をもとに、

義を受け継ぐ者となりました」と訳すことができます。新改訳でも共同訳でもその脚注で、「信仰によって世を罪に定め」を「箱舟によって世を罪に定め」と訳する別訳が提案され、ノアが箱舟を造ったということ自体が「世界を罪に定めた」という解釈が示されています。

「箱舟」は創世記6章によると、長さが約百四十メートル、幅が約二十三メートル、高さが十三・五メートルという途方もない三階構造の建造物でした。これをノアは三人の息子たちとともに造りました。お告げを受けてから洪水まで百年間もあったとも考えられますが、大雨が降る気配もない中、ノアは人々の嘲笑を受けながら黙々と箱舟を造り続けたことでしょう。そこでは当然、彼は人々に「神は暴虐で満ちた地を滅ぼす」（創世記6・13）と語ったことと思われます。その際「箱舟」は、神の厳しいさばきを警告するシンボルになるという意味で、それが「世界を罪に定めた」ことになったと解釈できます。同時に、ノアは「まだ見ていない」神のさばきを真実に受け止めたという意味において、「その信仰をもとに、義（正しさ）を受け継ぐ者」となったのです。

また11章8節では、まず「信仰によって、アブラハムは召しを受けたときに従いました」と、「従った」ということが強調されています。その上で、その内容が、「それは相続財産として受け取るべき地に出て行くためでした」と説明され、さらに「どこに行くかを知らないまま、彼は出て行きました」と、「出て行く」ということばが二度記されます。

つまり、「信仰」は、「従うこと」であり、それが具体的な「行動に現される」ということになります。しばしば、「私たちは、行いではなく、信仰によって救われる」と言われますが、それは「善い行いを心がけなくてもよい」という、居直りを助長する教えではありません。使徒ヤコブは、「行いのないあなたの信仰を私に見せてください。私は行いによって、自分の信仰をあなたに見せてあげます」という逆のことを言ってもいるからです（ヤコブ2・18）。行いの伴わない信仰は「死んだもの」（同2・17）とも呼ばれています。

さらに、「信仰によって、彼は約束された地に他国人のように住みました」とまず述べられ、それを説明するように「同じ約束をともに受け継ぐイサクやヤコブと天幕生活をしながら」と記されます（11・9）。つまり、ここでの「信仰」とは、不安定で不快な天幕生活に耐えることを意味します。そして、そのようにできた理由が「それは堅固な土台を持つ都を待ち望んでいたからです。その設計者また建設者は神です」（11・10）という希望として描かれます。

これまでのところで、「イエスの血によって」、「大胆に」、天にある「本物の聖所」に入ることができると繰り返し述べられてきましたが（8・2、9・24、10・19等）、ここでは突然「都」ということばが登場します。それは、黙示録21章2、3節では「聖なる都、新しいエルサレムが……天から降ってくる……見よ、神の幕屋が人々とともにある」と描かれるものと同じです。つまり、「天の聖所」と「新しいエルサレム」としての「都」は同じものを指しているのです。

そこには、豪華な邸宅が建設されている間に、仮住まいとしての天幕生活の不便に耐えるようなニュアンスがあります。しかも、その「都」は、神ご自身が神の民とともに永遠に住むことができるために、ご自身で設計、建設されたものであると説明されています。

さらに11章11節は共同訳を含む多くの訳でサラの信仰に目が向けられ、「信仰によって、サラ自身も不妊であったのに、子を宿す力を受けました」と記されます（新改訳欄外注参照）。その上で、「すでにその年を過ぎた身でありながら」と続き、さらにその理由が「それは約束してくださった方を真実な方と考えたからです」と説明されます。

その上で、「それで、一人の人から生まれたのです、死んだも同然の人から、天の星のように多数の、また海辺にある砂のように数えきれない子孫が」と記されます（11・12）。ここでの「一人の人」とは、明らかにアブラハムのことですから、11節の主語を今回の「新改訳二〇一七」のように「アブラハム」として理解するほうが一貫性があるかもしれません。ただ、サラとアブラハムの信仰が一体とされた結果として子が生まれたとも言えますから、どちらでもよいとも思われます。どちらにしてもこの背後には、創世記15章2―6節の記事があります。

そこでは最初に、アブラハムが神に向かって「私は子がないままで死のうとしています」と嘆いたことに対し、主（ヤハウェ）は彼を外に連れ出し、「さあ、天を見上げなさい。星を数えられるなら数えなさい」と言われ、「あなたの子孫はこのようになる」と保証してくださました。それに対する反応が「アブラムは主（ヤハウェ）を信じた。それで、それが彼の義と認められた」と記されます。使徒パウロはこれを前提に、「人は律法の行いとは関わりなく、信仰によって義と認められると、私たちは考えている」と述べ、さらに、「働きがない人であっても、不敬虔な者を義と認める方を信じる人には、その信仰が義と認められます」と記します（ローマ３・28、４・５）。つまり、「信仰義認」と呼ばれる教理の背後に創世記15章のアブラハムの信仰があり、絶望を味わっていた彼に希望を生み出したのは神ご自身のみわざでした。

創世記の物語では、アブラハムに信仰を生み出し、その信仰を義と認め、彼に報酬を与えたのは神ご自身であるということが強調されています。ただ同時に、その結果としてアブラハムの行動が生まれました。しかも、パウロがローマ人への手紙で中心的に問題にしているのは、異邦人が割礼や食物律法などを守ることなしに、イエスを救い主として信じることによって神の前に義と認められるということであって、道徳的な善行を積むかどうかということは議論の対象になっていません。「信仰」か、「善い行い」かの対比をそこに読み込むのは文脈違いです。「善い行い」は「信仰」から必ず生まれるということを私たちは知るべきです。

2　神が彼らのために都を用意されたのです

11章13節は、「信仰をもとに、これらの人々はみな、死にました。約束のものを受け取ることがないままに、遠くからそれを見て喜び迎え、地上においては旅人であり、寄留者であることを告白していたのです」と記されます。「信仰をもとに（信仰の人として）」とは、「信仰を抱きつつ」（共同訳）とも訳すことができますが、その本質は、約束のものを実際には受け取ることができない状態でありながら、それを「遠くから見て」、それが実現したかのように「喜び迎える」という姿勢です。その際、この「地上において」は、まだ目的地に達していないという意味で、「旅人であり、寄留者であることを告白している」と記されています。

さらに「それは彼らがそのように言うことで、自分の故郷（父の町）を探し求めていることを明らかにしていたからです」と記されます（11・14）。「故郷」とは英語でfatherlandと訳されることもあることばで、出生地というよりも、自分の父に属する居住地という意味で、彼らはそれを「探し求めていた」と描かれています。

それを前提に「もし彼らが思い起こしていたのが、出てきた所であるなら、帰る機会を持っていたことでしょう。しかし今、彼らが憧れていたのはもっとすぐれたもの、天にあるものでした。それゆえ神は、彼らの神と呼ばれることを恥となさいませんでした。神が彼らのために都を用意されたのです」と記されます（11・15、16）。

「彼らが憧れていた」のは、出生の故郷ではなく、真の意味での父の居住地で、それはこの地ではなく「天にあるもの」でした。彼らが天の父の居住地に「憧れている」ということ自体が、自分のアイデンティティーの基礎を、人間的な出生ではなく、天の父なる神に置くということの告白になります。

それを聖なる神ご自身が喜ばれ、「彼らの（あんな惨めな、放浪の民にとっての）神と呼ばれることを恥となさいません」と記されます（11・16）。これは2章11節で、「イエスは彼ら（私たち人間）を兄弟と呼ぶことを恥とせずに」と記されていたのと同じ表現で、御父は「私たちをご自分の子と呼ぶ」ことを「恥とされない」という意味にも解釈できます。

ルカ15章に描かれた放蕩息子は、父の財産をよその国で使い果たし、飢え死にしそうになって初めて、「父のところ」に帰ろうと思いつきます。その際、「私は……あなたの前に罪ある者です。もう息子と呼ばれる資格はありません。雇い人の一人のようにしてください」と言うことを決意し、「自分の父のもとへ向かった」と描かれます。するとそこですぐに、「まだ家までは遠かったのに、父親は彼を見つけて、かわいそうに思い、駆け寄って彼の首を抱き、口づけした」と驚くべき情景が描かれます。そればかりか、父は彼の謝罪を聞く間もなく、息子としてのしるしとして「手に指輪をはめ」させます。父は、この放蕩息子の「父と呼ばれることを恥としなかった」のです。ところが彼の兄は、彼のことを「遊女と一緒にお父さんの財産を食いつぶした息子」としか見ていません。兄は彼を「弟と呼ぶことを恥としました」。

先に「新しい契約」に関して、神ご自身が「わたしの律法（御教え）を彼らの思いの中に置き、彼らの心にこれらを書き記す。わたしは彼らの神となり、彼らはわたしの民となる」（8・10）と記されていました。これは天国の希望というより、エレミヤ書31章の文脈ではイスラエルの地が新しくされ、そこに喜びをもって住むことを意味しました。

そこでは「彼らは来て、シオンの丘で喜び歌い、主（ヤハウェ）が与える良きものに、穀物、新しいぶどう酒、オリーブ油、羊の子、牛の子に喜び輝く。彼らのたましいは潤った園のようになり、もう再び、しぼむことはない。……おとめイスラエルよ、帰れ。これらの、あなたの町に帰れ。背信の娘よ、いつまで迷い歩くのか。主（ヤハウェ）はこの地に、一つの新しいことを創造される」と記されています（12、21、22節）。つまり、「天の故郷」に「憧れる」とは、私たちが天に上ること以前に、この地に「新しいエルサレム」が「天から降って来る」ことに「憧れる」ことなのです。この世界が「新しくされる」とき、私たち自身も新しくされていなければ世界をまた混乱に陥れることになるので、私たちもキリストにあって造り変えられる必要があるというのが、聖書の語る救いの物語です。

3　アブラハムは、神には人を死者の中からよみがえらせることもできると考えた

11章17節は、「信仰によって、アブラハムはイサクを献げました。それは試みを受けてのことで、自分のひとり子を献げることでした。それは彼が約束を受けてのことでした」と記され

ます。ここでは「献げる」という動詞があえて繰り返され、アブラハムが自分の「ひとり子」であり、約束の子である「イサクを献げる」ことの葛藤が示唆されます。そしてそのようにできた理由が、「それはアブラハムに対して、『イサクにあって、あなたの子孫が起こされる』と言われ、彼は考えたからです、神には人を死者の中からよみがえらせることもできると、そこで比喩的には、彼を取り戻したのです」（11・18、19）と記されています。[83]

つまり、ここではアブラハムが、「イサクにあって」、自分の「子孫が起こされる」ということを信頼していたからこそ、イサクの復活を信じて、途方もない神の命令に従うことができたということが記されています。アブラハムは、自分の子孫が天の星のように、海辺の砂のように増えるという約束が「イサクにあって」実現すると信頼したからこそ、「イサクを献げる」ことができたというのです。それは神を、真の意味で、「いのちの創造主」であると信じることを意味しました。それは、「不妊の女」であったサラから子が生まれるという約束に信頼することと同じです。アブラハムが神の前に「義と認められた」のは、アブラハムの子孫が天の星のように増え広がるということを信じたからなのですが、このヘブル書では、そのことと、アブラハムの人生の晩年の信仰の完成の状態が切り離せないこととして描かれています。

それにしても、神がアブラハムに、「ひとり子を献げる」ように命じられたことは、どう考えても不条理なことです。それは哲学者キルケゴールが言うように、人間的には到底正当化できない無茶な命令とも言えます。[84]アブラハムがそこでどれほど苦しんだかが想像されましょう。しかし、最初の人アダムは、自分の価値判断で神に逆らったことによって全人類に悲劇をもたらしました。ですから、神はあえて、人間の常識的な価値観に従うか、「神に従う」のかというチャレンジをすることによって、彼にアダムの罪を乗り越えさせたとも言えます。つまり、アブラハムはアダムの罪を逆転させたからこそ「信仰の父」と呼ばれるのです。

ヘブル書は、アブラハムの信仰を、不妊の女サラから子孫が生まれると信じたことにさかのぼって描きます。つまり、彼がイサクの復活を信じることができたのは、サラから生まれたイサクを通して神の約束が成就するということをあらかじめ信じていたことの結果なのです。私たちも時に、目の前に厳しい選択を迫られることがあるかもしれません。そのとき、神の永遠の視点、より大きな約束の視点から、自分の歩みを見ることが大切であると言えましょう。

たとえば、私の場合は、大学時代に信仰に導かれ、真剣に神に祈りながら就職先を決めたつもりですが、入社三日目に、「みこころを読み間違えてしまった……」と深く後悔しました。しかし、今はそれが自分にとっての大きな財産になっていると信じることができています。またその後も、「もっと早く神学校に入っていれば……」と後悔したことも、「金融の学びなどをしたことはすべて無駄だった……」と思えたこともありました。しかしそれが今は、すべてが生かされています。神の壮大な長期的なヴィジョンの中に私たちは生かされています。

11章20－22節は、「信仰によって、イサクはこれから起こるべきことに関して、ヤコブとエサウを祝福しました。信仰によって、ヤコブは死ぬときに、ヨセフの息子たちをそれぞれ祝福しました。また自分の杖に寄りかかって礼拝しました。信仰によって、ヨセフは臨終に際して、イスラエルの子らの脱出について思い起こしました。そして、自分の遺骨について指示を与えました」と記されています。ここには、「信仰によって」、イサクもヤコブもヨセフも、自分の子孫のことを考えて必要な祝福や指示を与えたということが記されています。

つまり、聖書が描く「信仰」は、私たちに後の世代のことを考えさせるというのです。それはたとえば、自分たちの子孫、教会の将来、東京の将来、日本の未来のことを考えることでもあります。私たちにはそこで何らかの果たすべき責任があります。それは何よりも、信仰の遺産を受け継がせることとも言えましょう。信仰継承は、神から与えられた重大な責任です。子どもの自主性を尊重するのは当然ですが、それを親の怠慢の言い訳にしてはなりません。

ヨセフは自分の死に臨んで、創世記15章に記されたアブラハム契約のことを意識しました。そこには、アブラハムの「子孫は、自分たちのものでない地で寄留者となり、四百年の間、奴隷となって苦しめられる」と記されていましたが、同時に、そこにおいて現される神のみわざが、「しかし、彼らが奴隷として仕えるその国を、わたしはさばく。その後、彼らは多くの財産とともに、そこから出て来る」と預言されていました（13、14節）。ヨセフは、兄たちによって奴隷に売られ、エジプトにおいて総理大臣に引き上げられたとき、自分を通してアブラハム契約が実現することを信じることができたのでしょう。そして、イスラエルの子孫たちにそれを繰り返し思い起こさせるシンボルとして、自分の骨を約束の地に「携え上る」ようにと「誓わせ」ました（創世50・24、25）。ヨセフの命令はその四百年後に成就しました。

私たちも、神の壮大なご計画の中から現在の生活を見直し、また子孫にその使命を知らせる必要があります。この世界は、キリストあってすでに新しくされ、神の平和（シャローム）の完成に向かっています。それをいつでもどこでも思い巡らしながら、いまここで神の平和を広げるために働く使命があるのです。ですからイエスも私たちに向かって、「平和をつくる者は幸いです。その人たちは神の子どもと呼ばれるからです」と言われました（マタイ5・9）。

アブラハムがイサクの復活を考えることができたということと、ヨセフが自分の骨を、イスラエルの出エジプトのシンボルとさせたということには深い結びつきがあります。「復活を考える」ということは、目の前の現実がどれほど自分の期待に反しているように見えても、そのあとを信じられることです。使徒パウロはキリストの福音の核心が何よりも復活信仰にあることを語ったうえで「ですから、私の愛する兄弟たち。堅く立って、動かされることなく、いつも主のわざに励みなさい。あなたがたは、自分たちの労苦が主にあって無駄でないことを知っているのですから」と記しています（Ⅰコリント15・58）。私たちは自分の労苦が無駄になったように見えると、落胆しますが、主にあっての労苦は無駄にならないと保証されています。

私たちは十字架にかけられた犯罪人を「人生の主」として崇めているのです。この信仰はすでにこの世の常識を超えています。それこそ、まさに聖霊の働きの現れです。聖霊は私たちに、真の夢の実現を信じさせてくださいます。イエスは十字架にかけられた強盗に、「あなたは今日、わたしとともにパラダイスにいます」と約束されましたが、聖書のどこにもそのパラダイスの姿は描かれていません。それは「死者が新しい夜明けを待つ間の、リフレッシュされるための至福の園、安息と静寂の緑地である[85]」とも言われますが、それは推測に過ぎません。

そして、多くの人々が死後の世界として思い描く「天国」とはこの曖昧なパラダイスにほかなりません。これは何とも不思議です。しかし、聖書にはそのような天国やパラダイスの代わりに、「『死後のいのち』の後のいのち[86]」、私たちが死んで「土のちりに帰る」（創世記３・19）と言われた後の、キリストの再臨の際の復活のいのちと、完成された「都」としての「新しいエルサレム」のことが繰り返し描かれています。そこにこそ私たちの希望があります。私たちはもっと、聖書自体から希望を告白できるようになるべきでしょう。

17　もっとすぐれたものを待ち望んで生きる（11章23―40節）

信仰者の不思議議は、どんな苦難の中にも、そこに神の恵みの種を見出すことができることにあります。第二次大戦のとき米国に住むすべての日系人は、決められた収容所に閉じ込められました。それによって、彼らはそれまで米国で築き上げてきた富や立場を一挙に失いました。しかし、キリスト者たちはそれらを悲劇ばかりとは受け止めなかったようです。彼らは少なくとも、最低限の生活が保障され、それによって米国人からの別の迫害から身を守られました。また収容所内において、信仰を超えた日本人としての交わりを深めることができました。

戦争が終わったとき、彼らは以前の居住地に戻り、以前集まっていた教会堂を共同の仮住まいとして生活を築き直しました。その際、子どもたちに、もう二度と財産を奪われても困らないように、「信仰と教育」という財産を必死に身につけさせました。その結果、日系人二世の方々の中には、医学や法律、金融の分野で成功を収め、戦後の米国において不動の地位を築くようになった方が数多くおられます。そこには、ユダヤ人の歩みとの共通点が見られます。この世の苦難を通して、信仰と教育が育まれ、それが共同体としての豊かさを生み出すようになるということです。そのような文脈の中で、私の信仰とお金の関係に関しての話も、非常に好意的に受け止めていただけました。私たちは「もっとすぐれたものを待ち望んでいる」からこそ、お金の奴隷にならずに、それを管理して生きることができます。日系人の過去の苦難の上に、人種を超えた教会共同体が築かれていました。

1　信仰によって、モーセは……キリストの辱めを……宝と考えた

11章23節は、「信仰によって、モーセは生まれてから三か月の間、両親によって隠されていました。それは、彼らがこの子のすばらしさを見たからであり、また、王の命令を恐れなかったからです」と記されています。そこではモーセの「両親の信仰」が評価されています。そこで彼らの信仰は、幼子モーセの「かわいい」（新改訳）、「美しい」（共同訳）というより、何か途方もない可能性としての「すばらしさを見ることができた」ことに、また、「王の命令を恐れる」代わりに、イスラエルの神を「恐れた」ということに現されていたと解釈できます。

その上でモーセの信仰が描かれます。その第一は、「信仰によって、モーセは成人したときに、ファラオの娘の子と呼ばれることを拒みました。それは、神の民とともに苦しむことを、一時的な罪の楽しみを持つことに対して、選び取ることによってです。それは、キリストの

（ゆえに受ける）辱めをエジプトの宝にまさる富と考えたからです。なぜなら彼は、（与えられる、真の）報いに注目していたからです」（11・24—26、カッコ内は原文にないことば）ということです。

ここでは「モーセの信仰」に関して、エジプトの王子の立場を捨てて、「神の民とともに苦しむこと」を「選んだ」ということが注目されます。しかもそれは、特権的な立場をもとに「一時的な罪の楽しみを持つ」こととの比較で描かれるばかりか、さらに彼は、キリストが受ける辱めにあずかることを「エジプトの宝にまさる富と考えた」という驚くべき解釈が記されます。それしても、どのようにモーセは、真のイスラエルの王であるキリストの出現と「辱め」を知ることができたのでしょう。確かに彼は、イスラエルが約束の地で繁栄した後、自業自得の罪で国を失い、その後、神に立ち返ることを預言していました（申命記30章1—3節）。そこでさらに彼は、主ご自身がイスラエルの「子孫の心に割礼を施し……心を尽くし、いのちを尽くして……主（ヤハウェ）を愛し……生きるようにされる」という、イスラエルの民の信仰の再生まで預言しましたから（同6節）、そこにキリストの働きを見たとも言えましょう。

考えてみれば、主（ヤハウェ）は異教徒の占い師バラムの口にさえ、「私には彼が見える。しかし、今のことではない。……近くのことではない。ヤコブから一つの星が進み出る。イスラエルから一つの杖が起こり……イスラエルは力ある働きをする」と預言させていました（民数24・17、18）。モーセは自分の限界を心の底から知っていましたから、信仰の目においてキリストを見ていたというのは、不思議なことではないとも言えましょう。

しかもこの最後では「彼は、報いに注目していた」と記されています。それはこの手紙の読者の初めの日の信仰の姿勢が「自分の財産が奪われることさえ喜んで受け入れました。それは、自分たちがもっとすぐれた、いつまでも残る財産を持っていることを知っていたからです。……それには大きな報いがあります」（10・34、35）と記されていたことを思い起こさせます。モーセが目の前の苦難に耐えられたのは、主が彼の犠牲に正当な「報い」を与えてくださることを知っていたからなのです。それは使徒ペテロも「愛する者たち……キリストの苦難にあずかればあずかるほど、いっそう喜びなさい。キリストの栄光が現れるときにも、歓喜にあふれて喜ぶためです。もしキリストの名のためにののしられるなら、あなたがたは幸いです。栄光の御霊……が……とどまってくださるからです」（Ⅰペテロ4・12、13）と語っているとおりです。

さらにモーセの歩みが、「信仰によって、彼はエジプトを立ち去りました。王の憤りを恐れることなく、目に見えない方を見るようにして、忍び通したのです。信仰によって、彼は過越を行い、血を振りかけました。それは、長子を滅ぼす者が自分たちに触れることがないためでした」と描かれます（11・27、28）。

ここでは「エジプトを立ち去り」、また「過越のいけにえの羊を屠り」、その「血」を家の

「鴨居と二本の門柱に塗った」ことが強調されます（出エジプト12・21、22参照）。そこでは、その行動を妨げる「王の憤り」がありながらも、「目に見えない方を見る」ことで、苦難を「忍び通し」、また「長子を滅ぼす者」が家の中に入ることのないようにしたというそれぞれの意味が描かれます。どちらにしても、信仰は行動として表現されています。

さらに11章29、30節の原文では、主語が明記されていませんが三人称複数形の動詞が用いられているので、イスラエルの人々のことが描かれていると分かります。そこでは、「信仰によって、人々は紅海を渡りました、乾いた陸地を行くのと同じように。エジプト人たちは同じことを試みましたが、（水に）呑み込まれてしまいました。信仰によって、エリコの城壁は崩れ落ちました、人々が周囲を七日間回ったときのことです」と記されています。

ここでは「紅海を渡った」ことと、その対比でエジプト人が海に「呑み込まれた」ことが描かれます。また、「信仰によって」、人々がエリコの城壁を崩したというより、「城壁が崩れ落ちた」という結果が強調されます。彼らは、ただ黙々と城壁の周りを「七日間」巡り歩いただけです。ここでは「信仰」が私たちの前の道を開き、目の前の障害を取り去るということが強調されます。私たちがそこですべきことは、ただ黙々と前進することだけです。

2　それはもっとすぐれた復活を体験できるため

11章32―34節では、「これ以上、何を言いましょうか。それは私には時間が足りなくなるからです、ギデオン、バラク、サムソン、エフタ、またダビデ、サムエル、預言者たちについて語るとするなら。彼らは信仰を通して（through faith）、国々を征服し、正義を行い、約束のものを手に入れ、ライオンの口を塞ぎ、火の勢いを消し、剣の刃を逃れ、弱い者から強い者とされ、戦いの勇士とされ、他国の陣営を敗走させました」と描かれます。

ここでは、信仰の勇士たちがまとめて描かれ、六人の名が三組ずつ引用されます。ここでギデオンとバラク、サムソンとエフタ、ダビデとサムエルの三組でそれぞれ時代の順番が逆に記されますが、それは最後のサムエルが七番目の預言者たちに通じるからだと思われます。

その上で彼らの行動が順不同で、三項目ずつ三度、描かれます。最初の「国々を征服し、正義を行い、約束のものを手に入れ」とは、ダビデ王国の確立へのプロセスを指しているとも言えます。それらを含め、それに続くすべてが「信仰を通して」ということばでまとめられます。たとえば、「ライオンの口を塞ぎ」（11・33）という行動は、サムソン（士師14・5）とダビデ（Iサムエル17・35）の二人に適用できるでしょうが、同時に、ダニエルがエルサレムの神に向かって祈り続けることでライオンの穴に投げこまれたことを指すかもしれません。続く「火の勢いを消し」（11・34）とは、ダニエルの三人の友人がネブカドネツァルの巨大な金の像を拝むことを拒んで、火の燃える炉に投げ込まれながら、焼かれなかったことを思い起こさせるとも言えます。また「剣の刃を逃れ」とは、エリヤやエリシャに適用できます。一方で、「弱い者から強い者とされる」(11・34)という変化や、「戦いの勇士とされ」、「他国の陣営を敗走させる」という行動は、ここに登場するすべての人々に適用できることです。

どちらにしてもこれらは私たちも「信仰を通して(through faith)」、この世のサタンとの戦いにおいて現実化できることです。後に使徒パウロは、これらをまとめるように、「私を強くしてくださる方によって、私はどんなことでもできるのです」と告白しました(ピリピ4・13)。私たちは神から備えられた可能性を、不信仰のゆえに、閉ざしてはいないでしょうか。

さらに「女たちは、その死者たちを復活によって受け取りました。また他の人たちは、釈放されることを拒んで拷問を受けました。それはもっとすぐれた復活を体験できるためです」(11・35)と記されます。ここではギリシャ語で一般的に「復活」と訳されることばが繰り返されますが、それぞれに異なった意味が込められています。前者は朽ちるからだへの蘇生を指しますが、後者の「もっとすぐれた復活」とは、朽ちることのない栄光のからだへの復活です。これほど明確に、終わりの日の復活の希望が記されていることは注目すべきことでしょう。

ただ両者ともに「復活」と訳される事実を指します。それはアブラハムがイサクの復活を期待できたからこそ、「ただ一人の子を献げ」ようとしたこと(11・19)を思い起こさせます。ここでの「女たち」とは、エリヤが貧しいツァレファテの女の息子を「生き返らせた」こと(I

列王17・17―24）、またエリシャが裕福なシュネムの女の世話を受けたときに、不妊の彼女に男の子を誕生させ、またその子が「死んで横たわっていた」ときにその子を「生き返らせた」ことを思い起こさせます（Ⅱ列王4・8―37）。それにしても、「もっとすぐれた復活を体験できるために」、「釈放されることを拒んで拷問を受ける」というのは驚くべき表現です。

そのことはたとえば、旧約外典マカバイ記二7章において、ギリシアの王アンティオコスが七人の兄弟とその母親を捕らえ、律法に反して豚肉を食うように強いたときの情景を思い起こさせます。兄弟たちは次々と舌を切られ、頭皮を剝がされ、生きたまま鍋で焼かれますが、残された者たちは、王に向かって、「悪人よ、お前は我々を今の生から解き放つが、世界の王は、ご自身の律法のために死ぬ我々を、命の永遠のよみがえりへと復活させてくださる」と告げます（9節、以下ともに共同訳「旧約聖書続編」）。次々と六人が雄々しく殉教の死を遂げると、王は慌てて七番目の息子に「王の友」としての地位という報酬まで約束し、背教を促しました。

それに対し母は驚くべきことに、「息子よ、お前を九か月の間胎内に宿し、三年の間乳を飲ませ、お前を養い、この年になるまで育ててきたこの私を憐れんでおくれ。……この死刑執行人を恐れず、兄たちに倣って、死を受け入れなさい。それは、憐れみの中で私が、お前の兄たちと共にお前を受け取るためなのです」と復活の希望を語り、殉教の死を促します（27、29節）。これは当時のユダヤ人の中で愛読されていた殉教の勧めですから、その記事がこの背景にあったとしても不思議ではありません。私たちは旧約外典を霊感された聖典とは認めませんが、そこには当時の時代のユダヤ人の中で語られ、伝承されていたことが記されています。

さらにここでは他の預言者たちが受けた迫害の例が、「また、ほかの人たちは嘲られ、鞭で打たれる試練を受けました、そればかりか、鎖につながれ、牢にいれられる試練さえも。また、石で打たれ、のこぎりで引かれ、剣で切り殺され、羊ややぎの皮を着て歩き回り、困窮し、圧迫され、虐待されました。この世は彼らにふさわしくなかったのです。彼らは、荒野をさまよいました、山、洞穴、地の穴を」と記されています（11・36―38）。

伝承によると預言者エレミヤは最後にエジプトに逃亡したユダヤ人たちに連行されていましたが（エレミヤ43・7）、そこで「石打の刑」で殺されたとのことです。預言者イザヤは、ヒゼキヤ王に用いられました。しかし、その子のマナセはユダの民に偶像礼拝を行わせたばかりか、「咎のない者の血まで大量に流した」（Ⅱ列王21・16）と記され、伝承によればイザヤはその際、木ののこぎりで真っ二つにされたとのことです。[87] また、「羊ややぎの皮を着て歩き回り」とは、預言者エリヤが「毛衣を着て、腰に革の帯を締めた人」と描かれ（Ⅱ列王1・8）、バプテスマのヨハネが「らくだの毛の衣を着て、腰に革の帯を締め、いなごと野蜜を食べていた」（マルコ1・6）と描かれた記事を思い起こさせます。それは預言者たちが政治権力者の迫害を受け、荒野をさまよっていたことを指します。

使徒パウロも、詩篇44篇22節を引用して、神に向かって「あなたのために、私たちは休みなく殺され、屠られる羊と見なされています」と告白しながら、それと同時に、自分にすでに与えられている救いのゆえに「しかし、これらすべてにおいても、私たちを愛してくださった方によって、私たちは圧倒的な勝利者です」と宣言しています（ローマ8・36、37）。

3　私たちを抜きにして、彼らが完全な者とされることがないため

11章39節では11章全体をまとめるように、「これらの人たちはすべて、その信仰を通して称賛されましたが、約束されたものを手に入れてはいませんでした」と記されます。これは先に、「信仰をもとに、これらの人々はみな、死にました。……地上においては旅人であり、寄留者であることを告白していた」（11・13）と記されていたことを思い起こさせます。ただしその前提には、「忍耐こそが……必要なものだからです。それは、神のみこころを行い、約束のものを手に入れるためです」（10・13）という、具体的な勧めが記されていました。

その「約束されたもの」に関してさらに、「神は私たちのために、もっとすぐれたものを用意しておられました。それは、私たちを抜きにして、彼らが完全な者とされることがないためです」と記されます（11・40）。なんとそれは今まで描かれたノア、アブラハム、モーセ、ダビデなどの信仰の勇者たちが、「私たちを抜きに」、「完全にされることがない」という意味だと

いうのです。私たちの目には彼らはすべて別格の聖徒たちですが、最終的な復活に「まだあずかってはいない」という意味で、不完全な状態にとどまっているというのです。しかもここでの「もっとすぐれたもの」とは、先の「もっとすぐれた復活」（11・35）という表現につながっており、死んで天国に行くというよりも、復活して永遠の都に入ることを指します。[88]

そこで「約束されたものを手に入れる」こと、「完全な者とされる」ことの両者とも、「堅い基礎の上に建てられた都」、「神が彼らのために都を用意された」と描かれた「新しいエルサレム」に入ることを指します（11・10、16、黙示21・2）。なお、「完全にされる」ということでは、キリストご自身の歩みが「この方は御子であられるのに、様々な苦しみを受けることで、従順を学ばれました。そして、完全な者とされ……神によって大祭司と呼ばれました」と記されていたことを思い起こさせます（5・8―10）。つまりイエスは「完全な者とされ」たことで永遠の大祭司と呼ばれたのです。さらに御子が「永遠に完全にされた方」（7・28）とあえて呼ばれていましたが、これも死者の中からの復活によって実現したことです。つまりこの書では、信仰者が「完全にされる」ということが、キリストに倣って復活することを指しているのです。

多くの人々は、死後にたましいが不自由な肉体から解放され、永遠の祝福にあずかり、パラダイスにおいてアブラハムやモーセやダビデと語り合っているかのように思い浮かべます。しかし聖書は、パラダイスの情景を描く代わりに「新しいエルサレム」の姿を描きます。そこに入れていただく前に、すべての聖徒の復活が私たちの復活と同時に起こると示唆されているのです。そしてキリストの復活こそは「眠った者の初穂」として描かれ、キリストの来臨のときに「キリストに属している人たち」が復活にあずかると記されます（Ⅰコリント15・20、23）。

そして私たちのうちに聖霊が宿っていることの意味が、「イエスを死者の中からよみがえらせた方の御霊が、あなたがたのうちに住んでおられるなら、キリストを死者の中からよみがえらせた方は、あなたがたのうちに住んでおられるご自身の御霊によって、あなたがたの死ぬべきからだも生かしてくださいます」（ローマ8・11）と記されます。私たちは創造主なる聖霊を宿していることによって、すでに今この時から、来たるべき世の復活のいのちを先取りして生き始めているのです。永遠のいのちとは、復活のいのちが今から始まっていることです。

私たちはみな、安心の日々を過ごしたいと思うのが人情です。しかし、何の危険もない人生とは「いのちの喜びのない、退屈な人生」とも言えるかもしれません。モーセもそれ以降の信仰の指導者たちも、目の前の安心を捨てて、神の導きの中を大胆に生きることができました。そこでの「信仰」とは、明日の希望を見る力、または目の前の苦難に耐える力として現されます。どの信仰者も「約束されたものを手に入れることはなかった」という共通点があることは驚くべきことです。しかし、この地で安心を得ることができないという霊的な事実が、心の奥底で納得できるなら、かえってそこに不思議な喜びが生まれるのかもしれません。

二十世紀初めの英国の小説家G・K・チェスタトンは、「現代の思想家が耳にタコができるほど繰り返しているところでは、私はまさにいるべき場所にいるという話であったが、しかしその話を鵜呑みにしてみても、私はやっぱり心が少しも晴れやかにはならないでいた。ところが今や私は、お前はいるべきでない場所にいるのだと聞かされた。すると私の魂は、春の小鳥のように嬉々として歌い出したのである。この新しい知識の光によって、幼い日々の暗い家の忘れられていた部屋が次々と発見され、明るい光に照らし出されてきたのである」と記しています。[89] 私たちは自分がこの地では「旅人、寄留者」に過ぎないということを自覚し、同時に、「完全な者とされる」という希望を抱くことで、かえって、この地のどのような暗闇の中にも天国の前味のようなものを発見し、喜ぶことができるようになります。

『讃美歌』三五五番は宮川勇という牧師が、日本を経済恐慌が襲っていた一九二一年に、黙示録21、22章を黙想して、無限の歓喜と平和に満たされた体験を歌ったものです。[90] その一番と二番の歌詞は以下のとおりですが、驚くほど明確な復活信仰と再臨信仰が歌われています。

「主を仰ぎ見れば　古きわれは、うつし世と共に　速(と)く去り行き、
我ならぬわれの　あらわれきて　見ずや天地(あめつち)ぞ　あらたまれる」

ここで「我ならぬわれの　あらわれきて」とは栄光の復活に預かる希望を、「見ずや天地ぞあらたまれる」とは、「新しい天と新しい地」の実現を歌ったものです。

「うつくしの都　エルサレムは　今こそくだりて　われに来（き）つれ。
主ともに在（いま）せば　つきぬさちは　きよき河のごと　湧きてながる」

この「うつくしの都　エルサレムは　今こそくだりて　われに来つれ」とは、私たちの希望が、たましいが肉体から解放されてパラダイスに憩うというより、「新しいエルサレムが」この地の私のもとに「天から降って来る」ことにあることを歌ったものです。私たちは、この地に神の国が完成することを待ち望んでいるからこそ、この地での「一時的な罪の楽しみ」の代わりに、キリストの辱めにあずかることを喜び、この地に希望を見出すことができるのです。そして、この世界と私が完成に至るまで、主がともにいて導いてくださいます。

18　義という平安の実を結ぶために（12章1―11節）

「訓練」ということばを、どのように受け止めるでしょう。牧会者としての歩みを始めた頃、上司の牧師は盛んに「訓練」と言いつつ様々な仕事を与えてくださいました。何か「これは君の成長のため役立つから……」と恩着せがましく言われているような気がして嫌でしたが、今はその一つひとつの意味が分かります。

私は小さいときから数々の農作業を当然のように手伝いましたが、父から人格的な成長のための訓練を受けたという記憶はありません。母は私を褒めるばかりでした。そのため「何が正義か」という中心軸がいつも曖昧でした。ただ、貧しかったためか、目標を達成するための苦しみに耐えることはできました。しかし、「義のために苦しむ」（Ⅰペテロ3・14）という視点はありませんでした。実は、「正しすぎてはならない」（伝道者7・16）と言っているだけではダメなのです。[91] 私たちは「義という平安の実を結ぶ」ために「神の子」とされたからです。そしてそれこそが「訓練」の目的なのです。

１　信仰の創始者であり完成者であるイエスを見続けながら走る

12章１節は「こういうわけで、私たちもまた、このように多くの雲のように私たちを取り巻く証人たちを持っているのですから、一切の重荷とまつわりつく罪を捨てて、忍耐をもって走り続けようではありませんか、私たちの目の前に置かれている競走を」と記されています。

さらにその際の走り方が「信仰の創始者であり完成者であるイエスを見続けながら（イエスから目を離さないでいながら）」と記されます（12・2）。私たちはつい〝自分の信仰〟に目が向かいますが、イエスこそが私の信仰を生み出し、始めさせてくださった方であり、同時に完成へと導いてくださる方です。走るときに自分の足に目を向ける人がいないように、イエスに目を向け続けることこそが、確実にゴールに達する道なのです。

そしてさらに、そのイエスの模範の意味が「この方は、目の前に置かれた喜びのゆえに、十字架を耐え忍びました、辱めを軽蔑することによってですが、神の御座の右に着座されたのです」と描かれます（12・2）。

ですからここでの中心的な勧めは、目の前の「競争を」「イエスを見続けながら」走り続けることです。その際、私たちが「競争を目の前に置く」ことと、イエスが「喜びを目の前に置いた」ことが並行して描かれます。私たちの競争は驚くほど多くの証人に取り囲まれた、勝利が約束されたものですから、臆病になる必要はありません。イエスが辱めを軽蔑したように、私たちも一切の「重荷とまとわりつく罪を捨てる」必要があるのです。

なお「多くの証人たちが、雲のように私たちを取り巻いている」（新改訳）、または「多くの証人に雲のように囲まれている」（共同訳）と訳されることで、時に「競技場で多くの観衆の励ましを受けて競技に励む」という印象を持たれる場合があります。しかしこの「証人」とは、11章での信仰の模範者のことで、神の真実を「証しする」という意味合いがあります。それはギリシャ語で、マルトゥスと記され、これが後に、殉教者の意味になります。

たとえば日本のキリシタン宣教時代、日本人は殉教者を「まるちる」と呼び、また殉教の死を遂げることを「まるちりよ」と呼んで英雄視しました。[92] ですから、「このように多くの、雲のように取り巻く証人たちを持っている」とは、信仰の先輩の模範を持っているという意味であって、決して「先輩たちに見守ってもらって」という意味ではありません。これが日本人的には、「ご先祖様が見守ってくださっているから」という話になります。

ただそれでも、私たちが目に留めるべき方は、あくまでも「信仰の創始者であり完成者であるイエス」であって、他の殉教の死を遂げた聖人たちではありません。先にモーセという最高の信仰者の姿勢が「キリストの（ゆえに受ける）辱めをエジプトの宝にまさる富と考えたからです。なぜなら彼は（与えられる、真の）報いに注目していたからです」（11・25、26）と描かれていました。つまり、イエスの千五百年前のモーセでさえ「キリストの辱め」にあずかるという意識を持っていたというのです。しかも、そこでモーセが注目していたのは、神からの最終的な「報い」であったと、働きに対する現実的な報酬のことが描かれています。

そしてイエスご自身も「目の前に置かれた喜びのゆえに、十字架を耐え忍んだ」と記されます（12・2）。事実、主は繰り返し「人の子は多くの苦しみを受け……祭司長たち、律法学者たちに捨てられ、殺され、三日目によみがえらなければならない」（ルカ9・22）と語っておられました。つまりイエスは、復活の「喜び」を目の当たりにすることで、十字架の辱めと苦しみを「耐え忍ぶ」ことができたと描かれているのです。それは私たちもキリストのうちにある栄光の復活をいつも思い浮かべることによって苦難に耐えられることを意味します。

しかもイエスの場合は、「神の御座の右に着座された」（12・2）と描かれていますが、これは何度も引用されてきた詩篇110篇の成就です。しかも、ここに記された十字架はこの栄光の座に至る「試練」として描かれ、「ささげ物」の意味は与えられていません。そしてその報酬として神の御座の右に引き上げられ、「メルキゼデクの例に倣った永遠の祭司となられた」（110・4）と描かれています。[93] そしてこれはイエスが永遠の大祭司として「試みられている者たちを助けることができる」（2・18）ことを意味します。私たちにはイエス以外の助け手や「天に上った聖人？」のとりなし、また聖母マリアのとりなしなども必要ありません。

なお「一切の重荷とまとわりつく罪を捨てて」（12・1）とは、競技者が足るために邪魔になるものを捨て、身軽になることです。私たちはこの世の人々の期待という「重荷」を背負って生きています。イエスを見るよりも、人の評価が気になります。また「まとわりつく罪」とは、「走り続ける」ことの障害となる刹那的な快楽や、競技に定められたコースから踏み外させるような惑わしと言えましょう。イエス以外の方に目を向けることが、信仰というレースの障害となるというのです。ただし「走り続ける」というイメージがプレッシャーに感じられるかもしれませんが、勧められていることの中心は、「身軽になりましょう！」ということです。しかも、何よりも強調されていることは、ゴールに到達することであって、他の人との競争に勝つことではありません。あなたの固有のペースがあってよいのです。

それはイエスご自身とともに歩む生き方です。そのことをイエスは、「すべて疲れた人、重荷を負っている人はわたしのもとに来なさい。わたしがあなたがたを休ませてあげます」と言われました（マタイ11・28）。そこには霊的な意味での「休み」があるのです。

ただ同時にそこでは、「あなたがたもわたしのくびきを負って、わたしから学びなさい。そうすれば、たましいに安らぎ（休み）を得ます」（同29節）と続いているように、その「休み」とは、昼寝をし続けるようなことではなく、イエスが提供する「くびきを負って」、主ご自身から「学ぶ」ことなのです。それはたとえば、「上司の期待に添うように仕事をする」とか

「仲間との競争に勝って、早く出世する」という、世的なプレッシャーから自由になることです。またそれは戒律的な信仰生活からの解放でもあります。[94] 私たちはこの世的な重荷や、この世の快楽によって、かえって日々の生活を息苦しくしてしまってはいないでしょうか。生きるだけで大変なのですから、身軽になり、そこで「平安を得る」ことが大切なのです。

12章3節では、「あなたがたは罪人たちからのこのような反抗（敵意）を耐え忍ばれた方のことを考えなさい。それはあなたがたの心が疲れ果てて、気力を失うことがないためです」と記されます。ここでは2節の「十字架を耐え忍びました」という表現が、「罪人たちからの反抗（敵意）を耐え忍ばれた」と言い換えられます。つまり、イエスの十字架は何よりも、罪人たちからの謂（いわ）れのない「敵意（反抗）」に耐えることであったというのです。

その際の秘訣が、「辱めを軽蔑することによって」（12・2）と記されていました。これは「辱めをものともせずに」（新改訳）、「恥をもいとわないで」（共同訳）とも訳されますが、多くの英語で despising the shame（恥を軽蔑して）とも訳されるように、恥の感覚を押し込め、麻痺させるというニュアンスではなく、より積極的に、罪人による「辱め」の行為自体を「軽蔑する」という意味です。

たとえば私は、他の人の視線を過度に意識しすぎる「恥の気持ち」自体を「恥じて」いました。しかし、ここではそのような自分の感情を麻痺させる代わりに、「辱め」を罪人の愚かな

「反抗」として、その攻撃力を「軽く見た」と記され、全能の主の御手の中にある余裕が描かれています。先に、「人間には、一度死ぬことと死後にさばきを受けることが定まっている」

（9・27）と記されていたように、神の公平なさばきを信じられるなら、「謂れのない敵意」によって「心が疲れ果てて、気力を失う」という状態にならずに済むのです。

2 主はその愛する者を訓練し、むちを加えられる

12章4節では、「あなたがたは、血を流すまで抵抗したことがありません。罪と戦うことにおいて」と記されています。これはイエスご自身の十字架や11章に描かれた信仰の先輩のように、「血を流した」ような苦難にまでは達していないという意味です。それは、まだ苦しむ余地が残されているという、苦難への覚悟を迫る表現で、「罪と戦う」とは背教の誘惑に耐えるという意味だと思われます。

先に「神の御子を踏みつけ、自分を聖なるものとした契約の血を汚れた（common〔普通の〕）ものと見なし、恵みの御霊を侮る」（10・29）という罪が描かれていました。それは、クリスチャンの交わりから離れて、もとのユダヤ人の交わりに戻ることを意味しました。そして、そのように見ると「忍耐こそがあなたがたに必要なものだからです。それは、神のみこころを行い、約束のものを手に入れるためです。……しかし私たちは、恐れ退いて滅びる者ではなく、

信じていのちを保つ者です」（10・36―39）とあったことからの流れが明らかになります。つまりここでは、「罪との戦い」とは、「恐れ退く」代わりに、「血を流すまで抵抗する」ことを意味すると記されているのです。

それを前提に、「あなたがたはこの励ましのことばを忘れています。あなたがたに向かって、息子たちに対するように語られたところの」と記され、その上で箴言3章11、12節のギリシャ語七十人訳のことばがそのまま引用され、「わが子よ、主の訓練を軽んじてはならない。主に叱られて、気力を失ってはならない」と記されます（12・5）。

「訓練」とは、「懲らしめ」とか「しつけ」とも訳すことができることばで、まず「訓練を軽んじる」ことと、「叱られて、気力を失う」ことが並行して記され、そこには密接な相互関係があることが示唆されます。これは、被害者意識や自己憐憫（れんびん）に陥りそうな人を戒める厳しいことばです。しかも「気力を失う」とは、先の3節の終わりに記されていたことばと同じです。それは、イエスが「罪人たちからの反抗（敵意）を耐え忍ばれた」（12・3）ということを「考える」、または「思い巡らす」ということをしなかった結果として生まれると言えましょう。

続けて「主はその愛する者を訓練し（鍛え、しつけ）、むちを加えられる、受け入れるすべての子に対して」（12・6）と引用されます。ここでは「訓練」が繰り返され、さらに具体的に「むちを加える」と言い換えられます。

これは最近話題の「体罰」を意味し、同じことばが「イエスが鞭打たれる」という場面に用いられます。箴言のヘブル語では「叱る」と訳されることばが用いられますが、ヘブル書の著者はギリシャ語七十人訳の「鞭打つ」ということばを採用しています。そればかりか、箴言13章24節では、「むちを控える者は自分の子を憎む者。子を愛する者は努めてこれを懲らしめる」とさえ記されていますが、その場合の「むち」とは「こん棒」とも訳せることばで、羊飼いが狼などと戦うために用いる道具です。ですから、ここでの「むち」と訳されている二つの道具とも、体罰のために用いられることは間違いありません。

日本では、親権者による体罰禁止を明記した児童虐待防止法と児童福祉法の改正案が可決されました。そこには最近の世界的な流れが見られます。たとえば、スウェーデンでは一九六〇年代は九割以上の親が子どもに体罰を加えていましたが、一九七九年には体罰禁止法が可決され、二〇〇〇年代には体罰を行う親は一割にまで激減します。それに伴い子どもの犯罪や自殺の明らかな減少が確認されたとのことです。それを受けて「しつけ」が厳しいドイツでも、二〇〇〇年に体罰を全面的に禁止する法案が可決されます。その理由は、体罰が外的な恐怖によって子どもをコントロールする方法であり、それは自尊心を傷つけ、自分で自分を律するという自立心を育てることができないからとのことです。[95] しかも、体罰には即効性がありますから、親も体罰によって子どもを制御することを習慣化させる危険があるとも言われます。

それからすると聖書の記述は時代遅れなのでしょうか。しかしこの問題は、白か黒かという all or nothing で判断できるものではありません。今から数千年前は、親が自分の子どもを正しくしつけて、社会や家族への責任を果たす者へと成長させられなければ、親自身の老後が成り立たなくなりました。社会保障などはなかったからです。ですから、子育ては共同体において、将来を左右する一大事でした。ところが現代は、社会保障の進展に伴い、家族の一体感が薄れ、子どもが親にとって足手まといになるという現実さえ生まれています。その結果、子どものしつけの目的が、親の生活の自由を邪魔させないというきわめて刹那的なことにさえなっています。実は、体罰が良いか悪いかという議論以前に、親としての切迫感を伴った責任意識、子育ての真剣さが問われています。本当の意味で親になり切れていない親にとって、体罰は麻薬のような作用を持ちます。恐怖によるコントロールは即効性があるからです。

しかし、親には、体罰禁止法に反してでも命がけで子どもを訓練する（鍛える、しつける）必要があるかもしれません。たとえば、自分の子どもが犯罪やいじめなどの反社会的行動に加担し、論理的な説得では聞こうとしないとき、どう行動するかが問われます。しかも、それ以前に、小さいころから「親を恐れる」という訓練が必要ですが、畏敬も恐怖もヘブル語での区別はありません。心理的には同じ感情だと言えます。時には恐怖心を与えるような訓練によって、子どもに親を「恐れ敬う」感情を植え付ける必要がありましょう。それができていない場合は、思春期を超えた子どもを従えることはできません。

確かに、先にあったように、叱責には「気力を失わせる（気落ちさせる）」作用を持つ恐れがあります。しかし、それは日ごろの健全な「訓練を軽んじた」結果として生まれている反応とも言えるのです（12・5）。私たちは改めて、愛情のこもった「訓練」の、より積極的な意味を考える必要があるのではないでしょうか。

3　この方は……ご自身の聖さにあずからせようとして訓練される

12章7節では突然、「訓練（鍛錬）として、あなたがたは耐え忍びなさい」という文章が登場します。これは直接的には、前節の、「主は……むちを加えられる」ということを指しています。またそれは現実的に、「罪と戦うことにおいて、血を流すまで抵抗する」（12・4）ということで、ユダヤ人たちからの迫害に耐えることを意味しました。私たちはある意味で、より大きな幸せを体験できると思って、キリストに従い始めましたが、実際に、信仰生活を全うしようとすると様々な困難に直面し、「こんなはずではなかった……」と思うことがあるかもしれません。私たちはそのような様々な困難を「訓練（鍛錬）」と見るように召されています。

しかもそのような困難は、神のご支配が自分の生活には及んでいないというような意味ではなく、「それは、あなたがたをご自身の息子たちとして扱っている」（12・7）ことのしるしであるというのです。さらに、「父が訓練しないというのは、どのような息子でしょうか」と問われながら、続けて、「もしあなたがたが訓練（鍛錬）を受けていないとしたら、それはすべての者があずかるはずのものですが、あなたがたは私生児（庶子）であって、息子ではありません」（12・8）と記されます。

この「私生児（庶子）」とは、法的な意味での「息子」としての権利や立場を持っていない子どもを指します。それに対し「息子」の立場を持つ者は、親から厳しい訓練を受けるのが当然であるというのです。ただ、これは当時の文化的な背景を前提に記されたことばです。

続けて、「さらに、私たちは、私たちを訓練する（鍛えてくれる）肉の父を持っていました。そして私たちは尊敬していました。それならなおのこと、私たちは霊の父に服従すべきではないでしょうか、そして私たちは生きます」と記されます（12・9）。

この背後には先の箴言3章があり、その最初では、「わが子よ、私の教えを忘れるな。心に私の命令を保つようにせよ。長い日々と、いのちと平安の年月が、あなたに増し加えられるからだ。……心を尽くして主（ヤハウェ）に拠り頼め。自分の悟りに頼るな。あなたの行く道すべてにおいて、主を知れ。主があなたの進む道をまっすぐにされる」（1、2、5、6節）と記されていました。それは簡単に言うと、「霊の父」に服従することによって初めて、本当の意味での「いのち」を体験できるという意味です。そのことがここでは「そして、私たちは生きます（いのちを受けます）」と記されます（12・9）。

　そして「なぜなら、彼らはわずかの間、自分が良いと思うことにしたがって私たちを訓練しましたが、この方は、私たちの益のために、ご自身の聖さにあずからせようとして訓練されるのです」と記されます（12・10）。つまり、私たちが受ける訓練は「神の聖さにあずかることができるため」という途方もない目的が描かれているのです。

　使徒パウロは「私の子どもたち。あなたがたのうちにキリストが形造られるまで、私は再びあなたがたのために産みの苦しみをしています」と記しますが（ガラテヤ4・19）、「神の聖さにあずかる」とは、私たちのうちに「キリストが形造られる」ことにほかなりません。それは私たちが十字架の道を歩んだ、キリストの生き方に倣うことを指していると言えましょう。

　さらに、「すべての訓練（鍛錬）は、そのときは（当座は）喜ばしいものではなく、かえって苦しく（悲しく）思えるものですが、後になると平安の実を、これによって鍛えられた人々に義を結ばせます」と記されます（12・11）。つまり、「平安の実を結ぶ」ということが、「義を結ぶ」と言い換えられているのです。

　それを前提に新改訳は「義という平安の実を結ばせます」、共同訳は「平安な義の実を結ばせる」と訳しています（ESV: peaceful fruit of righteousness）。それは、目の前の状況が自分の期待に反するような悲惨な状態であっても、主のご支配のあわれみと真実とに信頼し、神の目に

「義」と見られることを行い、そこで「平安を味わう」ことと言えましょう。それは詩篇では「なんと幸いなことでしょう。その力があなたにあり　心の中に　シオンへの大路のある人は。彼らは涙の谷を過ぎるときも　そこを泉の湧く所とします。……彼らは力から力へと進み　シオンで神の御前に現れます」と描かれます（84・5―7）。

「義という平安の実」とは、創造主との真実な交わりのうちに生きることです。義とは英語でrighteousnessと記されますが、これはright relatedness（正しい関係）と読み替えるとその意味が分かるとも言われます。私たちは「神の正義」と言いつつ自分を絶対化することがありますが、神の正義の基準は明確に示されています。私たちはその基準によって、創造主ご自身から「よくやった。良い忠実なしもべだ」（マタイ25・21）と言っていただけることを喜ぶのです。

神のみこころを行うために生かされているという平安、それこそが「義という平安の実」と言えましょう。私たちは「愛と正義の住む新しい天と新しい地」を待ち望みながら、神のかたちで生きるようにこの地に遣わされています。私たちはキリストの姿に似た者となることを目指しながら、「神の愛」をこの地に広げるために生かされています。

19　天のエルサレム市民として生き始める（12章12―24節）

共産主義の創始者マルクスは、「宗教は、悩める者のため息……人民のアヘンである。人民の幻想的なしあわせとしての宗教を廃棄することは、人民の現実的なしあわせを要求することである」と言いました[96]。しかし彼は、キリスト者こそが、平和を保ちながら、時間をかけて世界を変え続けてきたという歴史を見ようとしていませんでした。基本的人権をすべての人に認め、奴隷制を廃止したのはキリスト者の功績です。

ローマ帝国の安定と繁栄が、ローマ市民の誇りと責任意識から生み出されたと同じように、この世界に見られる愛と平和は、天のエルサレムの市民としての誇りと責任から生まれているとも言えましょう。それはジョン・ニュートンが奴隷貿易船の船長から奴隷解放の霊的な指導者へと変えられたことにも現されています。私たちに与えられた「永遠のいのち」は、私たちを平和の使者として生かすエネルギーの源です。

1　弱った手とよろめく膝を強め……平和を追い求めなさい

12章12節は「ですから」という接続詞から始まりますが、それは先の1―11節までを前提にします。この手紙の読者は想像を超えた苦難に襲われ、手も膝も消耗していたことでしょうが、著者はなお「弱った手とよろめく（衰えた）膝を強めなさい（まっすぐにしなさい）」と励まします。さらに「まっすぐな道を作りなさい、あなたがたの足のために。不自由な足が踏み外させられることなく、癒やされるためです」と記します（12・13）。それは、手や膝の回復ばかりでなく、自分たちのために「まっすぐな道を作る」ことで、何らかの苦難で「不自由にされた足」が、道から外させられることなく癒やされることを望むようにという勧めです。

「弱った手とよろめく膝を強めなさい」とは、イザヤ35章を思い起こさせる表現です。そこでは救い主への期待が劇的に美しく描かれ、その最初に「荒野と砂漠は喜び、荒れ地は喜び躍り、サフランにように花を咲かせる。盛んに花を咲かせ、歓喜して歌う。……彼らは主（ヤハウエ）の栄光、私たちの神の威光を見る」（1、2節）と記され、その上で「手を強め、膝をしっかりさせよ」と訴えられます。これこそ引用元のことばで、さらに「心騒ぐ者たちに言え。『強くあれ、恐れるな。見よ。あなたがたの神が、復讐が、神の報いがやって来る。神は来て、あなたがたを救われる。』そのとき、目の見えない者の目は開かれ、耳の聞こえない者の耳は開けられる。そのとき、足の萎えた者は鹿のように飛び跳ね、口のきけない者の舌は喜び歌う」（4―6節）と記されます。これこそイエスによる様々な「癒やし」のみわざの要約です。

続けて、「平和を追い求めなさい、すべての人との。また、聖さを（追い求めなさい）。それなしには、だれも主を見ることはありません」と記されます（12・14）。

「平和を追い求めなさい」とは、使徒パウロが「だれに対しても悪に悪を返さず、すべての人が良いと思うことを行うように心がけなさい。自分に関することについては、できる限り、すべての人と平和を保ちなさい」（ローマ12・17、18）と記したことに通じます。そこでは同時に、「愛する者たち、自分で復讐してはいけません。神の怒りに任せなさい（神の怒りのために場所を空けなさい）」と命じながら、神ご自身が「復讐はわたしのもの。わたしが報復する」と言っておられるのだからと説明しています。しかも、パウロはまず「できる限り」と述べつつ、それがいかに難しいことかを認めながら、それでもなお「すべての人と平和を保つ」ことができるための根拠として、何よりも神のさばきの公平さと厳しさが、どれほど信頼できるかということを語っているのです。

一方、イエスはイザヤ35章に預言された「救い」を実現しますが、その際、「あなたがたの神」の「復讐が、神の報いがやって来る」と記され、同時に、「神は来て、あなたがたを救われる」と宣言されます（4節）。そしてそれを前提に先に述べたように、「弱った手とよろめく膝を強めなさい。まっすぐな道を作りなさい……」と勧められます。つまり、「神の復讐」は私たちにとっての「救い」に結びつくのです。そして、私たちは神が正義を全うし、「荒野と砂漠」に、主が「盛んに花を咲かせ」てくださると信じられるからこそ、「すべての人との平和を追い求め」ることができます。

2　エサウは立ち返る（メタノイアの）機会が見出せませんでした

12章14節後半の「聖さを（追い求めなさい）。それなしには、だれも主を見ることがありません」とは、先の「この方（霊の父）は、私たちの益のために、ご自身の聖さにあずからせようとして訓練されるのです」（12・14）を受けての勧めです。

なお、「聖さ」の追求とは、「日々自分の汚れに失望しながら、聖化への憧れを持ち続ける」ことばかりではなく、私たちはすでに「神の聖さにあずかっている」という霊的事実があることを決して忘れてはなりません。それは以前、「このみこころにしたがって、私たちは聖なる者とされています。それは、イエス・キリストのからだが、ただ一度、献げられたことによるのです」（10・10）と記されていたとおりです。

レビ記の中心命令は、「あなたがたは聖なる者でなければならない。あなたがたの神、主（ヤハウェ）であるわたしが聖だからである」（19・2）であると言われます。そして、その同じ文脈の中で、「あなたの隣人を自分自身のように愛しなさい。わたしは主（ヤハウェ）である」（19・18）と記されています。「聖さ」の核心は、この世からの「分離」であると強調され過ぎる時代がありましたが、レビ記の文脈では、私たちが神の聖なる領域に招き入れられているることを前提に、神の聖さの基準で、隣人を自分自身にように愛することが求められるのです。私たちは、キリストにあって「聖なる者とされている」からこそ、神の基準に従うのです。

続くことばは原文の語順では、「あなたがたは気をつけなさい。だれも神の恵みから落ちないように、また、だれも苦い根が生え出ることがないように、それで悩ませ、それによって多くの人が汚れたりすることがないように、また、だれもエサウのように淫らな者、俗悪な者にならないように、彼は一杯の食物と引き換えに長子の権利を売ってしまいました」と記されていいます（12・15、16）。

第一の「だれも恵みから落ちないように、気をつけなさい」とは、6章4―6節にあったように、一度救いの恵みを味わったうえで、堕落してしまうなら、「もう一度悔い改め（メタノイア）に回復させることはできません」と厳しいことが語られていたからです。

また第二の「だれも苦い根が生え出ることのないように、それで悩ませ、それによって多くの人が汚れたりすることがないように（気をつけなさい）」とは、申命記29章18節の「万が一にも、今日その心が私たちの神、主（ヤハウェ）を離れて、これらの異邦の民の神々のもとに行って仕えるような男、女……があなたがたのうちにあってはならない。あなたがたのうちに、毒草や苦よもぎを生じる根があってはならない」を思い起こさせます。

それはこの書の文脈では、イエスを救い主と告白する交わりから離れ出るようなことがあってはならないという警告です。事実、「聖さを追い求める」ことの核心は、レビ記の食物律法を厳格に守るという以前に、それを与えてくださった神との交わりを寝ても覚めても第一とすることにほかならないからです。イエスは厳格な律法学者たちのことを、イザヤ書を引用しつつ、「この民は口先でわたしを敬うが、その心はわたしから遠く離れている」と非難しました（マタイ15・8）。つまり、神に熱心に仕えているように見える人の心が、神から遠く離れていたという皮肉があったのです。

また第三の警告は、「だれもエサウのように淫らな者、俗悪な者にならないように」と記されます（12・16）。ここでエサウが「淫らな者」と呼ばれることは不思議ですが、その理由は「彼が一杯の食物と引き替えに、自分の長子の権利を売ってしまった」ことにあります。エサウは、野の猟から帰って来たとき、疲れ切ってはいましたが、ヤコブが「今すぐ私に長子の権利を売ってください」と言ったとき、「私は死にそうだ。長子の権利など、私にとって何になろう」と答えてしまいました。その反応こそが、「淫らな者、俗悪な者」であることの証しです（創世記25・29―32）。それは、目の前の食べ物の誘惑に簡単に負けることと、性的な誘惑に負けることは同じ性質を表すからです。

その後、ヤコブは母リベカの知恵と策略によって、イサクからの祝福を受け継ぐ者とされますが、そこで初めて、エサウは「声の限りに激しく泣き叫び」、「お父さん、私を祝福してください、私も」と、二度も願いました。それに対し父は「おまえの住む所には地の肥沃がなく、上から天の露もない。お前は……自分の弟に仕えることになる」と告げ、彼は「父がヤコブを祝福した祝福のことで、ヤコブを恨んだ」と描かれていました（同29・34―41）。

そのことがここでは、「知ってのとおり、彼は後になって祝福を受け継ぎたいと望んだのですが、退けられました。彼は立ち返る（悔い改めの）機会を見出しませんでした、涙を流して求めたにもかかわらず」（12・17）と記されます。

そこでは、「後になって望んでも、立ち返る（メタノイアの）機会を見いだせなかった」ことが強調されています。これは第一の「神の恵みから落ちないように」と記されていたことと同じで、その中心は「メタノイア（回心）の機会が残されていない」ことです。これこそこの書で何度も詩篇95篇が引用されながら、「今日、もし御声を聞くなら、あなたがたの心を頑なにしてはならない」と繰り返されていたことの理由です（3・7、8、2・15、4・7）。

エサウの悲劇は、神の祝福を軽蔑してしまうと、立ち返る（メタノイアの）機会を見いだせなくなる分岐点があるという人間の心の現実に基づいています。彼には、食べ物と引き替えにヤコブに長子の権利を売り渡した後でも、反省する機会はあったはずです。しかし、それができなかったのは、彼が神との特別な関係、「長子の権利」をすでに軽蔑していたからです。

なお、「聖さを追い求める」が、「聖なる生活を追い求めなさい」と訳される場合があります（共同訳）。しかし、律法学者が表面的には聖い生活を守りながら、心が神から遠く離れていたように、これは「生活」の仕方以前に、神との特別な関係を何よりも大切にし続けるということを意味しました。イスラエルは、神のすばらしいみわざを見ながらも、心を頑なにし続けました。それは神からの愛の語りかけに心が動かなくなる状態です。「これ以上堕落したら、もう立ち返ることはできない……」という分岐点がだれにでもあるのではないでしょうか。

3　あなたがたが到達したのは、シナイ山ではなく、天のエルサレムです

12章18―24節は一つのまとまりとして理解する必要があります。まず「あなたがたが到達した（近づいている）のは……ではありません」と、神がシナイ山に下りてきて「十のことば」が語られたときのことが描かれます。そして、その上でそれとの比較で、「あなたがたが到達した（近づいた）のは、シオンの山、生ける神の都である天上のエルサレム……です」と記されています（22節）。

この後半の部分は多くの英語では「you have come to Mount Zion（あなたがたはシオンの山

に到達したのです）」と完了形で訳されます。先にもキリストのみわざが「この方は一つのささげ物によって、聖なる者とされている人々を、永遠に完成された」（10・14）と記されていました。私たちは今なお様々な問題のただなかに置かれてはいますが、キリストにあってすでに「完成された」者と見られています。私たちは「神の救い」を「already（すでに）」と「not yet（いまだ）」という二つの視点から見る必要があります。なお2章5－8節では、「来たるべき世」が「御使いたち」ではなく、キリストおよびキリストにつながる者の下に置かれていると記されていたことを思い起こすべきでしょう。

最初の文章は「あなたがたが到達した（近づいている）のは、触れることができるものではありません。燃える火、黒雲、暗闇、嵐、ラッパの響き、ことばのとどろき（声）などでは。それ（とどろき）を聞いた者たちは、それ以上のことばが語られないようにと懇願したのです」と訳すことができます（12・18、19）。

この情景は出エジプト記19章16節で「雷鳴と稲妻と厚い雲が山の上にあって、角笛の音が非常に高く鳴り響いたので、宿営の中の民はみな震え上がった」と描かれていました。また申命記5章22節では、「これらのことばを、主（ヤハウェ）はあの山で火と雲と暗黒の中から……大声で告げられた」と記され、それを聞いた民が「私たちは火の中から御声を聞きました。……この大きい火は私たちを焼き尽くそうとしています。もしこの上なお私たちの神、主（ヤハウェ）の御声を聞くなら、私たちは死んでしまいます」（5・24、25）と言いました。そこでは、神のもとに近づいたときの圧倒的な恐怖が描かれていました。

続く文章は、「彼らは命令に耐えることができませんでした。『もし、獣であって、山に触れる者は、石打ちにされなければならない』と。またその光景があまりにも恐ろしかったので、モーセは言いました、『私は怖くて、震える』と」と訳すことができます（12・20、21）。

それは、まず出エジプト記19章12、13節で、「山に触れる者は、だれでも必ず殺されなければならない。……獣でも人でも、生かしておいてはならない」と記されていたことの要約です。なおここでのモーセのことばは、イスラエルの民が金の子牛を作って拝んだ後のことに関して、「主（ヤハウェ）が激しく怒ってあなたがたを根絶やしにしようとされたその怒りと憤りが、私には怖かったからであった」（申命記9・19）と記されていたことからの引用だと思われます。この二つは異なった時間と状況の中で語られていることですが、主（ヤハウェ）の臨在に触れる恐怖を言い表すものとしては同じなので、ここでモーセが味わった気持ちとして引用されたのではないでしょうか。[97]

そしてこれらと対照的な喜びに満ちた希望が、結論として「しかし、あなたがたは到達して（近づいて）います。シオンの山に、生ける神の都である天のエルサレムに、無数の御使いたちの祝宴（喜びの集い）に、天に名が記された長子たちの教会に、すべてのさばき主である神に、完全な者とされた義人たちの霊に、また、新しい契約の仲介者イエスに、さらにアベルの血よりもすぐれたことを語る注がれた血に」と記されています(12・22―24)。

なお不思議にも、18節で「到達したのではない」と言われている情景は七つのことばで描かれ、この「あなたがたは到達している」と言われる情景が八つのことばで描かれます。イエスが八日目の朝に復活したように、八という数字には「新しい創造」という意味が込められていると考えてよいのかもしれません。

そして、この最初の「シオンの山」とはエルサレム神殿のあった場所ですが、それがすぐに「生ける神の都、天のエルサレム」と言い換えられます。さらにその情景が、「御使いたちの祝宴」という喜びとして描かれ、先のシナイ山の「恐怖」の情景とは対照的です。また「天に名が記された」とは、イエスが弟子たちに「あなたがたの名が天に書き記されていることを喜びなさい」(ルカ10・20)と言われたことを思い起こさせます。さらに、その集まりが「長子たちの教会」と呼ばれるのは、私たちは「神の息子(女性も同じ立場)とされる御霊(the Spirit of Sonship)」を受けているからです(ローマ8・15、ガラテヤ4・6)。

そして、「すべてのさばき主である神」とは、最後の審判の恐怖というよりも詩篇96篇10―13節などで、主のさばきが明らかになるとき、天と地のすべてのものが喜び躍ると描かれているように、この世の不条理が正される喜びの情景として記されています。

また「完全な者とされた義人たちの霊」とは先に記したようにキリストのみわざがもたらす完成であり、私たちがそのような完成へと導かれることを指しています。さらに「新しい契約の仲介者イエス」とは、すでに8章で描かれたように聖霊によって神の律法が私たちの心の中に書き記され、一人ひとりが自分から進んで神の御心を実行するようになることを可能にしてくださったイエスという意味です。最後に「アベルよりもさらにすぐれたことを語る注ぎかけられた血」と記されます。「アベルの血」とは、この時代の人々の責任を問い、神の正義の実現（復讐）を望む「血」ですが（ルカ11・51）、イエスの流された血は、「邪悪な良心をきよめ……全き信仰をもって真心から神に近づく」ことを可能にするものです（10・22）。私たちに保証された人生のゴールがどれほど豊かな場なのかを繰り返し味わう必要があります。

私たちに与えられた「永遠のいのち」とは、このような「来たるべき世のいのち」がすでに保証され、それを今から味わうことができるという意味です。私たちは今このときから、主体性を持たない奴隷根性や、社会を恨むような被害者意識を捨てて、「天のエルサレム」の誇りある「市民」として生き始めることができます。その際、当時のローマ市民の特権と誇りを考えるとその意味がよくわかります。

ローマ帝国は、もともとローマ市という都市国家が拡大したもので、当初のシステムではローマの支配地は、ローマ市民の共有財産と見られ、彼らには指導者を選ぶ投票権、自分の立場を守る訴訟権などとともに免税特権も与えられていました。その代わり、彼らは自分の財産と命をかけてローマを守る兵役義務がありました。ただこの兵役義務が、農地を顧みる間もないほどの戦いの連続で、下級のローマ市民を困窮のどん底に落とし、システムが機能しなくなります。そのため後の時代になると、有力な市民のみが徴税権を使って兵士を雇い、軍隊を組織する一方で、このローマの市民権は帝国全体の上流階級の人々に付与されることになります。彼らのほとんどはローマ市に住むことはないのですが、市民としての特権と責任意識は共有されていました。

私たちが「天のエルサレムの市民」とされるのも同じような意味があります。パウロが「私たちの国籍は天にあります（our citizenship is in heaven）」（ピリピ3・20）と言ったとき、ローマ市民権の用語を用いています。私たちは天のエルサレムに住んではいませんが、すでにその市民とされています。私たちはこの世界の人々に、キリストご自身が全世界の王として、この世界を保ち、完成に導いていることを証しするとともに、主のからだである普遍的な教会を通して神のご支配をこの地に広げていくのです。[98]

すでに紹介した奴隷船の船長であったジョン・ニュートン作詞の「栄光あふれるシオン（『讃美歌』一九四番「栄えに満ちたる」）」は、一七九七年のハイドン作のオーストリア皇帝賛歌のメロディーで親しまれます（後にドイツ国歌で採用）。その四、五番目の歌詞は以下のように訳すことができます。[99]

4御民は　主イエスを信じて仰ぎ
血潮に洗われ　恵みを受ける
とうとい王なる祭司とされて
感謝と讃美を神に献げる
5われらは天（あめ）なるシオンの民ぞ！
誉れと富との惑わしあれど
主イエスの十字架　われらの誇り
御国の喜び　日々新たなる

20 イエスに生かされる信仰（12章25節―13章8節）

しばしば、「キリストを信じることによって救われる」と言われますが、それ以前に、「キリストの真実によって救われる」という面をもっと強調すべきではないでしょうか。なぜなら、私たちは心の奥底で、「自分で自分を信じられない」という面を持っているからです。

多くの人は、必死に真理を求めた結果として信じたというより、キリストの真実が迫ってきて、知らないうちにイエスを救い主と信じるように導かれていたのではないでしょうか。あなたの信仰以前に、イエスの真実があなたを導いているという原点に立ち返るべきでしょう。

1　あなたがたは気をつけなさい、語っておられる方を拒まないようにと

12章25節は原文の語順では、「あなたがたは気をつけなさい、語っておられる方を拒まないようにと。地上において、警告を与える方を拒んだ彼らが逃れられなかったのであれば、まして、天からのものに私たちが背を向けるなら」と訳すことができます。

なお、新改訳で繰り返される「処罰」ということばは原文には記されていません（共同訳では「罰」と記し、脚注で捕捉と追記）。ただ、「警告を与える方を拒んだ彼ら」との対比で、「天からのものに私たちが背を向けるなら……」と余韻をもって記されています。そこには、全体の文脈から考えるようにという著者の意図があります。最初の「語っておられる方」とは、前節の「新しい契約の仲介者イエス」を指します。1章1、2節では、「神は昔、預言者たちによって……語られましたが、この終わりの時には、御子にあって私たちに語られました」と記されていました。また「地上において、警告を与えられる方を拒んだ」とは、先のシナイ山で神がイスラエルの民に警告を与えたことを指します。

そして彼らが「逃れられなかった」こととは、「神がご自分の安息に入らせないと誓われた」（3・18）ことを指します。それは具体的には、シナイ山のふもとで神から「十のことば」を聞いた成人男性が、ヨシュアとカレブ以外はだれ一人約束の地に入ることができなかったことです。残念ながらこれを「最後の審判」のイメージで受け止める方が多いかもしれませんが、ここでそれをイメージしてしまうと、次のことばの意味が分からなくなります。

続けて、「あのときはその声が地を震わし（揺り動かし）ましたが、今は、こう約束しておられます、『もう一度、わたしは、地だけでなく、天も揺り動かす』と」（12・26）と記されています。「その声（19節では「とどろき」と訳された）」とは、シナイ山で彼らが天の神から聞いたもので、全地を震わすようなものでした。しかも、シナイ山での「地を震わした」ということばと、「わたしは……揺り動かす」では、異なったギリシャ語が用いられています。

なお、ここで引用されているみことばはハガイ2章6節で、そこでは「もう一度、このわたしは揺り動かす、天（単数）と地、海と陸とを」（七十人訳）と記されています。なお同じことばがその21、22節でも用いられ、「わたしは揺り動かす、天と地、海と陸とを。もろもろの王国の王座を倒し、異邦の民の王国の力を滅ぼし尽くし」と記され、確かに、最後の審判的なイメージが浮かぶように記されます。しかしながらハガイ2章6、7節の流れでは、「わたしはすべての国々を揺り動かす。すべての国々の宝物がもたらされ、わたしはこの宮を栄光で満たす」と記されています。これは目に見える世界が滅ぼされるということよりも、「生ける神の都である天上のエルサレム」（12・22）、また「天上にある本体そのもの」（9・23）と呼ばれた「天の聖所」の完成をイメージさせる表現です。

しかも、このヘブル書では、ハガイ書の「天と地を揺り動かす」が、「地だけではなく天も」という表現に変えられ、「天（単数）を揺り動かして」、この目に見える世界全体を変えるという、天的な再創造が描かれます。

そのことがさらに、「この『もう一度』ということばは、震わせられる（揺り動かされる）もの、すなわち、造られたものが変えられることを示しています。それは、震わせられない

（揺り動かされない）ものが残されるためです」と記されます（12・27）。

　この箇所は「造られたものが取り除かれる」と訳されることがありますが（新改訳、共同訳）、原語は「除かれる」より「変化」を表し、「律法の変化」（7・12）という用いられ方がありました。[100] つまりここにはより明確に、この目に見える「天と地」が、「新しい天と新しい地」へと「変えられること」ことが約束されているのと理解すべきです。ちなみに「もう一度」とは今までも登場した、「一度ですべて（once for all）」（9・28等）を意味することばです。それはキリストの再臨の際に起こることで、私たちすべてが栄光の姿に変えられる時でもあります。来たるべき「新しい天と新しい地」では、恐怖が地を震わすことがなく、復活の私たちも恐怖に震える必要がありません。

　それがさらに「このように震わされる（揺り動かされる）ことのない御国を受け継ぐのですから、私たちは感謝を持とうではありませんか。それによって神に喜ばれる礼拝をささげようではありませんか、敬虔と恐れとともに。私たちの神は焼き尽くす火なのですから」と記されます（12・28、29）。

　ここでは、「感謝を持とうではありませんか」と呼びかけられながら、それとともに「神に喜ばれる礼拝を」「敬虔と恐れ」をもって「ささげる」ことが勧められています。ただ同時に最後の「恐れとともに」という表現を受けて、「焼き尽くす火」という恐ろしいことばが登場します。これは最後の審判の後の地獄のさばきを強調しているのでしょうか。

この背後にはペテロの手紙第二3章での啓示と同じ真理があります。そこでは、「今ある諸天と地は……火で焼かれるためにとっておかれ、不敬虔な者たちのさばきと滅びの日まで保たれているのです。……このように、これらのものはみな解かれるのだとすれば、あなたがたは神の日の現れ（パルーシア）を待ち望みながら、どれほど聖い生き方と敬虔さの中にとどまる必要があることでしょう。そのときには、諸々の天は燃やされて解かれ、その構成要素は焼かれて溶けるのです。しかし、新しい諸天と新しい地とを、主の約束に従って、私たちは待ち望みます。そこには、正義が宿っています」（7、12、13節、私訳）と記されています。

私たちはだれも「罪人に報復する地獄の火を待ち望みましょう！」と呼びかけはしません。私たちが待ち望むのは「正義が宿る新しい天と新しい地」なのです。ただ、その新しい世界が再び、不敬虔な者によって腐敗させられないようにと、神に反抗する者たちが火によってさばかれる必要があるのです。地獄の火と「新しい天と新しい地」は確かに切り離せない関係があります。しかし、教会の歴史を長く支配し続けてきたのは、天国か地獄かという最後の審判ばかりで、聖書が強調する「新しい天と新しい地」という希望が語られることは少なかったように思えます。しかも、その表現がないために、この地に平和を広げるという働きと、最終的なシャロームの完成ということの連続性が見えなくなりがちだったと言えましょう。[101]

つまり、「語っておられる方を拒まないように」（12・25）という注意は、何か特別な処罰を受けることがないようにというより、22―24節に約束された「（天の）シオンの山……天のエルサレム……」という最終的な「安息」に入りそびれることがないようにという意味だったのです。それは「私たちは、恐れ退いて滅びる者ではなく、信じていのちを保つ者です」（10・39）と記されていたとおりです。しかもそれは、「処罰される」ことを避ける以前に、「いのちを保つ」ことができるよう、「いのち」の創造主であるイエスの語りかけを拒絶することがないようにという勧めでした。

私たちは確かに何度も神の処罰を受けるに値する罪を犯します。しかし何度失敗しても、イエスの語りかけに耳をふさがない限り、赦されます。盗みと姦淫と殺人と偽証、むさぼりの罪を犯したダビデが、信仰の勇者、祈りの模範者として教会の中で記憶され続けてきました。大切なのはイエスの御声に耳を傾け続けることなのです。

2　わたしは決してあなたを見放さないし、決してあなたを見捨てない

13章1節は、「兄弟愛（フィラデルフィア）がいつも保たれますように」と記されます。それは先に「また、私たちは互いに注意を払おう（思い巡らそう）ではありませんか、愛と善行を促すために、その際、ある人たちの習慣に倣って自分たちの集まりを捨てることなどな

く、むしろ、励まし合いましょう」（10・24、25）と記されていたことを思い起こさせます。このように何度も繰り返されるのは、手紙の受け取り手の中には、迫害を避けるためにもとのユダヤ人たちの交わりに戻ろうとする人がいたからで、そのようにならないよう互いに注意を払い合うことが求められていたからです。

続けて「見知らぬ人への兄弟愛（旅人をもてなすこと）を忘れてはなりません。[102] それによって、ある人たちは、知らずに御使いたちをもてなしていました」と記されます（13・2）。

アブラハムがマムレの樫の木のところで三人の御使いをもてなし、サラに男の子が生まれることとソドムへのさばきを告げられた話は有名ですが、アブラハムは彼らを見るなりすぐに御使いだとわかりました（創世記18・1、2）。聖書の中には御使いだと知らずにもてなした例は登場しませんが、そのようなこともあったのかと思われます。

さらに「思いやりなさい、牢につながれている人々を、自分もともに牢にいる気持ちで。また虐げられている人々を、それはあなたがたも肉体のうちにあるのですから」と記されます（13・3）。「思いやりなさい」という命令が「牢につながれている人々」と、「虐げられている人々」の両方に向けられていますが、それぞれにおいて、「自分もともに牢にいる気持ちで」、また、同じ「肉体のうちにある」という連帯意識を持つように勧められています。「思いやり」の基本とは、その人の立場に自分を置いて、その痛みを感じてみるということです。

その上で「尊ばれるようにしなさい、結婚がすべての人々の間で。また寝床が汚されないようにしなさい。なぜなら、淫行者と姦淫者を神はさばかれるからです」と厳しく命じられます（13・4）。最近は、結婚前に子を宿すことに何の抵抗感もなくなっている世の風潮がありますが、結婚関係を神の創造の秩序として特別に聖なるものと見るべきというのは、信仰者ばかりか、「すべての人々の間で」守られるべき大切な道徳基準です。「淫行者」のギリシャ語はポルノスで「売春」を語源としますが、Ⅰテモテ1・10では「淫らな者（ポルノス）」と「男色をする者（男性同士の性的な交わり）」が同列に扱われます。また「姦淫」は結婚関係以外の性的な交わりを指します。そこには、同性間の性的な交わりにも適用されると考えてよいでしょう。聖書では「結婚関係を尊ぶ」ことが何にもまさって厳しい命令とされています。[103]

またお金に関しては、「生活が金銭を愛するものではなく（原文「非金銭愛の生活」）、今持っているもので満足しなさい。主ご自身が言われたからです、『わたしは決してあなたを見放さないし、決してあなたを見捨てない』と。ですから、私たちは確信をもって言います、『主は私にとっての助け手。私は恐れない。人が私に何をするというのか』と」（13・5、6）と記されます。

金銭愛と性的な聖さは、多くの場合セットで語られます。それは「もっと、もっと」という駆り立てから自由になることで、「金銭を愛する者は、金銭に満足することがない。豊かさを愛する者もその収益に」（伝道者5・10）と記されているとおりです。お金はあればあるほど足りなく感じられるものです。お金が増えると、それによって可能になる夢もどんどん膨らんでくるからです。大切なことは、今、持っているものに満足できることです。それにしても、ここではそれを可能にする二つのみことばが引用されますが、その文脈から意味を理解すべきでしょう。

第一は申命記31章8節からの引用で、「主（ヤハウェ）ご自身があなたに先立って進まれる。主があなたとともにおられる。主はあなたを見放さず、あなたを見捨てない。恐れてはならない。おののいてはならない」とあるように、天地万物の創造主ご自身がともにおられることが絶対的な安心感の理由として描かれます。それはヤコブが一人で母の実家に旅する途中、ベテルで石を枕に寝ていたとき、主（ヤハウェ）ご自身が夢の中で彼に現れ、「見よ。わたしはあなたとともにいて、あなたがどこに行っても、あなたを守り、あなたをこの地に連れ帰る。わたしは、あなたに約束したことを成し遂げるまで、決してあなたを捨てない」（創世記28・15）と約束されたことを思い起こさせます。すべては、神がヤコブをイスラエル民族の父として選ばれたことに始まり、神が彼を守り通すと約束されたことが安心の源となっています。それが処女マリアから生まれたイエスが「インマヌエル（神が私たちとともにおられる）と呼ばれる」ことにつながります（マタイ1・23）。

また第二の引用は、詩篇118篇6節の七十人訳からのものです。その前後では「苦しみのうちから、私は主（ヤハウェ）を呼び求めた。主（ヤハウェ）は答えて　私を広やかな土地に導かれた。主（ヤハウェ）は私の味方。私は恐れない。人は私に何ができよう。主は私の味方　私を助ける方。私は私を憎む者をものともしない」と記されます。ここでは、一見「私は恐れない」という強気の告白が気になるかもしれませんが、実際は「主（ヤハウェ）は私の味方」という表現こそが繰り返され、強調されています。しかもその直前には四回にわたって、「主の恵み（ヘセド〔契約の愛〕）はとこしえに続く」と繰り返されます。それは、主ご自身の契約のゆえに私たちのいのちが守られ続けるという意味です。この地においては「お金の力」が絶対的に見られがちで、お金は自己増殖しますが[104]、イエスにおいて明らかになった契約の愛こそが、真の安心の源となっているのです。

3　イエス・キリストは、昨日も今日も同じです、いついつまでも

13章7節では、「覚えていなさい、あなたがたの指導者たちのことを。その人たちはあなたがたに神のことばを話しました。その生き方から生まれたもの（生き方の結末）をよく見て、その信仰に倣いなさい」と記されています。

それは明らかに殉教の死をも厭わなかった指導者たちの「結末」を指します。使徒の働き6、

7章にはステパノの殉教が描かれ、それは明らかに使徒パウロの回心に先立つ信仰者の模範です。彼はユダヤの最高法院に連行され、裁判を受けますが、旧約全体から神の救いのみわざを解き明かし、イスラエルの民が繰り返し神に逆らって、ついには「救い主」をも殺したと指摘します。人々は激しく怒りますが、「聖霊に満たされ、じっと天を見つめていたステパノは、神の栄光と神の右に立っておられるイエスを見て、『見なさい。天が開けて、人の子が神の右に立っておられるのが見えます』と言った」と描かれます。それを聞いた人々は、彼を町の外に追い出して、石打ちにして殺します。そのとき、ステパノは、主を呼んで、「主イエスよ、私の霊をお受けください」と言います。さらに、ひざまずいて大声で叫んで、「主よ、この罪を彼らに負わせないでください」と言ったと記されています（7・55―60）。

ここでステパノの勇気以上に注目されるべきことは、彼が神の右に立つ復活のイエスを見ることができ、イエスとの対話の中で自分の霊をゆだねたということです。その後のパウロの回心においても、天のイエスが「サウロ、サウロ、なぜわたしを迫害するのか」（9・4）と語りかけ、復活のイエスとの対話の中で、主を預言された救い主と認めることができたと描かれます。これらの記事は、指導者の信仰の模範というより、主が彼らと共におられたということが強調されています。イエスご自身が彼らの信仰を創造し、彼らとともにおられ、彼らの「結末」へと導かれたのです。

それを前提に、「イエス・キリストは、昨日も今日も同じです、いついつまでも」（13・8）と記されています。

その際、「昨日のイエス」に関しては先に「あなたははじめに、主よ　地の基を据えられました。天もあなたの御手のわざです。これらのものは滅びます。しかしあなたはいつまでもながらえられます。すべてのものは衣のようにすり切れます。……しかし、あなたは変わることがなく、あなたの年は尽きることがありません」（1・10―12）と記されていたことが思い起こされます。しかもそれに先立って、父なる神が御子を「主」と呼び、御子が天地万物の創造主であり、御子の支配が永遠に続くとも描かれていました。また先にはモーセ自身が「キリストの（ゆえに受ける）辱めをエジプトの宝にまさる富と考えた」（11・26）と、「人の子」となる前のキリストが旧約の信仰の勇者をも導いていたと記されていました。イエスは確かに「ダビデの子」として誕生しましたが、ダビデ自身が詩篇の中で何度もキリストについて預言していたことを忘れてはなりません（1・5―9参照）。ダビデはキリストを仰ぎ見ていたのです。

また「今日のイエス」のことは、先に「今日、もし御声を聞くなら、あなたがたの心を頑なにしてはならない」（4・7）と記されていたような、「今日」の語りかけに心を開くことの勧めです。そこでは続けて、「さて私たちは、もろもろの天を通られた偉大な大祭司を持っているのですから、信仰の告白を堅く保とうではありませんか。それは私たちが、私たちの弱さに同情することができない大祭司を持っているわけではないからです」(4・14、15)と描かれています。私たちは「今日」、御声を聞き、大祭司なるイエスにとりなしを願うことができます。

さらに「いつまでも同じイエス」とは、「この方は、罪のための永遠の一つのいけにえを献げ、神の右の座に着かれました。あとは、敵がご自分の足台とされるのを待っておられます」(10・12、13)と記されていたように、イエスのご支配は敵を足台とされるまで永遠に続くということを意味します。そして12章25—27節ではキリストご自身が「新しい天と新しい地」を実現すると記されていました。しかも先には、「イエスは……変わることがない祭司職を持っておられ……人々を完全に永遠に救うことがおできになります、ご自分によって神に近づく人々を。それはこの方がいつも生きていて、彼らのためにとりなしをしておられるからです」(7・24、25)と記されていましたが、イエスの永遠の祭司職は、私たちばかりか後の世代の人々の「救い」の道をも開きます。

「イエス・キリストは、昨日も今日も同じです、いついつまでも」とはこの書全体の要約とも言えましょう。私たちは、創世記以来の神の救いの物語のすべての中に、キリストのご支配を見ることができます。そしてこの方こそ私たちをご自身と同じ「神の子」の立場に招き入れ、さらに完成へと導いていてくださいます。私たちの人生は、「キリストのうちに根ざし、建てられ」るべきものです（コロサイ2・7）。キリストこそが「信仰の創始者であり、完成者である」からです（12・2）。

しかも、それを信じさせてくださるのが聖霊のみわざです。キリストの御霊を持っていない人を、クリスチャンと呼ぶというのはことばの矛盾です。私たちは、奴隷の霊ではなく、神の子とされる御霊を受けて、イエスの父なる神に向かって、「アバ、父」と呼ぶことができているのです（ローマ8・15）。まさに、「すべてのものが神から発し、神によって成り、神に至るのです」（同11・36）。

21　主の辱めを身に負い、天の都を目指す（13章8―25節）

この日本の社会ではキリスト者はある程度の尊敬を受けられる可能性があります。私の学生時代の友人や職場の同僚も、私がキリスト教会の牧師であることを喜んでくれる人がほとんどです。それは明治以降の先輩クリスチャンや初期の宣教師たちの生き方が、評価されているおかげとも言えます。しかし同時に、私たちは日本人の心に深く根差した先祖崇拝の慣習の中で、様々な誤解や非難を受けることがあります。そのとき身近な人々の評価は一変します。この手紙を受けた人々も、当時のユダヤ人社会から、自分たちが命がけで守ってきた習慣を否定する者として、非難され、迫害されました。しかし、そのようなとき、私たちの主ご自身が、人々から不当な非難を受け、辱められたということを忘れてはなりません。

クリスチャンであることが社会的に評価されることは悪いことではありませんが、それが行きすぎて、その評判を傷つけまいと心がけ、人々の評価を気にする信仰生活になってしまうなら、まさに本末転倒です。私たちは「イエスの辱めを身に負い」ながら、この世で受け入れられ、評価されることを気にすることなく、「天のエルサレム」を目指して生きているということを決して忘れてはなりません。「私たちの国籍は天にある」（ピリピ3・20）のですから。

1　私たちは一つの祭壇を持っています

「イエス・キリストは、昨日も今日も同じです、いつまでも」とは、続く記述の前提でもあります。それが続けて、「様々な異なった奇妙な教えに惑わされてはいけません」（13・9）と記されますが、英語ＥＳＶ訳などで Do not be led away by diverse and strange teachings と訳されるように、「奇妙な」を訳出すべきです。

当時のユダヤ人はレビ記の食物律法を厳格に守っていましたが、それが本来の律法の意図と離れた方向に向かい、聖書に基づいていながら皮肉にも「奇妙な教え」に変わってしまったのだと思われます。そのことがさらに、「恵みによって心が堅くされることは良いことです。食物によってではありません。それによって歩んでいる人にとってそれは益とされませんでした」と説明されます（13・9）。命がけで食物律法を守ることよりも、「キリストの恵みによって心が堅固にされる」ことの方が何より大切だというのです。

当時の人々は、旧約聖書続編と呼ばれる、霊感されてはいない物語を愛読していました。マカバイ記二7章1節では「七人の兄弟が母親と共に捕らえられ、鞭や革ひもで責め苦を受け、律法に反して豚肉を食するように王から強いられることとなった」という書き出しから壮絶な殉教場面が描かれています（共同訳）。兄弟たちは、ギリシア人の王に向かって、「我々は、父祖の律法に違反するぐらいなら死ぬ覚悟がある」と言いますが（同7・2）、王はそう言った者の舌を切り、頭皮を剝ぎ、手足を切り取って鍋で焼き殺します。残りの兄弟たちは互いに励まし、主の律法への忠誠を誓い合い、同じように殺されました。母親も最後に残った息子に「この死刑執行人を恐れず、兄たちに倣って、死を受け入れなさい」と励まします（同7・29）。

しかし、レビ記11章は、豚肉を食べないことを神の民のしるしとする規定でしょうか。そこではその意味が「自分の身を聖別して、聖なるものとならなければならない。……自分自身を汚してはならない。わたしは、あなたがたの神となるために、あなたがたをエジプトの地から導き出した主（ヤハウェ）であるから」（44、45節）と記されます。そしてそこでの「汚れ」とは、たとえば、「死骸に触れる者はだれでも夕方まで汚れる」（24節）などと記されることを指します。しかし、死骸に触れずに生きられる人はいないはずで、これを命がけで守る規定と考えられるのでしょうか。ところが当時の律法学者たちは、これを「異邦人や罪人と一緒に食事をしてはならない」という規定へと発展させます。彼らはイエスが取税人や罪人たちとともに食卓に着いていることを非難しましたが、主はそれに対し、「医者を必要とするのは、丈夫な人ではなく病人です。『わたしが喜びとするのは真実の愛。いけにえではない』とはどういう意味か、行って学びなさい。わたしが来たのは、正しい人を招くためではなく、罪人を招くためです」と、ホセア書6章6節を学び直すようにと言われました（マタイ9・12、13）。

本来イスラエルの民は、異邦人にまことの神を紹介する「祭司の王国、聖なる国民」として選ばれたのですが（出エジプト19・6）、律法を、異邦人を軽蔑する根拠に変えてしまいました。同じく私たちも世の人々を「偶像礼拝者」として軽蔑してはなりません。神の「聖さ」に倣うとは、神との愛の交わりの中で生かされながら、この世に遣わされるためです。世との分離ばかりを強調するのは「奇妙な教え」です。私たちがこの世の偶像礼拝者と距離を保つ必要があるにしても、その目的は「恵みによって心が堅くされる」ための環境設定にすぎません。

13章10、11節では、「私たちは一つの祭壇を持っており、そこからのものは、幕屋で仕える者たちは食べる権利を持っていません。それは、動物の血は罪のきよめのために大祭司によって聖所に携えられますが、からだは宿営の外で焼かれるからです」と記されます。

この背景にはレビ記16章の「贖罪の日」での「罪のきよめのささげ物の雄牛と……雄やぎで、その血が宥めのために聖所に持って行かれたものは、宿営の外に運び出し、皮と肉と汚物を火で焼く」（27節）という規定がありました。それにしても、ここでは「私たち（キリスト者）は一つの祭壇を持っている」という不思議な宣言から始まっています。それは先に「私たちはこのような大祭司を持って」おり、「この方は、天におられる大いなる方の御座の右に座し、聖所で仕えておられる」と記されていたからです（8・1、2）。つまり、私たちは「天の祭壇を持って」おり、「私たちはイエスの血によって大胆に聖所に入ることができる」（10・19）と記されているのです。

イエスは、「わたしの肉を食べ、わたしの血を飲む者は、永遠のいのちを持っています。わたしは終わりの日にその人をよみがえらせます」（ヨハネ6・54）と言われましたが、私たちは聖餐式において、その霊が天の祭壇に引き上げられ、イエスご自身の尊いみからだと御血をいただきます。聖餐式とは、復活し天に座しておられるイエスとの交わりの機会なのです。それは私たちがすでに、天の真の祭壇につながっていることを喜ぶ機会でもあります。

2　神に喜ばれるいけにえ　賛美（証し）とコイノニア

13章12節では、「それでイエスも、ご自分の血によって民を聖なるものとするために、門の外で苦しみを受けられました」と、イエスご自身が「贖罪の日」のいけにえとなられたことが描かれます。ただ、それは「過越の子羊」として「屠られる」という苦しみのためというよりも、「ご自分の血によって、ただ一度だけ聖所に入られる」（9・12）ためでした。[105] そしてそれによって、私たちのためにも神に近づく「新しい生ける道」が開かれたのです（10・20）。

不思議なのは、それを受けて、「ですから、私たちは宿営の外に出てみもとに行こうではありませんか、イエスの辱めをその身に負いながら」（13・13）と記されることです。

イエスが「門の外で苦しみを受けた」のは私たちが「聖なる神との交わりを回復」できるためでしたが、それがどうして私たちが「イエスの辱めを負う」ということにつながるのでしょう。しばしば、中世のカトリック教会では、キリストの「苦しみに倣う」ことで私たちの罪がきよめられると教えられ、イエスの十字架の苦しみの姿ばかりを思い浮かべる祭壇が築かれてきたように思われます。

それに対しプロテスタントの教会では、十字架にイエスの苦しみの姿を現すことはほとんどしません。それは、イエスの十字架を、「罪と死の力に対する勝利」として強調するためです。ですから「イエスの辱めを身に負う」のは、私たちの「罪の贖い」のためではなく、イエスがそれによって「神の右の座に着かれた」というその勝利にあずかるためと言えます。

パウロも、「この世と調子を合わせてはいけません。むしろ心を新たにすることで、自分を変えていただきなさい。そうすれば、神のみこころは何か、すなわち、何が良いことで、神に喜ばれ、完全であるのかを見分けるようになります」（ローマ12・２）と記しています。特に日本の社会では、「同調圧力」がどの集団にも強く働き、時にキリスト教会の中にさえも作用しますが、私たちはみな一人で神の前に立ち、神のみこころを思い巡らすという個人的な交わりが何よりも大切です。

なお、イエスが十字架を忍ばれた理由は、先に「この方は、目の前に置かれた喜びのゆえに、十字架を耐え忍びました、辱めを軽蔑することによってですが、神の御座の右に着座されたのです」と記されていました（12・2）。つまり、イエスはこの世的な辱めを軽蔑することによって、栄光の御座に着かれたと描かれているのです。私たちもそのように人生のゴールを明確にする必要があります。

　そのことがさらに「それは私たちがいつまでも続く都をここに持っているのではなく、むしろ来たるべきものを探し求めているからです」（13・14）と記されます。私たちの主が、ユダヤ人から異端者呼ばわりされ「辱め」を受けたのですから、当時のユダヤ人クリスチャンが、ユダヤ人の交わりから排除されることを恐れる必要がないという希望の根拠がここで改めて強調されています。私たちも村八分にされることを恐れる必要がありません。

　それを前提に、現在の私たちに求められることが「ですから私たちはこの方を通して、賛美のいけにえを絶えず神にささげようではありませんか。それは、唇の果実であり、この方の御名を告白するものです。善い行いと、分かち合うこと（コイノニア）を忘れてはなりません。そのようないけにえこそ、神に喜ばれているからです」（13・15、16、傍点筆者）と記されています。

　ここでは「いけにえ」ということばが繰り返され、キリストによる永遠の贖いが完成していることを前提に、新約時代の新しい「いけにえ」が命じられています。それは第一に、「イエスこそが救い主であることを告白する賛美」です。これこそ動物のいけにえに代わるものです。またそれは第二に、「善い行い」としての兄弟姉妹が互いに愛し合う「分かち合い（コイノニア）」です。初代教会では「信じた大勢の人々は心と思いを一つにして、だれ一人自分が所有しているものを自分のものと言わず、すべてを共有（コイナ）して」（使徒４・32）いました。それは私有財産制の否定ではなく、「これは私のもの！」と互いに主張し合うことがないという愛の交わりの実現で、それこそが聖霊のみわざでした。

旧約の時代の人々は、神への感謝と献身を現す「全焼のささげ物」、「罪のきよめのささげ物」、過失賠償のための「代償のささげ物」、神と人との「交わりのいけにえ」などを献げる必要がありました。それは聖なる神が彼らの真ん中に住んでくださるという、神との交わりを継続するために必要なことでした。しかし、神の子イエスが、ご自身の血を天の聖所に献げられたことで、すべての「いけにえの血」が必要なくなりました。その代わりに私たちが献げるのは「賛美のいけにえ」です。それは何よりもイエスの救いのみわざをたたえる「唇の果実」です。それは歌うこと以上に、主のみわざを証しすることです。初代教会の礼拝では、次から次と礼拝参加者が自分のうちになされた主のみわざを証ししていました（Ⅰコリント14章）。私たちの礼拝でも、次から次と人々が立って、イエスのみわざを証しし合うことができればと願っています。また、同時にもう一つのいけにえは、「善い行い」、特に、自分の持ち物を「分かち合う」ことです。それは特に食事の交わりとして表現されました。私たちの教会で毎週、食事が用意され、それをともに味わうことができていることは本当にすばらしいことです。

なお旧約の時代にはレビ人が神への奉仕のために聖別され、その生活の必要を他の十二部族が負うという形で礼拝が守られました。そのためにすべてのイスラエル人には、収入の「十分の一」を主に献げることが命じられ、それがレビ人に与えられました（民数記18・21―24）。それは現代的にはキリスト教会の働きが健全に運営されるための資金になり、上記の二つのいけにえとは全く趣旨が異なります。残念ながら現代的な「いけにえ」にばかり目が向かい、聖別献金が軽んじられ教会財政が逼迫することがありますが、その違いを理解すべきです。

3　平和の神が、ご自身の「望み」を私たちに行わせてくださいますように

13章17節は「聞き入れなさい（説得されなさい）、あなたがたの指導者（のことば）を、また従いなさい（自分を権威の下に置きなさい）。この人たちはあなたがたのたましいのための見張りをしているからです、神に説明責任を負う者として。彼らが喜んでそれをなし、嘆きながらでないために。そうでないと、あなたがたの益になりません」と記されます。

これは、「牧師の権威を尊重し、説得されるような謙遜な聞き方をしなさい」という意味で、その理由は、牧師は神に対して、礼拝者のたましいに関しての説明責任を負わされているから

です。牧師は信徒が誤った教えに惑わされないように見張りをしているのです。キリスト教世界には、あなたの牧師よりも信頼できそうな人はいくらでもいます。しかし、あなた個人のことを知って、祈っている牧師は、他に多くはいません。「うちの先生は、こう言っていたけど、別の先生はこう言っていた……」などと安易な比較をすることはこのみことばに反します。どのような文脈の中で、どのような状況の人に語っているかが大切だからです。ただし、牧師の権威は、みことばの解釈に関することですから、結婚、就職、住居、その他、日々の生活などの細々な判断は、一人ひとりが自分の責任においてなすべきことです。

18節は「私たちのためにも祈ってください。私たちは正しい（きよい）良心を持っていると確信しており、すべてにおいて正しく（ふさわしく）行動したいと望んでいるからです」と訳すことができます。

これは「キリストの血は……私たちの良心をきよめないわけがありましょうか。それは死んだ行いから離れさせ、生ける神に仕える者にすることとです」（9・14）と記されていたことを思い起こさせます。キリストの血には、あなたの「良心」の機能をきよめて、生ける神に堂々と仕えたいと「望む」ように変える力があるのです。「良心のきよめ」とは、私たちが何を「望むようになるか」という、心の奥底の願望を変える働きとして理解すべきでしょう。

続けて、先の「祈ってください」ということばを受けて、「さらにいっそう、そのようにすることを懇願します。それによって、私があなたがたのもとに早く戻ることができるように」と記されます（13・19）。この記述によって、この書の著者は囚われの身として、自由に行動できなくなっていることが想像できるかもしれませんが、それは推測にすぎません。[106]

13章20、21節では、「平和の神が、永遠の契約の血による羊の大牧者、私たちの主イエスを死者の中から導き出されましたが、あらゆる良いものをもってあなたがたを整え、ご自身の望み（みこころ）を行わせてくださいますように、また、御前で喜ばれることを私たちのうちに行ってくださいますように、イエス・キリストを通してこの方に栄光が世々限りなくありますように」と記されます。

この主語は「平和の神」で、羊の大牧者であるイエスを死者の中からよみがえらせたと描かれます。これはこの書で唯一明確に、キリストの復活を描いた箇所でもあると言われます。[107] また、この地には人間の「牧者」がいますが、イエスこそが真の「大牧者」であり、ご自身の血によって「新しい契約」を実現してくださいました。そして神はこの方を通して私たちの「望み（意志）」を「整え」、「御前で喜ばれること」を行いたくなるように変えてくださいます。「平和の神」ご自身が、聖霊によって私たちの意志を整えてくださるのです。

そして不思議にも13章22節では「あなたがたに懇願します。兄弟たちよ、このような励ましのことばを耐え忍んで（我慢して）ください。私は手短に書いたのです」と記されます。これらは驚くべき表現です。著者は読者の耳に痛いことばかりを書かざるを得なかったことを非常に残念に思い、厳しい警告を補うもっと長い手紙を書きたかったのかもしれません。

その上で、「私の兄弟テモテが釈放されたということを知ってください。もし彼が早く来れば、私は彼と一緒にあなたがたに会えるでしょう」（13・23）と記されます。テモテはパウロの弟子のような存在であることは周知の事実でしたから、この手紙の著者はパウロとも親しい関係にあったことが示唆されます。[108] しかも24、25節では、「よろしくと伝えてください、あなたがたのすべての指導者たちとすべての聖徒たちに、また、イタリアから来た人たちが、あなたがたによろしくと言っています。恵みがあなたがたすべてとともにありますように」と記されます。「イタリアから来た」とは、著者はローマから追放された人々が著者のもとにいるということを示唆します。これによって、著者はローマ教会の信徒たちとの交わりの中でこの手紙を書いていると解釈することができます。すると、ヘブル書の著者は、パウロがローマ教会に向けて書いた「ローマ人への手紙」を読んでおり、それを補うような意味でこの手紙を書いていると解釈することもできましょう。そのように考えるとヘブル書には大きな意味が加えられます。

私たちはローマ人への手紙とヘブル人への手紙を合わせて読むときに、キリストのみわざをより多角的により立体的に思い巡らすことができるとも考えられましょう。村瀬俊夫先生は、ヘブル人への手紙の講解の本のタイトルを「とこしえに祭司であるキリスト」としていますが、それこそこの手紙の核心を現したものと言えましょう。[109] それは「私たちの弱さに同情することができない大祭司……ではない」（4・15）と言われるイエスは今、あなたのためのとりなしを天においてしておられるからです。確かに、ヘブル書では、背教に対する厳しい警告が記されていますが、ローマ人への手紙と合わせて読むときに、私たちの救いは、失われようのない確かなものであるということがより明らかに伝わってくることでしょう。

日本の価値観の中には、「和をもって貴しとなし、逆らうことなきを宗とせよ」ということばが深く根付いています。それは教会にも起こり得ることです。日本人とユダヤ人には、伝統的な共同体への強い帰属意識という共通点があり、キリスト者になるには、村社会のカルチャーから飛び出す勇気が必要です。そのため両民族に福音を信じさせるのには大きな困難が伴います。ヘブル書は、当時のユダヤ人クリスチャンに向けて記されましたが、これこそ村社会に生きる日本人クリスチャンに向けての最高のメッセージと言えましょう。この世の社会で評価される信仰者の姿から、「イエスの辱めを身に負う」生き方への転換が求められます。

あとがき

本書は最初、立川福音自由教会の礼拝メッセージの原稿として準備されました。その後、一般の人々を対象とした自由学園公開講座において延べ十二時間にわたる講義のための原稿として全面的に書き換えられました。その流れの中で、それを一冊の本にまとめてほしいとの要望が出され、出版準備へと進みました。そして、新型コロナウイルス蔓延による外出自粛要請のただ中で、文章を全面的に書き直すとともに、より深い興味をお持ちいただけそうな方のための細かな脚注を追加しました。

本書で何度もデイビット・モフィット博士の論文を引用させていただきました。十分に理解できていない部分があるかもしれませんが、彼の画期的な視点を知ることがなければ、このような本を書く思いには導かれませんでした。原論文は、多くの方々にお読みいただくには難解すぎる面がありますので、筆者なりの理解で分かりやすく解説させていただきました。彼は、スコットランドのセント・アンドリューズ大学近くのレストランで、私たちの救い主であるイエスが、天の聖所で私たち一人ひとりのためにとりなしていてくださることの恵みを熱く語ってくれました。そのとき、筆者も彼の話をより多くの人々に分かち合いたいと思いました。なお、その機会となった二〇一六年九月のスコットランド訪問の最大の目的は、憧れのN・T・ライト教授の講義を聴講し、個人的な質疑応答をさせていただくことでしたが、モフィット氏のおかげでその訪問がさらに恵み深いものとなりました。そのような出会いのきっかけを与えてくださった山口希生博士にも心より感謝しております。

本書でアメイジン・グレイスの作者ジョン・ニュートンの話を何度も引用しました。それは私たちが自分の偏見から解放されるのには長い年月を必要とすることの良い例になるからです。多くの人が誤解していますが、皮肉にもジョンは回心の後になって、奴隷船の船長に抜擢され、聖書を読みながら忌まわしい奴隷貿易を六年間も続け、この有名な曲を書いた四十七歳のときには、奴隷貿易反対運動とはまったく無縁の存在でした。彼がこの運動に関わるのは回心から三十八年後、牧師になって二十二年後でした。筆者もいつまでたっても変わらない自分に失望することがありますが、このような例を見ると慰められます。私たちも他の人にあまり性急な変化を望んでもいけないのかと思わされます。

なお、いのちのことば社さんの田崎学氏をはじめとするスタッフの方々には、今回も丁寧に細部にわたるまで原稿を見ていただき出版へと導いてくださいましたことに心より感謝申し上げます。装丁は長尾優さん、筆者の写真は石黒ミカコさんによるものです。

また、立川福音自由教会は昨年、開拓三十周年を祝うことができましたが、その間、この未熟な牧師を支えて励まし祈ってくださった愛兄姉に心より感謝申し上げます。また誰よりも、四十数年にわたってともに生きてくることができた愛する妻、洋子に感謝しております。

高橋秀典

二〇二〇年七月二十六日

注

1　David M. Moffitt, *Atonement and the Logic of Resurrection in the Epistle to the Hebrew*, Brill, 2013. モフィット氏は二〇一〇年、Duke University の世界的に有名な神学者 Richard B. Heys 教授のもとで哲学博士号を取得したが、本書は、その博士論文を基に記されている。彼は現在英国セント・アンドリューズ大学で、N・T・ライト教授の協力者の Senior Lecturer として新約学を教え、二〇一六年六月に来日、東京神学大学等で特別講義を開かれた。山口希生氏は、ライト教授と彼のもとで博士論文を記したが、筆者は山口氏を通してモフィット氏とお交わりをいただくことができた。本書は、筆者が旧約聖書の解説シリーズを前提に、旧約の成就という観点から記されているが、キリストの復活や天の神殿での大祭司としての働き等の視点に関してはモフィット氏の解説に依存するところが多くある。ただ、あくまでの筆者が理解している範囲の解説であるという限界をご理解いただきたい。

2　モフィットは、多くの聖書学者がヘブル書に復活のことが明記されていない理由として第一に、イエスの高挙の影に復活の記事は隠されている、または第二に、著者の中心的な視点はイエスの十字架の自己犠牲の意味を明らかにすることにあったと説明している。しかし、彼によれば、本来の復活の意味は第一に、人間イエスの身体が不滅になったこと、また第二に、イエスの死が罪の贖いになったというよりは、復活によってご自身の身体を天の聖所に献げることができたのであり、その天の聖所での瞬間こそが、人間の罪の贖いときよめになったと論じようとしている（*Ibid.*, p. 1, 2）。

3　ライトは *The Day the Revolution Began: Reconsidering the Meaning of Jesau's Crucification*, Harper one, 2016 のあとがきで、「一世紀における過越の祭りの意味と贖罪の日の意味を分析した山口希生の論文が、この

本を書く契機になった」と記している。山口の博士論文の速やかな出版を願うが、そこで彼は、キリストが十字架で「のろわれた者」となられたことは「新しい出エジプト」に結びつけるべきことではあるが、その犠牲をレビ記の贖罪の日の罪のきよめに直接結びつけると、のろわれた者の血が罪をきよめるという論理的な矛盾が起きると述べている。罪のきよめに用いられるのは、復活のイエスがご自身の血を天の聖所に携えたからであり、その視点はレビ記とヘブル書の従来の読み方を変える意味がある。

4　モフィットは「レビ記16章の贖罪の日の贖いの核心は、動物を身代わりに犠牲とすることではなく、いのちとしての血を至聖所にささげることにある」と論じている（Moffitt, pp. 271-274）。

5　1章3節注。Philip Shaff, *The Creeds of Christndom*, Baker, 1985, volume1, p. 24; volume2, p. 59 から私訳。

6　1章5節注。高橋秀典『心を生かす祈り』いのちのことば社、二〇一〇年、二八五、二八六頁。

7　1章6節注。G. K. Beale and D. A. Carson, *Commentary on the New Testament Use of The Old Testament*, Baker 2007, p. 932. この箇所によると、申命記32章43節は、神がイスラエルを諸外国を用いて懲らしめた後に、神が諸国をさばいて、イスラエルを再興するという最終的な救いを預言する箇所であるが、そこにおいて、救い主が第二のアダムとして御使いたちの礼拝を受けるという意味で、七十人訳では記されている。一世紀のラビの文書には、大天使ミカエルが神のかたちに創造されたアダムを礼拝したのに対し、サタンはそれを拒絶して、天から追い出され、その後サタンはアダムを堕落させた。しかし、世の終わりにはすべての御使いたちが第二のアダムであるキリストを礼拝すると期待された、と記されている。

8　1章13節注。N・T・ライトは、「イエスの物語は、イスラエルの神がどのように王となられたのかという物語である」と述べている（N. T. Wright, *How God Became King: The Forgotten Story of the Gospels*, HarperOne, 2011, p. 38）。

9　2章1節脚注。John Newton, *Out of Depth: An Autobiography of John Newton*, Moody press, p. 16.

10　*Ibid.*, p. 20.

11　栗栖ひろみ「奴隷商人から神の僕に」10、『百万人の福音』二〇一七年十月号、三七頁。

12 前掲書、三七頁。

13 2章2、3節脚注。John Newton, pp. 72, 73.

14 *Ibid.*, p. 74.

15 2章5節脚注。「奴隷商人から神の僕に」22、『百万人の福音』二〇一八年十月号、四六頁。

16 2章6、7節脚注。John newton, p. 124.

17 シェリー・ケーガン『「死」とは何か イェール大学で23年連続の人気講義』柴田裕之訳、文響社、二〇一八年、二四一二七頁「第3部、序文」。

18 2章5節脚注。これは申命記32章8節七十人訳、イザヤ24・21、ダニエル10・13、20、21などから明らかなことと言える（Moffit, p. 119)。

19 Moffit, pp. 138-142. モフィットは、人間は血と肉を持っていることにおいて、御使いに勝っているという視点を当時のユダヤ人たちが持っていたと、様々な文書を背景に論じている。私たちは「血と肉」を持っていることを御使いに劣ることと無意識のうちに思っているが、それはギリシャ哲学的な視点を暗黙のうちに受け入れているからとも言えよう。

20 2章10節脚注。アタナシオス『言（ロゴス）の受肉』（小高毅訳、『中世思想原典集成2』平凡社、一九九二年、一三四頁)。

21 カトリック以前からの伝統を持つギリシャ正教、ロシア正教などの東方教会は、「救い」を「神化（Deification)」と表現してきた。ウラジーミル・ロースキィ『キリスト教東方の神秘思想』宮本久雄訳、勁草書房、一九八六年、一六九、一七一頁においてロースキィは人間の堕落を、ニュッサのグレゴリウスを引用しつつ「人間は自分の中で神と交流する能力を塞ぎ、その結果人間を通じて被造世界全体へと流れわたるはずであった恩恵への道を閉ざしてしまったのである。……神のエネルギー——非被造的で神化する力をもつ恩恵——は人間にとって疎遠なものにとどまった」と記している。

22 2章11節脚注。新改訳二〇一七では「御父」を意図した訳になり、共同訳では「一つの源」と訳されている。この解釈に関しては多くの神学議論が重ねられてきているが、最近は「アダム」と理解する学者が増えている。モフィットはこの箇所のテーマは御子の人間としての性質なのだから、これが神を指すという解釈は最も無理があると述べている（Moffitt, p. 131）。

23　2章14節脚注。アタナシウスは「イエスは、正しく死ぬべき肉体を取ることで、その死によって死の力を完全に滅ぼし、人間が神のかたち（イメージ）へと再び新たになるようにされた」と述べている（13章末）。Saint Athanasius, *On The Incarnation* 13, tras. John Baker, St. Vladimir's Seminary Press, 2011, p. 79)

24　2章14節脚注。アタナシウスは「万物を超越する神のことばである方が、ご自分の神殿、身体的な道具をすべての人のための代償として献げて、死における負債を返済してくださったのである」と記している（アタナシオス、前掲書、9章2節、六九頁）。C・S・ルイスはアタナシウスの本著の英語訳に序文を書いているが、ナルニア国物語にはこのような古典的贖罪論が生かされている。C・S・ルイスは『ライオンと魔女』で、罪のないアスランが、魔女の奴隷になったエドマンドの身代わりに死ぬことによって、エドマンドを魔女の支配から解放したばかりか、罪のない者を死に定めた魔女がその力の根拠を失い、魔女が持つ死の支配力自体が失われ、世界が魔女の支配から解放されたという論理を展開する。それこそ「死における負債」がイエスの死によって返済されたということを物語化したものである。それによって「罪によって死が入り、死がすべての人に広がり、それによってすべての人が罪を犯した」（ローマ5・12、私訳）という罪と死の論理が砕かれる。人は、神に逆らう罪によって悪魔の奴隷とされ、死の恐怖の奴隷とされるが、その結果、さらに「どうせ、明日は死ぬのだから」という自暴自棄に駆り立てられる（Iコリント15・32）。それに対し、人間をその罪によって死に定めた、死における負債をイエスが支払うことによって、人々は死の支配から解放され、希望をもって生き、さらに罪に身を任すという生き方から解放されるという救いが実現する。

25　2章15節脚注。テルトゥリアヌス『護教論（アポロゲティクス）』50章13節（『キリスト教教父著作集14』鈴木一郎訳、教文館、一九八七年、一一七、一一八頁）。

26 歴史的には、三一二年に皇帝コンスタンティヌスが回心し、三一三年のミラノ勅令でキリスト教が公認された。

27 アタナシオス、前掲書、一〇六頁、31章の記述から。

28 アタナシオス、前掲書、一三二頁、51、52章の記述から。

29 アタナシオス、前掲書、九九頁、25章3節。

30 第四部序文。N・T・ライトは新しい創造に関して次のように語っている。「十字架において、イエスはまさに、人々を隷属させている力を滅ぼされた。初代のクリスチャンにとって、革命は最初の聖金曜日に起こったのだ。支配者や権力者たちは確かに死の一撃を受けた。それは、『それで私たちはこの世から逃げて天国に行ける』という意味ではなく、『今やイエスはこの世界の王であられる。それで私たちは主のご支配のもとで生き、主の王国を宣言しなければならない』という意味である。革命は始まった。それは続かなければならない。イエスに従う者は、単にその恩恵を受けられるというばかりでなく、王国の代理人（agents）とされたのだ」（N. T. Wright, *The Day the Revolution*, pp. 391, 392）。

31 3章2節脚注。モフィットは紀元前一―三世紀の間に記された *The Exagoge of Ezekiel* に、モーセが天の王座に着いてこの地を見下ろしているという幻が描かれていることを引用している（*Ibid.*, p. 157）。

32 Beale and Carson, p. 953 参照。

33 3章13節脚注。Tom Wright, *Hebrew for Everyone*, SPCK, 2003, p. 30. なお、ライトはパウロが「罪」というとき、英語で大文字の「Sin」として人間の力を超える宇宙的な擬人化された力として用いられる場合が多いと述べる。「罪」と「死」は、キリストの再臨によって滅ぼされるべき力として描かれることが多い（N. T. Wright, *Paul and the Faithfulness of God*, Fortress Press, 2013, p. 756）。私たちはあまりにも「罪」を人間的な意志で退けることができるように考える傾向があるのではないだろうか。しかし、たとえばパウロは、「神は……御子を……遣わし、肉において『罪』を処罰された」（ローマ8・3）というような表現において罪の力に対する勝利を描いている。

34　4章4節脚注。ジョン・H・ウォルトン『創世記1章の再発見——古代の世界観で聖書を読む』いのちのことば社、二〇一八年、八九頁参照。

35　Moffitt, p. 78.

36　『愛する子どもたちへ——マザー・テレサの遺言』片柳弘史編訳、ドン・ボスコ社、四八頁。

37　4章14節脚注。モフィットは古代ユダヤ文書におけるモーセやエノクの昇天の記事を分析しているが、そこでは人間の身体を持ったモーセやエノクが天にいることができることの不思議が説明しきれていないと論じている。一方イエスの昇天の場合は十字架という明確な死を経て、復活の身体に変えられて天に昇ったと描かれていると、そこにある明確な違いを説明している（Moffitt, p. 180）。

38　Moffitt, p. 196 参照。

39　大塚野百合『賛美歌・聖歌ものがたり』一九九五年、創元社、一二〇―一二四頁参照。

40　5章11節脚注。たとえばF・F・ブルースは「キリストが『メルキゼデクの位に等しい大祭司』である重要性を詳述するのが、論理的順序である」と記している（F・F・ブルース『ヘブル人への手紙——新約聖書注解』宮村武夫訳、聖書図書刊行会、一九七八年、一〇二頁）。一方で、B・F・ウェストコットは、どちらの可能性も正当化できると述べつつ、「本書のテーマはキリストの祭司職と犠牲が最も困難な課題であり、それはメルキゼデクにおいて予表されているが、その重要性は当時のユダヤ人に見過ごされていた」と記している（B. F. Westcott, *The Epistle to the Hebrews: The Greek Text with the Notes and Essay*, 1984, Eerdmanns, p. 132）。

41　これは日本福音自由教会の式文を参考に伝統的な式文に適合させたもの。

42　『洗礼・聖餐・職務——教会の見える一致をめざして』日本キリスト教協議会信仰と職制委員会／日本カトリック教会エキュメニズム委員会編訳、日本基督教団出版局、一九八五年、四四頁参照。

43　6章2節脚注。山口希生は「ヘブル書の前提となっている『世界観』」ということで「ダニエル書は、終わりの時における死者の復活とそれに続く裁きを明確に語る旧約聖書中唯一の書であり、また『ペルシャの国の君』『イスラエルの国の君』と呼ばれる天使たちの戦いが地上の諸王国間の戦いにも影響を及ぼすなど、天使たちが人類の諸民族の歴史に大きなインパクトを与えているという世界観を明確に表明している唯一の書でもある」と記している。なお、当時パリサイ派はダニエル書を聖典と受け入れていたが、サドカイ派はそれを受け入れず復活も天使もないと主張していた（使徒23・8）。山口希生「神の王国」29、『舟の右側』二〇二〇年一月号、地引網出版、四七頁。

44　ニュートンはその回顧録で、自分がそのときに思い起こしたみことばは、特に箴言1章24－31節、ヘブル6章4－6節、Ⅱペテロ2章20節であったと記している（John Newton, p. 73）。

45　栗栖ひろみ「奴隷商人から神の僕に」22、『百万人の福音』二〇一八年十月号、四六頁。

46　6章13－15節脚注。イスラムのホームページ「アル＝クルアーン（コーラン）アラビア語日本語対訳」（『日亜対訳聖クルアーンCDROM』二〇〇二年発売をもとに）。

47　*Glorious Quran*, Translation by Abdulla Yusuf Ali, Nadium & Co London, 1975;『コーラン』（世界の名著15）伴康哉／池田修訳、中央公論社、一九七三年を参照。

48　「アル＝クルアーン（コーラン）アラビア語日本語対訳」（カッコ内筆者）。

49　第八部結論脚注。ダンテ・アリギエリ『神曲』（『ドレの神曲』谷口江里也訳、宝島社、一二三〇頁）。ダンテ（一二六五－一三二一年）は地獄や煉獄のイメージを人々の心に焼き付ける面で決定的な影響力を持ったと言われている。興味深いことに、一二七六年に在位一か月で死去したローマ法王アドリアーノ五世もそこで苦しんでいると描写されていた。

50　Moffit, p. 204.

51　Moffit, pp. 203, 207.

52　7章19節脚注。二世紀後半の教父エイレナイオスは「神の御言葉、神の子……はまた『時の終わりにあたって』すべてのものを再統合するため、人々の中で人間、つまり見えるもの、手で触れることができるものとなった。それは死を滅ぼして生命を見えるかたちで顕し、神と人との交わりをもたらすためであった。……『天と地にある一切のものを』自ら『の内に再統合する』(エフェソ1・10)ことになっていることを預言者たちは告げ知らせたのである」と記している(『使徒たちの使信の説明』6、30〔小林稔訳、『中世思想原典集成1初期ギリシア教父』平凡社、一九九五年、二〇八、二二三頁〕)。さらにN・T・ライトは宗教改革者たちがローマ書やガラテヤ書の代わりにエペソ書に注目していたら西欧の歴史は違ったものになっていたのではないかと思い巡らしている。それはエペソ書のテーマが明らかに再統合にあるからである(*The Day Revolution Began*, p. 33)。

53 第十部序文脚注。イエスの十字架から約百五十年後(紀元一四四年)に異端宣告を受けたマルキオンはパウロ書簡ばかりを重んじ、旧約の律法を神のさばきだけを訴える者としてその教えを否定した。それに対しエイレナイオスを初めとする教父たちは、旧約がなければ新約の福音は理解できないとして旧約のストーリーから新約を語ることを大切にし、結果的に、旧約、新約という呼び方が定着したとも言えるように思われる。

54 7章28節脚注。モフィットは、「イエスが(復活し)完全にされたことは、永遠の大祭司として仕えることができるための先行条件であった」と記している(Moffit, p. 197)。それに対し、F・F・ブルースは「十字架上でのキリストの死と神の右の座に着かれること……このような構造においては、復活は……特に独立したものとして位置を占めていない」と述べ、キリストの復活を抜いて祭司の働きを描いている(ブルース、六〇頁)。このような見方が伝統的になされてきたが、そのような解釈は、キリストの血に犠牲の意味ばかりを求め、その血がいのちの象徴として聖所をきよめる働きがあったという点を見過ごしているように思われる。

55 8章5節脚注。モフィットは「地上の聖所はレビ人の祭司が罪を処理するために神にささげ物を献げる場であった。その対比でイエスは、この地上の幕屋が現している天における本物の幕屋にご自身のささげ物をささげておられる」と記している(Moffit, pp. 220, 221)。私たちはあまりにも「天の聖所」という概念を忘れて論じているのではないだろうか。なお、一方でF・F・ブルースは「主イエスが『もろもろの天を通って』後、『神の右に着座された』と本書の著者が述べているからと言って、天上の聖所が存在していると考えていたと見るべきではない、事実はその逆で、高い標準に基づき永久に確立した、地上の聖所の栄化された写しに他ならない」と記している（ブルース、六二頁）。残念ながらこのような見解が伝統的には強かったため、キリストの復活も観念化されたとも言えよう。

56　8章9節脚注。Beale and Carson, p. 972. ヘブル書での旧約の引用はギリシャ語七十人訳に基づいている。この箇所は七十人訳をさらに一部変更はしているが、最も根本的な違いはヘブル語聖書とギリシャ語七十人訳の間にある。この部分の違いの説明は様々な議論があり得るが、ここで筆者はその核心的な部分のみに集中して独自の解釈を記した。

57　8章10節脚注。しばしば宗教改革の伝統の中で、「信仰によって義と認められる」という点を強調するあまり、その信仰を生み出す聖霊の働きが見過ごされてきたように思われる。ゴードン・フィーはガラテヤ書の中心テーマは聖霊論の方に比重が高いと強調している（Gordon Fee, *God's Empowering Presence: The Holy Spirit in the Letters of Paul*, Hendrickson, 1994, pp. 368, 369）。筆者は一九九九年にバンクーバーのリージェントカレッジで開かれた牧師向けセミナーで、ゴードン・フィーとN・T・ライトによる二週間の協同講義に参加し、信仰と律法の対比以上に、「聖霊のみわざによって信仰が与えられ、それによって私たちのうちに神の再創造の働きが生まれている」という視点に目が開かれ、旧約と新約の教えが律法と信仰の対比ではなく、一貫した教えであることに気づかされた。事実、「信仰による義」は、アブラハムの例にも見られるように旧約の一貫したテーマであると言えよう。旧約と新約の違いは本書で引用されるエレミヤ31章を見なければ分からないと言える。

58　第十部結論脚注。ゴードン・フィーは、コリントは当時、青銅の鏡の生産地として有名であったことから、この箇所を神の御顔をおぼろげに見るようなイメージはあり得ず、最終的に神を顔と顔とを合わせて見ることとの比較で、間接的に明確に見るという翻訳であるべきだと述べている。これは具体的にはキリストの御姿をcontemplate（観想）することを意味する（Gordon Fee, p. 316）。

59　9章5節脚注。新改訳二〇一七別訳参照。「宥めの蓋」のギリシャ語はヒラステリオンであるが、それは明らかに場所を表す言葉で、最も直接的な意味はヘブル9章5節に現されている。新改訳では伝統的に「なだめの供え物」と訳し、キリストが犠牲の血を流された行為自体に注目してきた。これは言語学的な必然性というよりは、神学的な必然性であるとJ・I・パッカーも認めながら、「ローマ人への手紙3・25は、その文脈からして『宥めのささげ物』という意味を〈現実に〉要求している」と記している。しかし、言語学的解釈の前に神学的解釈が先行するというのは明らかに本末転倒と言わざるを得ない。その誤解は、イエスの血を「いのち」としてよりも犠牲の象徴として見ることから生まれていると言えよう（『神を知るということ』渡部謙一訳、いのちのことば社、二〇一六年、三四九頁）。

60　参照『マグニフィカート』（ルター著作集分冊7）内海季秋訳、聖文舎、一九七三年、二〇頁要約。

61　9章14節脚注。C. A. Pierce は *Conscience in the New Testament*, SCM Press, 1955 において「良心」の働きを「人が創造された道徳的限界を超えるときに感じる痛みとしての自責の念である」と定義しながら、このヘブル書では9章9節、9章14節、10章2節、10章22節、13章18節において五回用いられながら、五段階にわたって人の心を積極的に神に仕える働きへと導くと分析している（pp. 108, 101, 102）。

62　9章14節脚注。山口希生はN・T・ライト教授のもとで、“Sacrifice, Curse, and the Covenant in Paul's Soteriology”という博士論文（二〇一五年四月）を記し、ガラテヤ3・13で「キリストがのろわれた者となられた」こととローマ3章25節の「キリストが「宥めの蓋（あわれみの座）として公に示された」という概念が、多くの人々によって混同されていることの問題を解き明かした。キリストが「のろわれた者」となられたことは、神の民を律法の「のろい」から贖い出すという新しい出エジプトにつながりはするが、「のろわれた者」となった犠牲が神に受け入れられると考えると矛盾が生まれる。それに対し、ローマ3章25節は、キリストの犠牲ではなく生ける神との交わりの回復が述べられており、その背後にはレビ記16章の「贖罪の日」の「血」によるきよめがあるというのである。なお、それとこのヘブル9章を結びつけ、十字架で「のろわれた者」として死にながら、三日目に復活し、完全なものとされたからだでご自身の血を天の聖所に携えて入るということにつなげると、キリストの血が神とモーセの間に見られたような「いのちの交わり」を生み出す意味を持つことが理解できよう。そのように解釈すると、キリストの血の働きが、罪の赦しを超えて、私たちの心の内側をきよめるものとして理解できるようになる。

63　定方晟『阿闍世のすくい――仏教における罪と救済』人文書院、一九八四年、四二、六六、八二、八三頁。

64　『キリストに従う』（ボンヘッファー選集3）森平太訳、新教出版社、一九六六年、三五七、三五八頁（ルターのことばの部分は福田正俊訳の引用）。

65　9章16、17節脚注。モフィットは罪の赦しをもたらすのは、いけにえを殺すことではなく、その血を神に献げることによると強調しているが、一方で、いけにえを殺すことなしには、いのちの象徴である血を得ることができないので、死と契約の関係を、あえてギリシャ語の語呂合わせを用いて説明しようとしたと解釈している（Moffitt, p. 291）。

66　9章22節脚注。モフィットは「この箇所は shedding of blood（血を流す）ではなく、レビ記8章15節や9章9節に倣って pouring out of blood（血を注ぐ）という訳にしなければ、いけにえを殺すことと、いのちの象徴である血を祭壇に注ぐことの意味の違いが明確にできない」と強調している。実際、多くの人が、祭壇に血を注ぐという行為と、いけにえを殺して血を流すということの意味の区分けができていないが、レビ記では明確にこれは区別されている。なおレビ記16章の贖罪の日には、雄やぎの血を「宥めの蓋」の上と前に「かける（splinkle）」ことによって「イスラエルのすべての罪を除いて、聖所のための宥めを行う」ことになると記されている（レビ16・16）（Moffit, p. 291, 292）。

67　9章23節脚注。F・F・ブルースのような学者でさえこの箇所の注解で「きよめを必要としているのは、人々の汚れた良心なのであり、これは霊的な領域におけるきよめである。…本書の著者が天の聖所を絶対的な意味での場所と考えていたと想定する必要はない」と記している（ブルース、三三六頁）。それに対しモフィットは「モーセが建てた幕屋が礼拝の前にきよめの手続きを必要としていたように、天の聖所も礼拝の初めにきよめが必要である」という趣旨を説明している（Moffit, 225）。要するに「霊的」という曖昧な言葉で天の聖所の存在を実在的に考えない結果として多くの人々がヘブル書の解釈に困難を覚えるようになっていると言えるのではないだろうか。

68　Mooffit, p. 294.

69　Fred B. Craddock, "The Letter to the Hebrews," *The New Interpreter's Bible*, Vol. 12, Abingdon, 1998, p. 115. Craddock の解説を読むことで、この箇所とイザヤ50章を結びつけて、その意味を理解することができた。

70　Moffit, pp. 229-256.

71　『日経クロステック』二〇一九年五月九日記事参照。https://xtech. nikkei. com/atcl/nxt/column/18/00001/02110/

72　10章20節脚注。モフィットは、イエスの肉体に関して、受肉、十字架、復活という全体を指す概念と理解できると述べている（Moffit, pp. 281-283）。

73　10章31節脚注。井上政重に関しては以下を参照。https://ja. wikipedia. org/wiki/井上政重。遠藤周作の「沈黙」においても、彼は昔キリシタンであるがゆえに、宣教師の心を誰よりも理解して背教させることができたという設定で描かれている。

74　10章32－34節脚注。N・T・ライトはこの手紙の著者が紀元六六年のエルサレムでのユダヤ人の反乱から七〇年の神殿の崩壊に至る時期を見ながらこの手紙を書いているのではないかと推測している（Tom Wright, *Hebrew for Everyone*, SPCK, 2003, p. 124）。本書と同時代のヨセフスの『ユダヤ戦記』によれば、ローマ皇帝ネロの支配下の紀元六〇年ごろからエルサレムやカイサリアでは、偽預言者や人々を不安に陥れてローマ帝国への反乱を起こさせようとする過激派が暗躍していたとのことである（ヨセフス『ユダヤ戦記』戦争の前夜 II-xiii）。

75　この部分から次の節は極めて難解だが Beale and Carson の新約における旧約の引用で丁寧な解説がなされている（pp. 981-984）。

76　10章37、38節脚注。モフィットは10章36節の忍耐の模範こそイエスであり、39節の「信じていのちを保つ者」とは、イエスの再臨の際にかつてのイエスと同じように復活のいのちを受けることができる者を指していると解釈する（Moffitt, p. 251）。

77　高橋秀典『小預言書の福音』いのちのことば社、二〇一六年、二三五―二五五頁における解説参照。

78　10章38節脚注。N・T・ライトは二〇一三年に千六百六十頁にも及ぶパウロ神学の解説書を出版したが、そのタイトルは *Paul and the Faithfullness of God* とされている。そこで彼は faithfullness（真実さ）というテーマを、「イスラエルの民は真実さを求められていたが、それを現すことができなかった。それに対しイスラエルの救い主としての代表者であるイエスがそれを現してくれた」と記し、「神の真実」の物語を、アブラハムを祝福の基とするという契約がイスラエルの王であるイエスによって全うされ、全世界の民に広げられた物語として描かれているという趣旨のことを述べている（pp. 836-841）。

79　Moffitt, p. 194 参照。

80　Einstein's essay "Science and religion," published in 1954. https://newrepublic. com/article/115821/einsteins-famous-quote-science-religion-didnt-mean-taught

81　日本語書名、ヴィクトール・フランクル『それでも人生にイエスと言う』春秋社、一九九三年。

82　第十六部序文脚注。ジャック・エリュールは『都市の意味』において、都市の歴史を、神の御顔を避けて町を建てたカインから黙示録に記された忌まわしい大バビロンに至る歴史と、それに対抗して、この地の神の都のエルサレムから、イエスの復活によって天のエルサレムの創造への道が開かれる歴史とに分け、「イエス・キリストによって二つに分けられたこの歴史は、エデンからエルサレムへと向かう。すなわち、園から都市へと」と記している（田辺保訳、すぐ書房、一九七六年、三八六頁）。

83　11章17節脚注。モフィットは5章7節と11章19節の両方で、神は誰かを死の領域から救うことができる（力がある）と同じように記されていることに注目する。両者において「救い」が復活として描かれている（Moffitt, pp. 192, 193）。

84　キルケゴールは『おそれとおののき』において、アブラハムの葛藤を生々しく描いているが、そこでしばしば牧師たちが「アブラハムが最善のものを神にささげようとしたほど神を愛したことは偉大なことであった」と語ることに違和感を覚えたことが記され、それは「倫理的に表現すれば、彼はイサクを殺そうとした、のであり、宗教的に表現すれば、彼はイサクをささげようとしたのである、ところがほかならぬこの矛盾の中に、人を眠れなくすることのできる不安があるのである」と分析し、続けて「イサクをアブラハムに返しあたえるという逆説、この逆説は思惟のとらえうるものではない。信仰とは、思惟の終わるところ、まさにそこから始まる　信仰は奇蹟である。しかし、いかなる人間も信仰から締め出されてはいない。……信仰は人間のうちにある最高の情熱である」と記している（キルケゴール『おそれとおののき』〔世界の大思想24〕桝田啓三郎訳、河出書房、一九七〇年、二五、二七、四九、六一頁）。

85　第十六部結論脚注。パラダイスという語の背景を調べることに興味のある読者は、J. N. Bremmer, *The Rise and Fall of the Afterlife*, Routledge, 2002, *109-27* に詳しく素晴らしい描写があるとのことである（N・T・ライト『驚くべき希望』中村佐知訳、あめんどう、二〇一八年、第10章6脚注）。

86　前掲書、二四九頁。

87　F・F・ブルースの前掲書に、その出典を含めた伝承が記されている（四八三、四八四頁）。

88　11章40節注解。モフィットは「もっとすぐれた復活」ということばの「もっと」に注目し、これが「すぐれたいけにえ」（9・23）、「さらにすぐれた希望」（7・19）などのように天的な性質を指していると論じている（Moffitt, p. 186, 187）。

89　第17部結論脚注。「五　世界の旗」『正統とは何か』（G・K・チェスタトン著作集1）安西徹雄訳、春秋社、一九七三年、一四〇頁。

90　日本基督教団讃美歌委員会編『讃美歌略解（前篇）歌詞の部』第十三版、一九八六年、二〇一頁。

91　第18部序文脚注。拙著『正しすぎてはならない』はそのタイトルのゆえもあって多くの方々に読んでいただき、五刷りまで印刷され、父の葬儀の際にも配布させていただいたが、このことばに、良い意味でも悪い意味でも父から受け継いだ精神的な遺産があるように感じられている（高橋秀典『正しすぎてはならない―Let it be 伝道者コヘレトの書の翻訳と解説』いのちのことば社、二〇一〇年）。

92 海老沢有道／H・チースリク／土井忠生／大塚光信校注『キリシタン書・排耶書』（日本思想体系25）岩波書店、一九七〇年。『丸血留の道』という一五九六年頃に記されたと思われる殉教の勧めの書物が一八九六年に長崎県庁で発見された。この全集では、三十五頁にわたる文書として掲載されている。

93 12章2節脚注。モフィットは、ここに描かれた十字架のイメージは、いけにえとなられたという意味ではなく、11章から続く信仰の父たちが苦難に耐えた姿の流れの中で、イエスご自身も信仰の試練に耐えた模範として描かれており、それに対する報酬として、御父がイエスをご自身の右の座に引き上げ、メルキゼデクに等しい永遠の祭司とされたということとして解釈できると述べている（Moffitt, p. 288 参照）。

94 聖書全体を現代的なことばに意訳した元リージェントカレッジの神学者であり牧師であるユージン・ピーターソンは、この箇所を当時の文脈を生かして、次のように意訳している。「あなたは疲れ、消耗していないだろうか。宗教に燃え尽きていないだろうか。わたしのもとに来なさい。わたしとともに脱出しなさい。それによってあなたは、自分の人生を回復できるのです。わたしはあなたに、どのようにしたら真の休みを得られるかを見せてあげよう。わたしとともに歩み、わたしとともに働きなさい。わたしがどうするかを見ていなさい。強制されることのない恵みのリズムを学びなさい。わたしはあなたに重すぎる重荷やあなたに合わない重荷を負わせはしない。わたしとの交わりのうちに歩みなさい。そうするとあなたは自由に楽に生きられることを学ぶことができますよ」（Eugene Peterson, *The Message*, Navpress, 2003 からの私訳）。

95 子どもすこやかサポートネット「子どもの生活に対する体罰の法的禁止のプラスの影響――調査からのメッセージ」https://www. kodomosukoyaka. net/pdf/2016-GI-report-J. pdf

96 マルクス『ヘーゲル法哲学批判に寄せて』序論（マルクス／エンゲルス／レーニン『宗教論』土屋保男編訳、青木文庫、一九六四年、二〇頁）。

97　Beale and Carson, p. 988 参照。

98　第19部結論脚注。ライトは「私たちの国籍は天にあります」ということばが、私たちの本来住むべき場所が天国であるというニュアンスで解釈されることを批判している。当時のローマ帝国が植民都市を次々と作ったのは、ローマやイタリアが混雑していたからであって、市民に期待されていたのはローマに住むことを憧れるのではなく、ローマ市の秩序を世界に広げることであったと強調している（N. T. Wright, *The Resurrection of the Son of God*, Fortress Press, 2003, p. 230）。

99　現在のドイツ国家のメロディー。「栄えに満ちたる」（『讃美歌』一九四番）、または「栄光あふれるシオンの町は」（『教会福音讃美歌』二二八番）。四番は後者の歌詞、五番は私訳。

100　12章27節。共同訳の脚注では別訳「変えられる」と補足。

101　12章27節脚注。私たちの教会のルーツである米国福音自由教会の信仰告白文では、一九五〇年のことばでは「死者の肉体の復活を信じる。信者は主とともなる永遠の祝福と喜びによみがえり、不信者はさばきと永遠に意識する刑罰によみがえることを信じる」と記されていたものが、二〇〇八年版では次のような表現へと変えられている。We believe that God will raise the dead bodily and judge the world, assigning the unbeliever to condemnation and eternal conscious punishment and the believer to eternal blessedness and joy with the Lord in the new heaven and the new earth, to the praise of His glorious grace.（神は死者の身体をよみがえらせ世界をさばかれるが、不信者を有罪宣告と永遠に意識する刑罰へと定め、信者を新しい天と新しい地における主とともなる永遠の祝福と喜びへと定め、またご自身の栄光ある恵みの称賛へと至らしめることを信じる）

102　「旅人をもてなすこと」に関して共同訳では「旅人」の別訳を「見知らぬ人」と追記。

103　13章4節脚注。以前、N・T・ライトは、LGBTに関する質問に対して「聖書は何よりも家族の大切さを語っているのに、性関係の問題が人権の問題にすり替えられてしまったことが最大の悲劇である」という趣旨のことを語っていた。また、「現代文化での性的行為は、コミュニティー作りや関わりを築くことからまったく離れ、自分の仕方で自分の楽しみを自分で選ぶという権利の主張に成り下がってしまった。ありのままに言えば、セックスは礼典というよりおもちゃになってしまったのだ」と記している。（N・T・ライト『クリスチャンであるとは』上沼昌雄訳、あめんどう、二〇一五年、三二六頁）。また、米国福音派の中からLGBTコミュニティーへの橋渡し、対話、伝道の働きが脚光を浴びているマーリン財団の創立者アンドリュー・マーリンは、たとえば「同性愛は罪だと思いますか」というような問いかけに「すべての人は罪を犯して、神の栄光を受けることができず」（ローマ3・23）のように罪の全体像から語るべきであり、そこでは私たち自身も「さばいてはいけません」というイエスの教えに反してしまうという観点に目を留めるべきと語っている。私たちは無意識のうちに二者択一の議論に巻き込まれてしまい、聖書がどれほど結婚関係を重んじ、そこでの性的関係を聖別しようとしているかを語れなくなってはないか、それに注意する必要があろう（アンドリュー・マーリン『LGBTと聖書の福音』岡谷和作訳、二〇二〇年、いのちのことば社、二九二、二九三頁）。

104　Time is money（時は金なり）という格言で有名な米国の建国の父ベンジャミン・フランクリンは、「お金には繁殖する性質があることを忘れてはならない。お金はお金を生み出すことができ、生み出されたお金はさらに多くのお金を生み、次々と同じことを繰り返して行く」と一七四八年の *Advice to a Young Tradesman*（若い商人への助言）というエッセイで記している（高橋秀典『聖書から見るお金と教会、社会』地引網出版、二〇一七年、一六頁）。

105　13章12節脚注。モフィットはここで、贖罪の日のいけにえが宿営の外で火で焼かれること（レビ16・27）とキリストの十字架の苦しみが並行して描かれていることに注目し、贖罪の日の中心がいけにえを焼くことにはなく、その血を至聖所に持って入ることにあるのと同じように、イエスの贖罪の中心は、その十字架の苦しみ以前に、イエスの血が天の聖所に持って入られることにあるということが明らかになると記している（Moffitt, pp. 277）。

106　13章19節脚注。F・F・ブルースは「著者は何らかの理由で、恐らくあまりにも長期間にわたり留守をしていたので、自分に対して一種の反感が向けられていると危ぶんでいるのであろうか」という可能性を示唆している（ブルース、五六九頁）。

107　13章20節脚注。F・F・ブルースはこの箇所に関して次のように記している。「本書ではこの個所だけが主イエスの復活に言及している。他の個所では、詩篇110・1、4の釈義との調和で、神の右の座に着かれた高挙と主イエスの大祭司職の説明が強調されている。主イエスは、『永遠の契約の血によって』死から引き上げられた。つまり、主イエスの復活は、神が主イエスご自身のいけにえを受け入れ、そのいけにえを基礎として新しい契約が確立されたということの実証である。『永遠の契約の血』との句は、9・20の表現を反映している」（ブルース、五七二頁）。つまり、キリストの犠牲の血が流されたこと自体を契約成立に結びつけて、契約の血が天の聖所に持って入られたことにはまったく焦点が当てられていない。一方、モフィットはこの箇所だけにキリストの復活を読み取ろうとする解釈は、今まで何度も記しているように、贖罪の日の規定をはじめとするレビ記の誤解に基づくと記している。しかも、ここでは「復活」の一般的な用語を用いているわけではないので、これをキリストの復活ではなく高挙を指しているという解釈にも向き合いながら、キリストの復活はこれまで繰り返し示唆され、それを前提として議論が進んでおり、この表現はその総まとめ的な意味があると理解できるという趣旨で論じている（Moffitt, pp. 38-40）。

108　13章23節脚注。F・F・ブルースはこれを「著者は、パウロの世界宣教の共同体と何らかの関係を持っていた」ことの証拠と理解する（ブルース、五七五頁）。

109　第21部結論脚注。村瀬俊夫『とこしえに祭司であるキリスト——ヘブル人への手紙講解』いのちのことば社、二〇一九年。村瀬先生の解説は大変分かりやすく本書の核心を捉えているとは思われるが、この著者が旧約聖書の欠けている部分を指摘しているかのような表現が多く見られる。しかし、実際は、旧約のすばらしさを前提として、よりすばらしい新しい契約という点から記されていると解釈できるのではないだろうか。旧約のすばらしさが理解できればできるほど、新約の福音のすばらしさが分かるようになるという視点で、私は本書をあえて記させていただいた。

著　者
高橋秀典（たかはし・ひでのり）

1953年北海道大雪山のふもとで誕生。
北海道大学経済学部卒業、在学中の米国交換留学中に信仰告白。
1976―86年、野村證券株式会社勤務。
同社派遣でドイツ・ケルン大学留学、フランクフルト支社勤務。
1989年、聖書宣教会聖書神学舎卒業。
東京都立川市で開拓伝道。
現在、立川福音自由教会牧師。

著書：『哀れみに胸を熱くする神』（ヨシュア記から列王記まで解説）、『今、ここに生きる預言書』（大預言書とダニエル書解説）、『小預言書の福音』（12小預言書の解説）『正しすぎてはならない』（伝道者の書の私訳と解説）など旧約聖書の解説書７冊、『職場と信仰』をいのちのことば社から、『聖書から見るお金と教会、社会』など２冊を地引網出版から発行。
翻訳監修：J・フーストン著『キリストのうちにある生活――日本と欧米の対話の向こうに』

恐怖からの解放者イエス
――ヘブル人への手紙、私訳と解説

2020年9月20日発行

著　者　高橋秀典
印刷製本　日本ハイコム株式会社
発　行　いのちのことば社
〒164-0001 東京都中野区中野2-1-5
電話 03-5341-6923（編集）
03-5341-6920（営業）
FAX 03-5341-6921
e-mail:support@wlpm.or.jp
http://www.wlpm.or.jp/

ISBN978-4-264-04184-9